JN235491

近江の山を歩く

草川啓三
Kusagawa Keizo

ナカニシヤ出版

近江の山を歩く▲もくじ▼

近江の山を歩く

山岳位置図

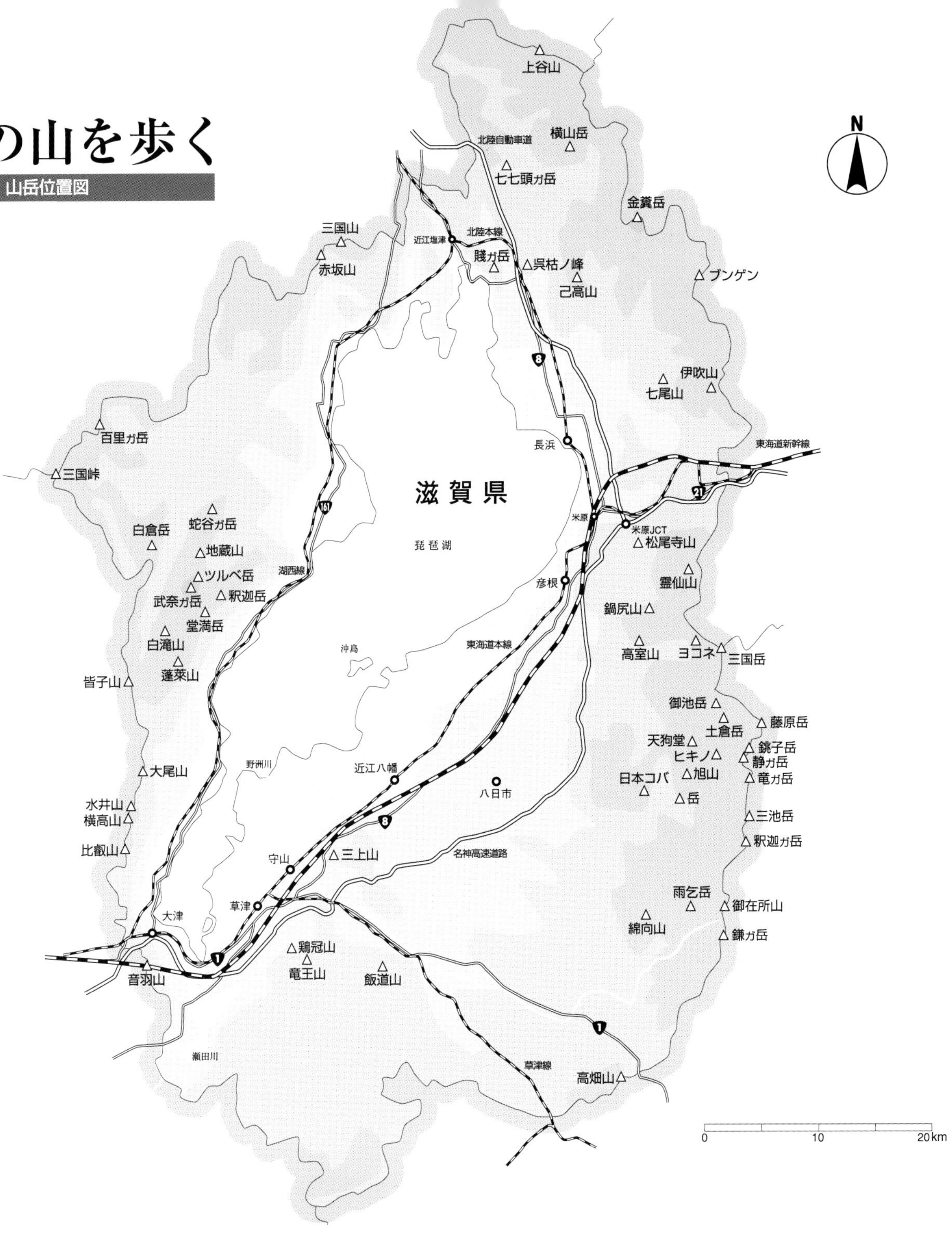

夕暮れの山頂

三《み》上《かみ》山《やま》

〈ガイド⇩P.50〉

山は早朝と夕暮れが一番美しい。もちろんこれは山に限ったことではないが、山ではひときわそれを実感する。山の風景は、その標高が高ければ高いほど、変化があるものだが、近くの小さな山でも思ってもみない風景と、出合えることもある。

三上山での夕暮れの山頂がそうだった。

この時もほかの山に登っての帰りで、午後をかなり回っていた。希望が丘からの松林の中の、急な一直線の道を登りきって頂上にたった。岩の上に立つと、不安定な初冬の空の雲間から、ゆらめくようなオレンジ色の鋭い光が投げかけられていた。うすい朱色に染まった下界の広がりの中で、野洲川がキラキラと輝く光の帯を延ばしていた。

山の底知れない美しさを感じたのは、初めての冬山でのことである。それは槍ガ岳へのルートにとった槍平や、中崎尾根からの朝夕の眺めで、生まれてから二〇歳をすぎたこの時まで、こんな色彩の風景は見たことがなかった。今から思えば、この時見た山が、こんなにも長く山登りを続けてきた、理由の一つになっていることは、確かなことだろう。何か新しい扉が開かれたような気がした。

光は自然を変幻の世界に迷い込ませ、思ってもみない色彩を見せてくれる。ただ、その時の色は、その一瞬だけで、色彩は刻々と変化していく。それだけに、その一瞬の風景が一層脳裏に焼き付けられてしまうのである。

あれ、こんなところでと思うような場所で、思っても見ない風景に出合ってしまうことがある。日常見慣れた場所でも、印象が改められることもある。こんな思ってもみない出合いが楽しみで歩き続けることになる。

初冬のダケ道

堂満岳《どうまんだけ》・釈迦岳《しゃかだけ》

〈ガイド⇩P.52〉

落ち葉を踏む乾いた音をたてていたジグザグ道は、白い雪がまだらに現れたかと思うと、ターンを繰り返すたびに白さを増していった。登り着いた北比良峠の石のお地蔵様も、半身が雪の中に埋もれていたが、後ろから朝の柔らかな光を浴びて、ひなたぼっこの最中だった。

明るい陽の差すダケ道は、気持のいい登りだった。近頃また比良を見直すようになり、好んで歩くようになった東面の尾根道だが、今歩いてみると味のある道だなと思うようになった。昔はどんな思いで歩いていたのだろうか。いろんな道を歩いてくると、自然と好みの道というものができてくる。

やっぱり最も美しいと思うのはブナやミズナラ、トチなどの大樹に包まれた森の中の道である。生き生きとした健康さを感じる。でも、比良ではこうした森を歩けるところは限られている。好ましく思っている東面の道も、ブナやミズナラの林も少なくて少し寂しい気がするが、雑木の自然林が残されているところも多く、まだ救われる。

近くて良い山、これが比良のキャッチフレーズらしい。近年あまり行かなくなっていたが、また再訪し出して思うことは、昔とほとんど変わっていないということだ。どこを歩いてもほとんど昔のままだ。変わっているのはこちらの気持で、岩だ、沢だ、山スキーだと目の色を変えていたのに、今はどこでも、何でも、山に入っているということだけでいい、という気持になってきた。なつかしい道を歩いていると、以前には何も感じなかったことが素晴らしく思ったり、夢中になっていたことが何とも思わなくなったりしている。

山スキー再び

ブンゲン

〈ガイド⇩P.54〉

スキーで山を歩くということに、山スキーを知らない人はみな不思議がる。元々、スキーというのは山野を歩く道具だったので、何ら不思議なことはないのだが、今ではゲレンデでのスキーしか知らない人がほとんどだ。

この痛快な山スキーだが、現実はなかなか厳しい。技術と体力が要求され、行くたびに七転八倒の苦しみを味わってきた。

それと技術や体力ばかりでなく、自然の条件にも大きく左右される。この自然との触れあいこそが、山スキーの素晴らしさといえるのだと思う

何年かの間楽しんだこんな山スキーも、いつの間にか遠ざかっていた。しかし、きっかけは何だったのかわからないが、山スキーの用具を一式また買ってしまった。

再開の第一歩は湖北のブンゲンだった。この山は岐阜との県境尾根までリフトが上がっており、歩く距離も知れている。中年山スキーヤーの手始めには手頃なところだ。緩やかにいりくんだ稜線のさきに、真っ白で小さな三角形が、ちょこんと突き出した美しい山だった。若かりし頃のいい思い出がある山だ。この日も快晴で、柔らかにおおわれた真っ白な雪原をゆっくりと登った。

昔の感覚を取り戻そうとしたが、靴やビンディングが違いすぎて、何だかわからないうちに頂上に着いてしまった。テレマークの先行者が休んでいて、挨拶を交わすと、いかにもうれしそうな笑顔が返ってきた。

さて肝心の下りも、いかに最新の装備に身を固めていようとも、思うようにはいかないものだ。新雪にもてあそばれているうちにゲレンデについた。ただ、楽しくてつらいことだけはちっとも昔と変わっていなかった。

雪の尖峰

鎌《かま》ガ岳《たけ》

〈ガイド⇩P.56〉

鎌ガ岳には、四季を問わずよく訪れるが、いつ登っても沢山の人と出会う。何といっても、あの槍ガ岳のような尖峰が人気の理由だろう。いろいろな場所から、その尖ったピークを見ているが、どこから見ても絵になるピークである。印象に残っているのは、三〇六号線の三《み》滝《たき》川の橋付近からの夕暮れや、元越《もとごし》谷右岸の白滝《しらたき》尾根からの少し首をかしげたような眺めだろうか。

登山コースが豊富にあり、気軽に取り付けるこの山は、登って良し、見ても良しの山である。やはり、人気があるのもうなずける。

私もいろんなコースから登っているが、長石《ながいし》尾根が気に入っている。何か、いい印象があると、そのイメージが心の中でふくらんでしまって、思いこみが強くなりすぎてしまうものだが、この尾根も冬に登った時のことが、強く残っているのかもしれない。

三《み》ツ口《くち》谷を離れて長石尾根に上がったところで、先行者のトレールもなくなった。ラッセルといってもたいしたものではなく、雪と岩と青い空のコントラストを楽しみながら登った。ところが、頂上への最後の斜面が胸までもぐるほどで、久しぶりに雪との格闘になった。雪まみれとなって、少し突き出した雪稜を割って、稜線に顔をのぞかせると、見慣れた頂上の岩が見えた。誰の足跡もなかった。こんな小さな山でも、誰の踏み跡もない山頂はうれしいものだ。

翌年もカズラ谷道から冬の鎌を歩いた。ずっと前から考えていた鎌尾根を歩いたが、まだ雪も少なく無雪期とあまり変わらなかった。それでも、岳《だけ》峠から頂上へと登る斜面から見た鎌尾根は、やっぱり良かった。

木に出会う

白《しら》倉《くら》岳《だけ》

〈ガイド⇨P.58〉

近頃、大樹がブームになっている。中でも有名なのが屋久島の縄文杉だ。縄文時代に誕生した生命が、七〇〇〇年を経て今に至っているということが、たかだか五〇年くらいのサイクルで生まれ変わっているわれわれ人間にとっては、考えもつかないことである。異形の大樹は、まさに神性を感じさせる。それだけに山中の大樹となれば、厳しい自然の中で生き残ってきただけあって、一層の尊敬の念にかられる。

山で大きな木に出会えば、まず思わず立ち止まってしまう。ゆっくりと近づいて梢《こずえ》を見あげ、ホーッとためいきをつく。そしてぐるりと木の周りを一周してカメラを取り出す。ざっとこんな一連の動作になるのだろうか。

木に会いたくて山を訪ねることがある。北山の白倉岳にも大杉があるということを聞いていた。白倉岳は何度か登っているのだが、その大杉には記憶がなかった。

どんよりと曇った二月の寒い一日だった。村井で橋を渡って登山道にとりついた。松本地蔵のお堂をすぎると、雪も増えてきたが、まだラッセルというほどのものではない。

白倉の手前まで登ると、大きな杉の木があったが、お目当ての大杉は、頂上で昼をすましてから出会えた。普段見慣れた杉とはほど遠い形相をしていた。根元から枝分かれして、横に大きく広がってから、数本の太い幹を天に伸ばしていた。幼い時に厳しい自然に相当いじめられたようで、のたうつ魁偉《かいい》なその姿には圧倒された。

雪が下草を隠してすっきりと全貌を現していたが、これがかえって物足りなさをおぼえたような気がした。もう一度、したたるような緑の中で見てみたいと思った。

雪舞う天狗岩

竜《りゅう》王《おう》山《さん》・鶏《けい》冠《かん》山《ざん》

〈ガイド⇩P.60〉

目まぐるしい天気の一日だった。ぽかぽかとした陽光が広がったかと思うと、すぐにまた鉛色の雲がブルーの空を押しのけて、大粒の雪を降らせてきた。

今日のような冬型の空の時は北部の山は避けて、家からすぐ近くの金勝《こんぜ》・田上《たなかみ》や比叡辺りの山に出かけることにしている。雪山もいいが、日差しを求めての日溜まりハイクも悪くない。

逆さ観音、狛坂《こまさか》磨崖《まがい》仏から稜線に上がって茶沸《ちゃわかし》観音と、石仏の表情を楽しみながら歩いた。山上には良弁《ろうべん》開基の金勝《こんしょう》寺があり、境内からはずっしりとした歴史の深みが伝わってくる。

稜線は変化のある山稜が続いている。中には大岩が絶妙のバランスで岩の上に乗っているようなものもあり、これらの岩の表情を眺めながら歩くのも、また楽しいものだ。特に天狗岩の上で登山者が休んでいる時など、見ていてハラハラさせられる。

天狗岩をすぎると三時を回っていた。そう急ぐこともなく、岩の上に腰をかけ、草津や大津の街を眺めていた。

黒く延びた尾根の先には、大きな工場や近頃多くなった高層のマンションが建っている。ぼんやりと赤みがかってきた空気の中に、マンションのガラス窓の反射がきらきらと輝いていた。街全体からは、音というか何かの響きとでもいおうか、形容しがたいうなりのようなものが伝わってくる。静止したこんな眺めの中からも、人々の生活の動きが感じられていた。

そろそろ腰を上げようかなと思っていると、すうーと潮が引くように光りがしぼみ、広がり始めた雲から、また雪がちらつきはじめた。そして瞬く間に雪はまた激しく舞い始め、ほのかに陽の差す岩場を包んでしまった

スキーハイキング

赤坂山《あかさかやま》・三国山《みくにやま》

〈ガイド⇩P.62〉

白谷《しらだに》から在原《ありはら》へとぬける道に入って、黒河《くろこ》林道の登り口に車を置いた。道路には何台かの車が並んでいた。今日の予定は峠までスキーで林道を往復するだけだ。ついひと月ほど前に、ぎっくり腰で三、四日寝込んだばかりなので、足慣らしといおうか、腰慣らしといおうか、病み上がりにはちょうど良いコースである。

朝から素晴らしいお天気だった。滑降が目的の場合、天気が良すぎるのも困りものだが、今日のようなスキーハイキングなら、こんな快晴がありがたい。

先行者のシュプールを踏んで、平均年齢五〇歳をはるかに超えるパーティーはゆっくりと歩いた。雑木林の多い明るい斜面は日差しがいっぱいに当たり、すぐに汗が吹き出してくる。スキーでの登りはリズムがあって、歩く楽しさも出てくる。

一回休憩を入れただけで黒河峠に着いた。早速、林道の真ん中の陽の当たるところで昼にした。ビールやワインをあけると、次々とおかずが回ってくる。コンビニのパンとおにぎりが普段の定番なので、野外パーティーをしているような気になった。

お腹がふくれたところで、軽く三国の方へ歩いてから帰ることになった。

樹林の急斜面を一ピッチ登って、真っ白の伐採地に出たところで引き返した。シールをとってこわごわ林道まで滑り降りた。私達が林道にでると、三国から下りてきた二〇人ほどの若い人達の大集団が滑ってきた。遠くから滑り下りているのを見ていると、いかにも楽しそうだ。すぐに私達を抜いて下って行った。我々もレールのようになったシュプールを追って、快適に滑った。車道まで滑ると足はぱんぱんに張っていた。

山の端に登る月

鍋尻山《なべじりやま》・高室山《たかむろやま》

三〇七号線を右に分かれて芹《せり》川沿いに進んで行くと、谷は深く狭くなって行く。集落の多くは、その急峻な谷の中を避けて、ゆるやかになった中腹の斜面や、傾斜の落ちた支流の奥にちらばっている。

芹川源流の石灰岩台地特有の地形で、ここには個性的な愛すべき山々が連なっている。

〈ガイド⇩P.64〉

この冬、その山々の一つの鍋尻か高室に登りたくて、スキーで栗栖《くるす》から杉、保月《ほうづき》へ続いている林道を登って近づいて見ようと思った。

前日に新雪があった割には雪は少なかった。しかし、雪が重くて一人のラッセルではさすがにバテてしまった。杉まで登ったところで、鍋尻や高室の姿も眺めないまま、あきらめてすごすごと下った。

この芹川源流の山は好きな山域で、毎年何回か訪れている。石灰岩地帯で花が多いので、春の季節が一番いいが、雑木の自然林が多いので、秋の紅葉も捨てがたい。

地溝のように切れ込んだ権現《ごんげん》谷が、よく山の行き帰りのアプローチになる。日が傾いた頃、ササやススキの明るい山稜から、この谷底に下りてくると、一気に暗くなったような気がする。河内《かわち》まで下ってきてやっと、重しのようにのしかかってきた谷も開け、気分も開放される。

この日も権現谷から霊仙《りょうぜん》に登って、河内に下りてきた。山は快晴で、マンサクの黄色の花がブルーの空に鮮やかだった。

集落の家々の庭の梅もちょうど見頃で、咲きほころぶ梅の木を見上げると、山の端から離れた淡い月が、梢《こずえ》の上にかかっていた。

今畑の春

霊《りょう》仙《ぜん》山《さん》

〈ガイド⇩P.66〉

権現谷《ごんげん》から霊仙山に登り、西南尾根から今畑《いまはた》まで降りてきた。

今畑には人影もなく、ひっそりとしていた。ここに人が住まなくなって何年になるのだろうか。山腹に点在する家は天井が抜け落ちているところがある。それでも休日には帰ってきている人があるようで、何となく人の気配もする。屋敷跡の石垣の周りにはフクジュソウが点々と花をつけ、梅の花もほころんでいた。

今畑に初めて登ってきた時、地蔵堂のような小さなお寺の前の傾斜地が耕されていた。もう廃村になっていると思っていたので意外だった。お寺の中をのぞいて見ると、ご本尊もまだおられるようだ。この下には小さいが小屋掛けされた立派な井戸があり、コンクリートの桝《ます》からは水が溢れ出ていた。もう家々は他の土地にあるものの、まだ村の機能はまったく失われたわけではないようだ。寺の前に便所があり、ここにはちょうどクリンソウが、ピンクの美しい花をつけていた。

それから二年後の春、西南尾根の花を見ようと落合から登った。登り始めてすぐ、老人が背負子に大きな荷物をくくりつけて、ゆっくりと登っているところに出会った。私たちが追いつくと横によけて道を譲ってくれた。もとの住人なのだろう。

寺まで登ると一息入れた。前の畑は耕されてはいなかった。もう畑を作る人がなくなったのだろうか。無住になって荒れさびた屋敷跡や田畑を見ると、つくづくと人とともにある自然の美しさを感じるようになった。人と自然と一体となって作り出されてきた風景は、どんどん失われてきている。私の中に残っている今畑の春も、どこかへいってしまうのだろうか。

白い北稜

武《ぶ》奈《な》ガ岳《たけ》

〈ガイド⇩P.70〉

冬には山スキーを楽しんでいた昔は、武奈ガ岳に毎年のように登っていた。リフトとロープウェイが一〇〇〇mの山上まで運んでくれるので、スキーの練習には手頃な山だった。雪の多い年などは、麓のイン谷口までスキーで下りたこともあった。最近の雪の降り方では考えられないことだ。近頃では武奈の頂上からでさえも、まともに滑れないほどの雪しかない。

それでも今もスキーをかついで、時々は武奈へ出かけている。

この冬も雪のスゲ原をスキーで歩いて、北稜から武奈に登った。通常のコースからスゲ原へと入ると、踏み跡があるにはあったが、一目で入山パーティの少ないのがわかった。積雪は多かったが、二度スキーを脱がされて流れを渡った。望武《ぼうぶ》小屋と日本精工の小屋を過ぎると、さらに雪も多くなり、流れにはどこかにスノーブリッジがかかっていた。

原の途中で踏み跡もなくなった。平坦な原はスキーの天下だ。あまりもぐることもなくすごく快適。

スゲ原から北稜の細川越の登り口がわからず、探していたが、北稜がすぐ上に見えているので登り始めると、スノーシューの二人組が後ろからついてきた。かなりの急斜面でさすがにスキーでは苦しい。北稜の直下まで登ると、今度は大きな雪庇《せっぴ》に阻まれた。空身になって低いところから乗り越え、何とか稜線に出られた。二人組と協力して荷物を全部引っ張り上げた。

北稜は踏み跡もなかった。ミルク色のベールがかかり、時折やわらかな光が差し込む稜線は、何だかスケールが大きく感じた。大きく張り出す雪庇に注意深くスキーを滑らしながら、武奈ガ岳に向かった。

雪の原生林を歩く

三《み》国《くに》峠《とうげ》

〈ガイド⇩P.74〉

以前から雪の演習林を歩いてみたかつた。しかし、生《お》杉《すぎ》から地蔵峠までのアプローチの長さが、いつも気持の中に立ちふさがり、そのたびに思いはしぼんでいつた。

三月のある日、生杉から林道を歩く覚悟で、スキーを積んで出かけてみることにした。

ところが地蔵峠への道に入ると、なんと除雪されているではないか。拍子抜けしたが、労せずして三国峠登山口まで入れてうれしかつた。

地蔵峠に向かつた。こんないい天気の日に演習林に入れるかと思うと、うきうきとしてくる。朝の堅い雪を踏みながら、ゆつくりと峠まで登つた。

しかし、ブナやトチの見事な林の演習林内に入ると、スキーの難関が待ちかまえていることに気づいた。林の中はすべての流れが開いていて、どこも自由に渡れないことを知つた。上谷の高い木橋ではスキーを脱いで肩に担ぎ、ストック片手によちよちと渡つた。上谷に入つてみたが、すぐ流れに行方を閉ざされてしまつた。やむをえず方向転換して長治《ちょうじ》谷《だに》に向かつた。

長治谷の林道を流れに沿つて歩いてみた。うつすらとスキーのシュプールが残つていたが、ほとんど歩かれていないようだつた。小屋の前の広い雪原を自由に歩いた。流れは両側の雪の土手すれすれにいきおいよく走り、岸にぶち当たつては翻し、きらきらと光つていた。

長治谷の気持の良い雪の原で半日を過ごした。帰りは三国峠を往復して行こうと枕《まくら》谷《だに》に入つてみたが、やつぱり流れに阻まれ、尾根に上がつてもヤブに邪魔された。また今度とあつさり反転して地蔵峠に戻つた。

峠から車までの林道が、今日初めての滑走となつた。やつぱり障害物のない滑りは痛快だ。

修験の山、ぶらり歩き

飯《はん》道《どう》山《さん》

車でばかり山に行っていると、たまに電車に揺られて行きたくなることがある。それもたった一両だけの、できるだけローカルな路線の方がいい。

昔はそんな鉄道に乗って何度山に行ったことだろう。不便だったけれど、今から思えばゆったりとして楽しかった。特に、きつかった山を下りてきて、電車に揺られて帰る時、解放されたその気分には、何ともいえないものがあった。

滋賀県でも近江鉄道や信楽《しがらき》高原鉄道があり、今もそんな雰囲気が味わえる。そんな小さな山旅がしたくて飯道山を歩いた。

紫香楽宮跡《しがらきぐうし》駅で下車して、路傍の石仏を撮ったり、紫香楽宮跡に立ち寄ったりしながら、野の道を歩いた。飯道神社の参道はゴルフ場に沿って登っている。途中の駐車場から山道となり、ジグザグを繰り返す。飯道神社まではたいしたこともなく、あっけないほどだ。山上の神社らしく、辺りは岩がごつごつと突き出していて、その岩には小さな役《えん》の行者像がのっており、ぐっと睨みをきかしていた。

〈ガイド⇩P.76〉

いったん林道に出てから、再び山道を登って行くと頂上だ。ここからは大きな眺望が開けていた。やすんでいると次々と人が登ってくる。

帰路は三大寺の道をとった。石がごろごろした左羅《ざら》坂下り、右に山上にでて、宮乃温泉に向かった。最後の仕上げは温泉だ。ゆっくりと湯につかり、ビールを飲んで外に出た。ぶらぶら歩いて草津線の甲南駅についたが待ち時間があり、またぶらりと駅前の丘の上にある寺に登って時間をつぶした。

都会の山
音《おと》羽《わ》山《やま》

〈ガイド⇩P.78〉

桜で有名な三井寺《みい》と石山寺をつなげて歩いて、山の登り、下りに訪ねて見ようと思った。

疏水沿いの桜はまだ少し早かった。流れにかかる桜はちらほらで、背後の山の中腹に建つ三井寺の周辺も、ほんのりと淡い紅色に彩られている程度だった。

こんな街中から歩き始める山は珍しい。朝の街はまだ眠りからさめたばかりでひっそりとしていた。三井寺をぐるりと一周して桜を楽しんでから、また市街地に戻った。

長等《ながら》公園から再び山道にかかる。雑木林が美しくて静かな道だが、右には木々の間から団地の家々の連なりがのぞいているし、左からは車などの生活の音がずっと響いてきていた。

ちょうど一号線と一六一号線が分かれる辺りで、琵琶湖側が大きく開けていた。眼下には桜並木の一号線をひっきりなしに走る車の列、びっしりと埋まった家並み、かすむ琵琶湖にうかぶミシガンと、ここは浜大津を望む最高のビューポイントだった。

そしてここから少し歩くと一号線を高架橋で渡る。橋の手前を右に蝉丸《せみまる》神社があるので、ちょっと立ち寄ってみようと歩いて行くと、峠にあるウナギ屋さんからウナギのいい匂いが……。

普段、車からこの高架橋を見上げているが、逆に上から、こうして車がびゅんびゅん走るのを見ながらのんびりと歩いていると、時代をタイムスリップして、異次元から突如抜け出た、旅人のような気分になってくる。何か別の空間を漂っているような不思議な気がしてきた。

現代の弥次喜多は、東海自然歩道を歩きながら花に酔い、春の景色を愛で、ウナギの匂いにつられながら、一日を楽しんだ。

はるかな山

上《かみ》谷《たに》山《やま》

〈ガイド⇩P.80〉

　春らしい花曇りの朝だった。半明《はんみょう》の集落から少し奥に入ったところに車を置いた。もう少し奥まで走ってみたのだが、崩れ落ちた泥まみれの雪に道は阻まれており、引き返してきた。やっぱりこの辺りの山は違うなという思いとともに、一人での山ということにプレッシャーを背負わされたようだった。

　林道を針川まで歩いた。高時川は雪解け水を集めてひしめき合うように流れていた。深く切れ込んだ斜面には、山襞《やまひだ》にわずかに雪を残しているだけだが、そのわずかなしわのような山襞からは、豊かな水がどんどんと吐き出されていた。褐色の木々の斜面を見渡すと、あらゆるくぼみから浸みだした雪解け水が、水流となって落ちていた。これらの小さな水流のすべてが、高時川から琵琶湖に流れ込み、私たちの生命を創っている。豊かな水、偉大なる大地にただただ感謝。

　針川は人が住まなくなってから、もう何年の月日が流れたのだろうか。屋敷跡はあるが、建物は何も残っていなかった。道の片隅に石積みとトタンに囲われた、石の地蔵様が寂しく座っているだけだった。

　針川から支流の林道に入り、関電の送電線の巡視路から尾根に取り付いた。尾根の上に出ると雪が出てきて、県境尾根へつながる尾根もヤブの心配はなくなった。しかし、ここからが長かった。

　県境尾根に出ると風景はごろりと変わった。すぐそこまで林道が登ってきているし、山稜は皆伐状態だった。やっぱり滋賀県側から登って良かったと思った。

　誰と出会うこともなく、上谷山の頂上に着いた。何の感慨もなく、これからの長い下りのことだけを考えていた。

小さな村

高《たか》畑《はた》山《やま》

〈ガイド⇩P.82〉

鈴鹿《すずか》最南端の高畑山、那須《なす》ガ原山、油日岳《あぶらひだけ》の三つの山が連なる山懐には、何だか気になる山村が散らばっている。

その地名は神《かむら》、次郎九郎、藤木、滝谷、唐戸《からと》川といい、地図の居住地の四角いマークが、わずかしか書き込まれていないところをみても、小さい村だということがわかる。しかし、辺りは国道一号線もすぐ近くに走っているし、奥深い山村というものでもない。山里という言葉から連想したイメージに、もっとも近いようなところである。

付近には登山の対象となるような山はないのだが、神の背後に四〇〇m余りの標高を持つツヅロという山があり、登りに行ったことがある。その時に初めて次郎九郎を訪ねたのだった。ツヅロとは奇妙な山名だが、何の変哲もない山だった。

それからずっとこの辺りも歩いたことがなかったが、油日の櫟野寺《らくや》のいちいの木を見に行くことがあって、そのついでに次郎九郎が近いことを思い出して、車を走らせてみた。

大原ダムから細い道を登って、峠を少し下りたところに車を置いた。雨がショボショボと降っていたが、傘を片手にぶらぶらと歩いてみた。以前とあまり変わっていないようだった。道をはさんで片方に家、谷側に細長く田んぼが続いている。田んぼはまだ起こされてなく、昨年の切り株が並んでいた。谷間の入口には大木があり、その根方にはお地蔵様が祀《まつ》られ、横にはお墓が一基ぽつりとあった。家の庭にある桜もしっとりと雨にうたれている。狭い谷間は眠ったように静かだった。

春の峠越え

藤《ふじ》原《わら》岳《だけ》

〈ガイド⇩P.84〉

峠という言葉の語源は、尾根のたわみを越える、「たわごえ」から「とうげ」という言葉になったと言われている。古くから越えられてきた峠路は、尾根のもっとも越えやすい所をめざして巧みに作られており、美しいラインを描いている。こんな峠路は歩いていても気持がいい。

近江の山のいくつもの峠路を歩いてきたが、鈴鹿の山並みを越える峠路が一番気に入っている。ほとんどが炭焼き道として、つい近年まで利用されていたこれらの道は、用途は変わっても、雑木林の中を今も生き続けている。

鈴鹿の山では石積みだけが残された、多くの炭焼きの窯跡に出合う。膨大な数である。鈴鹿の風景はこれら無数の窯が作り出してきたのだろう。

炭焼きといえば、柳田国男の『山の人生』の冒頭の一章が思い出されるが、鈴鹿の峠路に刻まれてきた足跡も、決して平坦なものではなかったことだろう。しかし雑木林の峠道は、通り過ぎたいくつもの大きな波風など、何事もなかったかのようだ。

こんな鈴鹿の峠の雰囲気を最もよく残しているのが、白船《しらふね》峠である。坂本谷道を登ってきて冷川《ひえかわ》谷の源流を巻くところなどは、何度歩いてもほれぼれとする道である。

茶屋川の源流で焼かれた炭は、人の背に背負われてこの白船峠を越えて下ろされたのだ。峠から源流に下り、点々と続く窯跡を見ていても、もう炭焼き窯から煙が立ちのぼる風景など、思い浮かべることもできない。

午後の光に峠の木々は影を伸ばしていた。林は褐色のままで、まだどこにも緑は見えないが、あきらかに空気の感触は変わってきており、春を楽しむ登山者が、次々と通り過ぎて行った。

晴天の春山

静《しず》ガ岳《だけ》・銚《ちょう》子《し》岳《だけ》

〈ガイドP.88〉

晴天無風の残雪の山頂でのひととき。何とも心地よい時がすぎていく。夏のように顔にうるさくまとわりつく虫もいないし、低い木々も雪に埋もれて、眺望もすこぶるいい。四月初旬の鈴鹿、銚子岳の山頂はまさにこのとおりだった。

眼前には藤原、御池のビッグピークが座っている。目をつけていた藤原の西尾根も見えており、尾根上には白い雪の筋が走っていた。道があるようだ。先着していた単独の登山者と、この辺りの山の事に話がはずんだ。

残雪の山に茶屋川から入ったのは初めてだった。静ガ岳から茶屋川に向かって伸びる三本の尾根のうちの、一番南側の尾根を辿って静ガ岳に登った。以前に隣の太尾を歩いた時、雑木一色のこの尾根を見て、マークしていた。

歩いてみるとかすかに踏み跡もあり、気持のいい尾根だった。頂上の手前では、少しのヤブや踏み抜く雪に悩まされたが、そう苦しむこともなく頂上に着いた。ここでは同じように、カモシカもズブズブと足をもぐらせていた。

頂上からは、大きく尾根を広げた竜ガ岳が、正面に見えていた。きっと多くの人で賑わっているだろう。

セキオノコバに下りた。踏み跡もなかった。あの緑の季節の神秘的とも思える池の風景も、今は実にあっけらかんとした、ただの白い窪地が白日の下に広がっているだけだった。

銚子岳を回って茶屋川に下りた。林道を歩いていると、静ガ谷にかかる橋に清水谷と標識があるのに気が付いた。静ガ谷の谷名が腑《ふ》に落ちなかったのだが、このシミズまたはショウズから、静ガ岳の山名がきていたのかと納得した。

雑木林を歩く

三《み》国《くに》岳《だけ》

近江の国には、たしか七つの三国岳(山)があったはずだ。周り全てが山に囲まれているので、三国が接していれば皆、三国岳になっている。

今、ここに書いているのは鈴鹿北部の美濃《みの》、伊勢《いせ》と境を接する三国岳である。

三国岳登山のメインコースとなっているのは、岐阜県側の時山から登る阿蘇《あんそ》谷で、この谷では今も炭焼き窯が煙を上げ、ワサビ田が流れを緑に埋め、そして、源流は美しい雑木林がゆるやかに広がっている。鈴鹿の山の良さを最もよく残しているところだ。

こんな風景をガラスのケースにいれて、机上に置いておいて毎日眺められたらと思う。ガラスケースのふたをあけると、とじこめられていてた雑木林の空気が漂い、透明な光があふれ、清流の音がかすかに響く。机上のガラスの中で雪におおわれ、林が緑に輝き、そして紅葉する。こんな山の巡りくる四季を、毎日眺められたらどんなに楽しいだろうか。

残念ながら、三国岳の滋賀県側の登山コースである百々女鬼《どどめき》谷からの道は、杉の植林地が多い。しかし、三国から稜線南北どちらに歩いても、まだまだ雑木林も多く残されている。

春に鞍掛《くらかけ》峠まで何度か歩いているが、この峠付近も雑木林が美しく、花の多いところだった。峠の手前から岐阜県側に分かれる長大な尾根があるが、その尾根に入ったところの焼尾《やけお》山の頂上では、イワウチワの群落が見られた。瘦《や》せた尾根の斜面は、淡いピンクの花でびっしりと埋められていた。

〈ガイド⇩P.90〉

若《わか》狭《さ》への道

百《ひやく》里《り》ガ岳《たけ》

若狭越えという言葉には、他の峠越えに対するものとは、少し違ったような想いを抱いてきたように思う。峠を越えて下る先には、もう山はなく、日本海に至っているという、この情景がロマンチックな気分にさせ、特別な感情を持たせるのだろうか。

その一つの根来《ねごり》坂を訪れた時は、ちょうど紅葉が美しく、小さな山歩きにはもっとも楽しい時だった。

〈ガイド⇩P.92〉

百里ガ岳から下りてくると、峠の上で日が暮れてしまい、峠で一晩すごしてから朝早く出発した。深くほりこまれた峠路に、ふんわりと積もった落ち葉の沈み込む感触が心地よく、ジグザグ道が快適にリズムを刻んだ。それに、木々を通して差し込む朝の光が気持ちよく、一人での山歩きの寂しさが、何だか、ふかふかとした暖かいものに変わっていったようだった。

それからこの根来坂を訪れたことは一度もなかったが、小入谷側からもう一度歩いてみたいと、ずっと思っていた。

近江側は昔は廃道に近いような道だったはずだ。しかし、今はすっかりと整備されていた。左側の大倉谷から林道が登っていて、中腹で峠路を分断して稜線近くまで延びていた。斜面は広く植林地となっており、峠もひょっとしたらと思っていたが、峠に着いた時はほっとした気分になった。地蔵堂があり大木が枝を大きく広げ、鮮やかな緑の光を落とす自然林に包まれていた。背後の高みにある石塔も見覚えがあり、旧い峠らしい落ち着いたたたずまいは変わっていなかった。

写真を撮ろうと峠路を少し下ると、若狭越えへの誘惑の声が聞こえてきたようだった。

緑あふれる山を行く

横《やま》山《やま》岳《だけ》

〈ガイド⇩P.94〉

ゴールデンウィークの五月四日。外は雨。CDを流し、降り続く雨音を聞きながら、部屋で寝ころんで本を読んでいる。こんなにのんびりとするのは久しぶりだ。

昨日に田植えが済み、せっかく一日明いたというのにこの雨。今年のように早く済んだ年は日帰り程度の山なら行けるのに残念。

ゴールデンウィークの頃の山は、最も良い季節なので、いつもはがゆい思いをしている。

この年も行きたかった横山岳は中旬にずれこんでしまった。

ぬけるような青空に山腹の緑は、くらくらとめまいがするほどの鮮やかさだった。雪解け水を集めた流れが奔放に走り、イチリンソウの可憐な白が足許を埋めている。虫達も忙しげに飛び回るようになった。つい先日までの、あれだけ静かで単調な色彩がうそのようで、眠っていたあらゆる生命が一気にはじけ、爆発したようになる。雪深い山ほどそのはじける力は大きい。

経《きょう》の滝をすぎ、五銚子《ごちょうし》の滝までくると、大分高度は上がっている。この滝は水量はあまり多くないが高度感があり、高巻いていくと高度をぐんと上げるのがわかる。

滝の上からは雰囲気も変わってくる。ブナの深い自然林となり、野性の匂いが漂ってくるようなところだ。ぽつりぽつりとヤマシャクヤクが大輪の白い花を咲かせていた。園芸種のような派手さはないが、気品が感じられる。

ブナの林の急な登りが続いたが、やがてゆったりとした道となり頂上に着いた。頂上は随分と賑やかだった。アンテナが建つ頂上からは、遠く琵琶湖が広がり、ぽつりと竹生島《ちくぶ》が浮かんでいた。

白日の夢の中

白《しら》滝《たき》山《やま》

比良の山でおすすめのコースはと聞かれれば、一番に白滝山を挙げたい。

印象に残っているのは、積雪期に蓬莱山《ほうらい》からスキーで訪れた時だ。長池はすっぽりと雪に埋もれており、この池を中心とした地形の妙にはいたく感じ入った。

坊村から登り口のワサビ谷まで、結構長い林道歩きになるが、淡い芽吹きと杉林との緑の濃淡、ガスがかかりぼんやりとブルーグレーにけぶる中に、山桜のほんのりとしたピンクが浮き立つ山肌、こんな色彩に包まれた林道は、まったく退屈しなかった。春のこんな天気の時もまたいいものだ。

白滝山への登路となっているワサビ谷は、小さな谷である。谷間の林床はニリンソウの白い花がいっぱいだった。

ワサビの大滝を越え、尾根に乗って白滝山の頂上に着く。いくつかある池の最初に出会うのは音羽池《おとわ》だ。池が見えると、突然バタバタバタという音に驚かされた。池で遊んでいた鴨が、突然飛び立ったのだった。

いつも豊かな水をたたえているのは、この音羽池と長池だけだ。長池はその名のとおり細長い池で、自然林に包まれた素晴らしい雰囲気を持っている。いつかもう一度尾根どうしに蓬莱山まで歩きたいと思っている。

白滝谷を下る時は、空はすっかり晴れ渡っていた。下るにつれて濃くなってくる、緑の鮮やかさが目にしみる。谷間いっぱいに陽光がふりそそぐ、あまりの空気の透明さに、朝の柔らかな光とのギャップが大きく、まるで白日夢の中に漂っているような気になった。

〈ガイド⇩P.96〉

〈ガイド⇩P.98〉

奇妙な花

綿《わた》向《むき》山《やま》

冬に綿向山に登ろうと車で出かけた日のことである。積雪にスリップして溝にタイヤを落としてしまい、通りがかりの人に押してもらって、何とか脱出したことがあった。駐車場所までもう少しだったので、無精してチェーンを巻かなかったのが原因だ。

結局、この日は新雪のラッセルに苦しみ、時間切れで七合目から引き返すはめになったが、この山行きが一時中断していた雪山登山を再開するきっかけになったようだ。頂上まで登りたい思いで、無我夢中になってラッセルしたのが、また雪山への想いを目覚めさせたらしい。

この綿向山から竜王山への稜線には、シャクナゲが多い。シャクナゲを見ようと、五月のある日に狙いを定めて訪ねてみたのだが、見事空振りに終わった。花があまりつかない年だったようだ。帰りに鎌掛《かいがけ》のシャクナゲ渓に立ち寄って見たが、ここにも「今年は花のつきが悪いので、それでもよければご入場下さい」と書かれてあった。

シャクナゲはなかったが、みどりが鮮やかで今までとは違う綿向山と出合えた。登り口の林道では、マムシ草の花が出始めていた。奇妙な形の花だが、近づいてよく見ると実に美しい。熱帯地方の花を思わせ、引き寄せられるような魅力を持っている。花弁からまむしを連想して名付けられたのだろうが、この名前で損をしているようだ。この花は種類も多く、ウラシマソウ、ムサシアブミなどと、風流な名の同類もいる。

水無《みずなし》山の尾根を登ったが、高度を上げると杉の植林帯から雑木林に変わった。雑木林は登るにつれ、緑の色があさくやわらかくなっていった。

変幻の谷

ツルベ岳《だけ》・地《じ》蔵《ぞう》山《やま》

渓谷の変幻さに魅了され、いくつもの谷を歩いてきた。

なかでも岩を割って豪快に流れ落ちる滝は、自然の造形の中で、もっともダイナミックで見応えがある。猛烈な水しぶきをあげ、荒れ狂ったように音を響かせるその滝も、直下に入ると、不思議と動きがとまったように、静的なものに感じることもある。

〈ガイド⇩P.100〉

こうした自然の造形は、古くから人々の観念の世界に置き換えられて、たぎり落ちる水の力に畏《おそ》れと敬いがこめられてきた。その自然と精神の胎内を遡《さかのぼ》りたくなって、久しぶりに初夏の比良、八《や》淵《ち》の滝を歩いてみた。

新緑がV字に切れ込んだ谷間をライムグリーンに染め、岩壁の間から一巾の白布のような水流が落ちていた。初夏の谷は水量が多く、滝の下では霧のような水煙を上げていた。ましてや昨日の雨のふりかたは激しく、いっそうの迫力で迫ってくる。流れに沿う道は、滝の直下の水煙の中をはしごで渡ったり、滑る岩を登ったりと、緊張させられた。次々と現れる滝は、手を変え品を変え楽しませてくれた。

八淵の滝は、その姿をもっとも輝かせる時に訪ねてみたいと思っていた。この八淵の滝群の美しさは秀逸だが、何よりも流れを包む自然林と、途中から一転して、スゲ原という広々とした湿地となる、この変わり身が魅力だ。

広い原の中はやわらかな緑に包まれていた。点々と朱色のヤマツツジが彩りのアクセントをつけているが、他は緑の濃淡だけで構成されていた。スゲ原の中では誰とも出会わず、頭上を大きく広がる空間には、鳥達の声が響いているだけだった。

観音の山に咲く花

己《こ》高《だかみ》山《やま》

古く己高山一帯では、多くの山岳伽藍《がらん》を擁していたという。麓にある石道《しゃくどう》寺《じ》もその一つであったが、今は石道《いしみち》の観音さんとして知られる、十一面観音のおさまる観音堂だけになってしまっている。

石道の観音さんには、山の帰りに時々立ち寄ることがある。この観音堂は石道の人達が管理している素朴な堂宇で、すっかり有名になってしまった渡《と》岸《がん》寺のような騒がしさもなく、静かな山裾《やますそ》にあるこの雰囲気が気に入っている。

己高山には、ずっと以前にスキーで登ったことがあっただけで、それっきり登ったことがなく気になっていた。もう記憶にはほとんど残っていないが、頂上あたりが広々としていたのと、北の八八〇ｍのピークからみた、蕎麦粒の尖峰だけが記憶にとどまっていた。

再訪の己高山は、のっけから登るべき林道を間違えてつまづいたが、山仕事の人達の軽トラに拾われて助かった。

山は初夏のむせかえるような緑に包まれていた。山頂直下の鶏足《けいそく》寺の堂塔伽藍があったとされている平坦地も、ただ一面の緑に木漏れ日がきらめいているだけだった。

〈ガイド⇩P.102〉

その緑の中に、見慣れない花が咲いていたので、写真を撮るだけ撮っておいた。現像ができてみるとなかなか美しい花である。名前が気になったがそのままずっと忘れていた。ところがあるときふと思い出し、図鑑を見てみるとマルミヤマゴボウという花らしいことがわかった。この花にこんな思い出ができると、もう名前は忘れないだろう。

〈ガイド⇩P.104〉

天狗のすみか

天《てん》狗《ぐ》堂《どう》

天狗堂、何ていい山名だろうか。この山は愛知《えち》川の支流御池《おいけ》川の最奥の集落、君ケ畑の背後に見事なラインを引いて、形のいい頂上を持ち上げている。

頂上の周辺には巨岩が散らばっており、頂上の先端も岩の塊《かたまり》からなっている。ここから天狗の名がついたのかもしれない。本当に先端という表現が、オーバーと思われないほどのピークで、この上に立つと素晴らしい眺望が広がってくる。ここは樹林を突き出した岩の上なので、眼下の御池川まですっきりと見渡せる。目の前に広がる御池岳の平らな山体は、思ったより横に長く、重量感にあふれている。もう二〇年くらい前になるだろうか。この山頂に初めて立った時、低山のやぶ山らしくないすっきりとした頂上と、この素晴らしい眺望には感激した。

しかし、夏に君ケ畑から真っ直ぐ突き上げている谷を登ったときは、ヒルに悩まされた。あとまでかゆみが続く程度で、やられてもそう被害はないのだが、あの姿で足に這《は》い上がってくるのを見ると、ゾッとしてくる。やっぱり残雪の頃が一番快適だ。尾根の北はやぶなので、雪が残っていればサンヤリまで足を延ばして、ちょうどよい一日コースだ。

それと、忘れてはならないのが、麓の集落の君ケ畑のことである。ここは日本中の山々に散らばる、木地師《きじし》という職能集団の根元地とされていることだ。木地師とはろくろを使って盆や椀をつくる職人だが、その仕事の性質上奥深い山々を渡り歩いてきた。君ケ畑の大皇器地祖《おおきみきじそ》神社に伝わる氏子狩《うじこかり》帳《ちょう》が出版されているが、そこには九州から東北に至るまでの、奥深い山中の木地師の村々を訪ねた足跡が記録されており、驚かされる。

金糞いま、むかし

金《かな》糞《くそ》岳《だけ》

〈ガイド⇩P.106〉

湖北の金糞岳は、近江の山では一番最後まで雪を残している。一直線に頂上にめがけて駆け上がる残雪の中津尾は、私自身の春山のイメージそのものだ。

古くから登山者に親しまれてきた金糞岳だが、最近の中高年登山ブームのせいか、登山者はかなり多くなってきたようだ。それというのも、今は林道が中津尾《なかつお》の中腹を横断しており、以前と比べると簡単に登れる山になってしまったからだ。近頃こんな山が多くなった。登りやすくなったのは結構なことだが、このことで失ったものも多いように思う。

車をアプローチの手段としてほとんど使わなかった頃は、前夜発で長浜からバスで高山に入り、二股《ふたまた》か追分《おいわけ》まで歩いてビバークしていた。そして翌日、深谷《みたに》か中津尾を辿《たど》って登っていた。たかだかバス停と登山口との間の行程だけだが、これが日帰りでは大きな壁になっていたのだ。しかし、この前後の行程が、山への期待感を高めたり、一日の満足感を満たしてくれる時間だった。無駄とも思える時間が、山行の余韻と、次への想いを増幅してくれたのだと思う。

雪の季節だけの山だった金糞岳だったが、無雪期にも歩くようになった。

六月のある一日、昔のとおり二股から歩き出して、ササユリの咲く中津尾を登り、金糞、白倉から花房尾《はなぶさお》と、深谷を巡る尾根を一周してきた。花房尾は荒れてはいたが、幸運なことにちょうどこの日、この道を作られた浅井山岳会の方々が草刈りをされていて、快適に歩けた。日帰りでのこの一周は結構きつかったが、満ち足りた気持になって、陽が傾いた二股に無事下山した。

光きらめく谷

三《み》池《いけ》岳《だけ》

〈ガイド⇩P.108〉

稜線から白滝谷沿いの道に入ると、樹林のトンネルの中をくぐって行く。雑木林は鮮やかな緑にきらめき、流れは穏やかに水を落としていた。やがて道は一枚岩の岩盤を渡って行く。豊かな樹林におおわれた谷は、流れの上だけに空が開き、岩の上にスポットのように陽光を落としていた。ふりそそぐ光の下の、滑るように水が流れる岩の上で休憩した。山が用意してくれたカフェテラスでのコーヒータイム。至福のひとときだ。

一時期、鈴鹿の谷ばかり通っている時があった。それも近江側ばかりである。のびやかに尾根を伸ばした近江側は、谷歩きといったほうがぴったりとくるような谷がほとんどだ。

こんな鈴鹿の近江側、特に愛知《えち》川の谷にぐんぐんとのめり込んでいった。その理由はいくつかあると思うが、鈴鹿の雑木林に出会ったことが大きいようだ。

この山系のほとんど全山で、近年まで炭焼きがさかんに行われていたので、薪炭材《しんたんざい》としての雑木林が多く、今まで行っていた山とは違った新鮮さを感じた。

日々通う沢登りのフィールドとして、比良の谷がよく知られていたが、私の頭の中には、愛知《えち》川の谷々で占められて行くようになった。

愛知川には神崎川、茶屋川、御池《おいけ》川の三本の支流がある。中でも神崎川の、澄明な水の碧《みどり》と花崗岩の白さ、そして樹林の色彩とで奏でるハーモニーは、群を抜いて美しい。

神崎川流域一帯は、今もほとんどが雑木林におおわれている。褐色から緑、そして黄や紅に変化して、再び褐色の世界にと、毎年繰り返えされる四季の移ろいを訪ねて、飽きることなく歩き続けている。

生命あふれる森

呉《くれ》枯《こ》ノ峰《みね》

〈ガイド⇩P.110〉

ずっと昔に呉枯ノ峰に登っているが、なんとも面白味のない山だった。その時は南側から登ったので、菅山寺《かんざんじ》には立ち寄らなかったのだが、それが気になっていた。

菅山寺は車では行けない山中の寺であり、大ケヤキがあることでも知られている。そのケヤキを見に、一度歩いてみたいとずっと以前から思っていた。それも初めて出会う時は、緑に包まれセミが鳴き騒ぐような季節がいいなあと考えていたが、なかなか果たせなかった。

汗をたらたら流しながら長い参道をゆっくりと歩いた。湖北の平野を見下ろす峠状のところまで登って、左にゆっくりと下って行くと、辺りの林の様相がガラリと変わった。大きなブナの木の並ぶ深い森に入り、心地よい緑の空間にすっぽりとくるまれたようだった。

明るく広がった菅山寺の境内に出ると、二本のケヤキの大木が目についた。さすがにでかい。小さな門をはさんで両側に対で並んでいた。近寄ってみると幹にはユキノシタが着生して、白い花をびっしりと付けていた。門をくぐり、反対側に回ってみる。こちら側がよく写真で見る姿だった。近寄って仰ぎ見ると大きく緑が広がり、力強いその生命力に圧倒される思いだった。市街地やお寺の境内などに一本だけぽつりとある巨樹と違って、緑豊かな森の中にあるのを見ると、生き生きとした生命を感じた。

傾きかけた本堂から天神社のある大きな池を巡り、境内をぐるりと歩いた。素晴らしかった。高度は低いがこの辺りの林は、もともとこんなブナの林におおわれていたのだろう。寺を出てから呉枯ノ峰に向かったが、ここに心あらずという気持だった。

夏のスタイル

釈《しや》迦《か》ガ岳《たけ》

〈ガイド⇩P.112〉

沢登りという、日本特有の登山に深い思い入れを感じてきた。日本の風土に一番ぴつたりとくるスタイルだと思う。沢登りに熱心な頃は、トロ、廊下、ゴルジュ、ナメ、ゴーロなどという言葉がでてくるだけで、わくわくするようになつていた。いつでも深い渓谷を想い、頭のなかでいくつもの計画を描いていた。そして夏の休みになると黒部川や白山山系の谷などに出かけていつた。

体力や気力も落ちてしまつた今は、昔のような沢登りを懐かしいとは思つても、もう一度同じような谷を登りたいとは思わない。意識の中では渓谷を思う気持は残つていても、もうぬけがらみたいになつている。

それでも、雑誌などで美しい渓谷の案内や記録に目をやると、また歩いてみたいなあという気にさせられるが、毎日晴天だつたらとか、稜線に出たら道がないと、とかただし書きが沢山ついてくる。

釜をへつり、滝をよじ、源流に向かう。流れの源を求めてあらゆる障害を乗り越えていく沢登りは、山登りという遊びの原点といえるだろう。

今も暖かくなれば、たまに沢歩きに出かける。沢登りではなく沢歩きである。鈴鹿の愛知川の白い花崗岩とエメラルドグリーンに輝く水は、どうしようもなく暑い時期の水遊びには、ぴつたりの谷だ。元越《もとごし》谷や赤坂谷などは、そのイメージどおりで、白い岩の上にひたひたと濡れた足跡を残して行く感触はたまらない。

しかし、あれだけ熱心に通つた沢登りの楽しさ、感激は、もうよみがえつてはこないだろう。受けとめるものなにもかもが、フィルターで濾《こ》されるようになつてしまつている。

涼を求めて

皆子山《みなごやま》

〈ガイド⇩P.114〉

足尾谷《あしびだに》からツボクリ谷をへて皆子山へ。私にとっては超クラシックルートである。山を登り始めた頃は、毎週のように北山のさまざまな山を歩いていた。とにかく北山といえば、杉の植林というイメージが頭に焼きついていたのだが、この山は自然林の占める割合が思っていたより多くて驚いた。それに久しぶりに歩いてみて、人の多さにも感心した。ガイドブックにある山はどこを歩いても中高年でいっぱい、このくそ暑いのにみんな元気だ。若い人はゆったりと水辺で寝ころんでるんでしょうね。

自然林の多い谷沿いの道は、かなりの暑さだったにもかかわらず、すごく快適だった。緑陰が多いのと、谷の豊富な水量が五官をおおいに刺激してくれた。それと道に沿って咲き続けていた、アジサイのブルーも清涼感を添えてくれた。

写真を撮りながら歩いていると、次々と抜かれて最後になった。頂上は大きな楓の木が木陰をつくっており、その下に入って、幹にもたれながら休んだ。偶然、中年の男性ばかりで、そのうちの一人が、

「おばはんがいいひんし静かでええなあ」

とつぶやいた。そして次に、

「そやけど、食べるもんが何にも出てきいひんのもさびしいなあ」

「嫁はんやったら何にもしてくれへんのに、山にきたら次々に食べるもんが出てきよる」

おばはんがいたほうがええのか、いんほうがええのんか、どっちやねん!

会話が終わったところで賑やかな声がして、今話題の中年女性が登ってきた。

下りは暑そうな寺谷コースは敬遠し、皆子谷を下った。

山と川の風景

七《な》七《な》頭《ず》ガ岳《たけ》

〈ガイド⇒P.116〉

良い山歩きができた時は、帰りの車を走らせているときも気持ちよく運転できる。特に信号が少なくて景色の良い湖周道路などは至極快適だ。波打ち際を走るところは、ザーザーという波の音が心地よく響き、車で走る時よく聞いている、沖縄音楽とのマッチングが非常にいい。

大工哲弘や大島保克、上原知子などが好きなアーティストで、彼らの音楽を聞きながら走っていると、もともとあまり好きでない運転の苦痛感も、幾分は和らげられる。

この日の夕方も湖周道路を気分良く走っていた。傾きかけた陽は湖面を照らしてキラキラと美しく輝やき、カセットから流れる大工哲弘の「月ぬ美しゃ」を聞きながら、登ってきた湖北の七七頭ガ岳を思い返していた。

下丹生《しもにゅう》から見上げる七七頭ガ岳は、端正な姿をしていたが、何にもまして、山裾《やますそ》を洗う高時川の流れの様子がすごく良かった。この谷に住む人々の中で、この高時川の存在ほど大きなものはないのではないかと想像する。人が住まなくなるほど奥に入ると、いい川だなあと思うところはあるが、この川には、人々の生活と自然とが一体になったような、美しさを感じた。しかし、いずれはここより上流の方は、ダムの底に沈んでしまうのだ。

この山はかなり昔に登ったきりだった。しかも雪のある季節だったので、あまり記憶にはなかったが、頂上の西林寺《さいりんじ》という小さなお堂と辺りの雰囲気は、かすかな記憶とはほとんど違っていなかった。登り口には熊に注意の札がつられていた。最後まで急な道が続き、上の方にはブナの林も残っていた。大汗をかいて登った頂上には、ササユリがポツンと一輪咲いていた。

〈ガイド⇩P.118〉

夏に遊ぶ

御在所山《ございしょやま》

なつかしい風景を見たような気がした。愛知川の源流、ヒロ沢の出合でのこと。

子ども達が愛知《えち》川の淵《ふち》で飛び込んだり、潜つたりして遊んでいた。川で遊ぶのは珍しくないが、ここは山の中を二時間ほども歩かなければ来られないところである。きつと山好きの大人にいいところがあると、連れて来られたのだろう。夢中になつて遊んでいるのを見ていると、自分の子どもの頃を思い出していた。山へ虫を捕まえに行つたり、川へ魚釣りに行つたり、泳いだり、どんな遠いところでも自転車で一時間も二時間もかけて出かけていた。今の子どもを見ていると、遊びも随分と変わつたなあと思う。

この愛知川の源流は、中高年が遊ぶにしても楽しいところだ。子ども達と同じように水と戯れながら、谷を遡ろうと思えば、手頃な谷がいくつもある。周囲の山のピークハントにしても、静かな山歩きが楽しめる。

ある暑い夏の一日、愛知川の源流から谷通しではなく、尾根通しに御在所へ登つてみた。愛知川から県境尾根へのコースといえば、すべての道は谷についているので、一度尾根から登つてみようと、御在所のピークに突き上げている、上水晶谷の左岸側の尾根を登つてみた。

歩いて見ると何と快適なこと。意外と涼しいし、最後を除いて藪こぎはほとんどないし、頂上にストレートに出られるしで、言うこと無しのルートだつた。最後に藪をくぐつて突然飛び出したので、観光にきていた年配のご婦人を驚かせた。

いつもの大岩の上に座り、今歩いてきた尾根を眺めながら足を投げ出した。日差しがきついが吹き抜ける風が心地良かつた。

繚乱の花園

伊《い》吹《ぶき》山《やま》

〈ガイド⇩P.120〉

大きくうねるように広がる頂上山稜は、とりどりの色彩に彩られていた。見渡す限り花、花、花だ。そしてその花を見ようとする人、人、人の列。

一四〇〇mたらずの山なのに、これだけの広大な花園の広がるところはほかにはないだろう。山頂直下までドライブウェイが通じているので、夏の最盛期の人の多さは並大抵ではない。駐車場から山頂にいたる道は、蟻の行列のごとく人が続くことになる。この人の多さにはうんざりするが、それでもこの花のすごさに負けてしまい、毎年カメラを手に三合目から歩いて登って行く。

元々、この山は私には冬だけの山だった。冬山トレーニングと称して雪を求めて、毎年必ず登っていたものだった。また、山スキーをやり始めてからも、伊吹山は格好の練習場だった。頂上直下の八合目の急斜面での滑降が圧巻で、雪が多ければ下の神社までスキーで滑って降りられるという、このスケールは魅力的で楽しかった。

花のすごさだけが印象に残っていて、何回歩いても記憶にはあまり残っていない山だが、子供が小さな時に一緒に登った夜間登山が思い出に残っている。

真っ暗の中、ヘッドランプをともしての頂上までの道のりは長かったが、子供達も文句も言わずに登ってくれた。ただ、ご来光が出てくるまでの長かったこと。とにかく寒かった。三人がひっつきながら、途中の小屋に書かれたうどんの文字を思い出して、帰りはうどんを食べようと言い合って、日の出を待ったことを思い出す。

ところがいざ下り始めると、今度は暑くて暑くて、食べたいものがかき氷にかわってしまっていた。

むせかえる林の中で

蛇《じゃ》谷《だに》ガ峰《みね》

〈ガイド⇩P.124〉

歩き出したとたん、眼鏡がくもるような蒸し暑い朝だった。修行のようなつらい一日の始まりだ。我ながら、こんなに暑い中を一日中よく歩くなあと感心する。それでも、汗が吹き出るように流れ出して、全身がびっしょりと汗まみれになってしまうと、もう観念してしまうのか意外と平気になる。

もう何度目になるだろうか。この比良の蛇谷ガ峰に登るのは。どこから登っても、この山は冬の季節が一番だが、雪のない時なら朽木《くつき》の桑野橋からの道が気に入っている。ここから登ると、普通は想い出の森に下ることになるが、今日は頂上から稜線を南に歩いて、コメカイ道を下ってみようと思った。コメカイ道は朽木や葛川《かつらがわ》と高島を結ぶ道で、その名のとおりの物資はもちろんのこと、情報や文化を伝播する道でもあったはずだ。

急な長い林道がつき、山道が始まるところが猪《しし》ノ馬場だ。雑木林の美しいところである。アカ松の混じる雑木林が続き、うっそうとした天狗の森もガスに包み込まれていた。こんな天気がいっそう良い雰囲気を漂わせている。茫洋とした林の中をゆっくりゆっくりと登っていった。どっぷりと汗をかいて、ほとんど休まずに登り着いた頂上も、淡い乳白色の中に、やたら蛇谷ガ峰という名札をぶら下げた、頂上の標識が目立っていた。何の展望もないのが少し残念だが、風があり、日差しが遮《さえぎ》られているのがありがたかった。

南に向けて歩いた。ボボフダ峠を過ぎると出会う人もいない。静かな地蔵山の頂上を辞して、ササ峠からあやふやな踏み跡を辿《たど》っていった。途中で地蔵峠からの道と合流したが、どちらがコメカイ道になるのだろうか。

雨の峰道

横高山《よこだかやま》・水井山《みずいやま》

日帰りで、雨の降っている日に山に行くことはほとんどない。それでも山に行かない日曜日が続くと、雨が降りそうな日でも出かけてしまうことがある。

この日もそうだった。歩き始めてから小雨が降り出してきた。降りはたいしたことがないようなので、折りたたみ傘をさして歩いた。

こんな天気を予想して、しっかりと広い道のある比叡山を選んでいた。雨降りにはわずらわしい地図を広げる必要もないし、勝手知ったる山である。

雨に煙る山上は荘厳な雰囲気が漂っていた。人も少なく静かな比叡山。これが本来の姿なのだろう。この山は煙雨の日や薄く雪のかぶった姿が、一番似合っているようだ。

西塔から峰道を辿《たど》り、横川に下らずにそのまま尾根を歩いた。雑木林はなくなり、暗い杉林の急なアップダウンの道になった。横高山、水井山も久しぶりだった。

暗い杉林の中でも、いつも何か写真の対象になるようなものはないかと見ながら歩いているが、よく撮るものに山の道標がある。金属のものや、朽ちて字も判読できなくなったものなど、いろんな形があって面白い。

この時も、ふと北山トレールの角柱の道標に目をやると、落ち葉の乗ったプレートの上を這っている足の細長いクモが目にはいった。おもしろそうだったので、急いで三脚にカメラをつけ、ファインダーをのぞくと、クモはもう角柱の横に回っていた。

仰木峠に下りた。ここにも元三《がんさん》大師道と彫られた石柱と木製の道標がたっており、雨に濡れた深い緑の中に沈んでいた。

〈ガイド⇩P.126〉

きっかけの山

日本コバ

鈴鹿《すずか》を撮った写真を見ていると、圧倒的に雑木林の中の登山道を撮った写真が多い。やはり鈴鹿で最も心魅かれている風景だからだろう。

日本コバも雑木林の美しい山である。それなのに、写真は杉の植林の中を歩いているところの一枚を選んでしまった。真っ直ぐに伸びて天を突くような杉と、パターン的な並びに、新鮮さを感じてシャッターを押したのだろう。鈴鹿でも植林地のところも結構あるが、杉林自体を撮ることはめったにない。

この山は私にとっては、鈴鹿に入るきっかけとなった山である。それもやっぱりこの雑木林に、いままでよく歩いていた比良や北山との違いを感じたからだ。

薪炭林として利用されてきた、同じような口径の木が並ぶ雑木林は、緑の色が違って見えた。たしか九月に、この日本コバの藤川谷を遡行《そこう》したのだが、まるで新緑のような緑に思った。

それから、何度この日本コバに登っているだろうか。何といってもこの山の魅力は、藤川谷源流の湿地帯にある。湿地帯といっても比良のヤクモガ原やスゲ原のような湿原ではなく、ゆるやかに広がった雑木林に、小さな流れの集まっている、ただの源流である。同じ鈴鹿の阿蘇《あそ》谷の源流と同じような雰囲気で、もう少しスケールが大きいだけだ。何の変哲のない風景かもしれないが、私にとっては最高の風景である。鈴鹿を歩き続けてきたのは、もっともっとこんな風景と出会いたい、という気持が一番強かったのではないだろうか。

〈ガイド⇩P.128〉

季節はずれの参道

七《なな》尾《お》山《やま》

国道三六五号線の姉川畔から見ると、七尾山はすべてをさらけ出すように横に長く、全貌を現している。山稜からは何本かの尾根が平行して姉川に向かって落ちているので、これが山名の由来かと思い数を数えてみたが、七つの尾根ははっきりとはわからなかった。

〈ガイド⇩P.130〉

思えば戦国の世、この国道三六五号線、昔の北国街道に沿って、天下を分ける大きな戦乱が三つもあったのである。姉川の合戦、賤《しず》ガ岳の合戦、関ケ原の合戦と大きな歴史の波がある期間に集中して通り過ぎている。この近江の地が本州の狭隘《きょうあい》部であり、京の都にも近く重要な位置だったということが、つくづくとわかる。

七尾山には桜の咲く季節に歩いてみたかった。麓にある天津《あまつ》神社の参道は今荘《いまじょう》桜として有名で、国道三六五号線が参道を寸断しているものの、桜並木が続いている。

お寺や神社の参道というのは不思議な道だ。お堂や神殿にいたるこのアプローチには、さまざまな役割が含まれているような気がする。ある時には気持を切り替える間であり、ある時は絶対なるものの無言の圧力の場であったり、またある時にはこの天津神社のように、舞台の花道のような演出もしてくれる。

七尾山を歩いたのは桜の咲く季節ではなく、まだ暑さの残る秋の一日だった。山では一パーティーに出会ったきりの静けさで、登りとは違った尾根を辿《たど》り、天津神社に下りてきた。参道が真っ直ぐに伸び、振り返ると社殿の上に、七尾山の頭がのぞいていた。

忘れられない峠

岳《だけ》・旭山《あさひやま》・ヒキノ

その昔、鈴鹿《すずか》の谷を毎週のように歩いていた頃、茶屋川の支流の滝谷という谷を登って稜線に出た。そこはカヤトの原で少し変わった地形をしていた。辺りはもうすでに植林されていたと思うが、その滝谷の源流がゆるやかに広がり、幅の広い稜線となっていた。そしてここには峠路が横断し、一本の大きな樅《もみ》の木があった。この大きな樅の木がこの峠、山の神峠を強烈に印象づけたようで、深くいつまでも心の中に残っていた。

ところが、十数年の時を経て、山の神峠を訪れてみると、すっかりと変わっていた。あれだけ心に残る峠だったのに、それが今再会してみると、樅の大木は無残にも伐られ、ただの伐採地の一角に変わり果てていた。残念だった。

しかし、この変貌も仕方のないことかもしれない。私が歩いた頃、すでに歩く人もほとんどいなかった峠路は、生え込みがひどく峠路としての機能を失い、尾根上の峠のみが生き残っていたにすぎなかったのだ。いずれは消滅する運命をたどっていたのだろう。

私が見た時は燃え尽きる寸前の最後の輝きだったのかもしれない。この峠はかつては茶摘みの頃、政所《まんどころ》の茶畑へ石《いし》榑《ぐれ》の女性達が石榑峠を越えて焼野《やけの》へ下り、茶屋川からこの山の神峠を越えて政所へと下った道だったという。

山の神峠からノタノ坂を巡って茨川《いばらかわ》林道に下りてきた。林道を歩いていると、杉林の中にあるマムシ草の実が目についた。葉は黄色くしおれており、その奇怪な姿、異様な色は、ひときわ異彩をはなっていたが、暗い林の中ではなぜかぴったりとおさまっていた。

〈ガイド⇩P.132〉

秋晴れの山

蓬《ほう》萊《らい》山《さん》

〈ガイド⇩P.134〉

この日の比良は素晴らしい天気に恵まれた。キタダカ谷道を登ったが、このコースは比良ではお気に入りの道だ。

おきまりの雑木の中の明るいジグザグ道。見上げる杉の巨樹の天狗杉。そしてガレた岩から、琵琶湖の眺望が広がるクロトノハゲ。山歩きの楽しいパーツが揃っているコースだ。

クロトノハゲから比良主脈を北行するか、南行するかに分かれる。北の木戸峠から堂満岳に至る尾根は、比較的静かな縦走コースだが、今日は南の蓬萊山へ向かった。

打見山を見上げると、ゴンドラ山頂駅が小さく見え、抜けるような青空と色づいた木々を背景に、ゴンドラが次々と通り過ぎていく。紅葉も最高潮だった。

しかし、稜線に登りついて遊園地のような山稜を見ると、美しい紅葉に高ぶっていた気分も、みるみるしぼんでしまった。

スキー場の笹の斜面を登って頂上に出る。頂上にまでスキーのリフトが登っているのが気に入らないが、ここからの展望は素晴らしい。広がる笹原がきらきらと反射し、眼下の琵琶湖も北の端から南までくっきりと見えていた。こんな天気の日ならいつまでも眺めていたくなる。

小女郎《こじょろ》峠に下った。

峠は行き交うハイカーにあふれていた。峠を少し登ったところが絶好の展望台で、ここも昼食をとる人でいっぱいだった。若い人達、家族連れ、中高年グループ、中年のご夫婦とさまざまなグループが入り混じっているが、晴天での大展望にみんな満足そうな顔だった。

峠から少し下って小女郎ケ池を訪ねてみた。秋色に染まった木々と青空を映しこんだ水面が印象的だった。

〈ガイドP.136〉

数百歳の峠道

土《つち》倉《くら》岳《だけ》

ノタノ坂。この峠はいつ頃から歩き続けられているのだろうか。茨川《いばらかわ》に人が住むもっと以前から、この道は存在していたのではないだろうか。おそらく何百年という長い年月が経過している道だろうが、そういう積み重ねを感じさせないさりげない風情である。

いつ越えてもひっそりとしていて、人とも出会ったことがない。それに峠らしい峠という形でもなく、すっとそのまま通り越してしまいそうなところである。それでいて何か雰囲気を持っているように感じられるのである。

朽ちた道標が、峠の落ち葉の道ばたに寝かせてあったが、こんな情景を見ても、この峠らしいなあという気がしている。あまり立派な道標は建ててほしくないし、この峠には似合わない。

周辺の山もそうである。この山稜は御池《おいけ》岳から分かれて、黄和田《きわだ》の岳《だけ》に至っている間、幾つかのピークを持ち上げているが、どれもがあまり個性がないし、目立たない山々である。末端の岳は、小さいながらも存在感を主張しているが、旭山、ヒキノ、土倉岳と続くどれもがおとなしい山で、旭山や土倉岳に至っては、頂上さえもがはっきりとわからないような山である。

その土倉岳に初めて登ったのは、小又谷を遡行《そこう》してゴロ谷を下った時である。今でこそ巡視路ができて歩く人もたまにみられるが、その頃はほとんどかえりみられなかった山であった。小又谷とゴロ谷の奥深さを感じる谷も良かったが、なによりも土倉の頂上から見た御池岳には圧倒された。雪の季節にも、ここからの御池岳が見たくなって訪ねてみたが、やっぱり期待どおりだった。

湖の道 賤《しず》ガ岳《たけ》

〈ガイド⇩P.138〉

初めて賤ガ岳に登ったのは、上の子がまだ小さな頃だった。小さな子ども連れでも気楽に登れて、しかも頂上からの眺望も素晴らしかった。五〇〇mたらずの山なのにその展望のスケールは雄大で、片方に琵琶湖、もう一方に余呉《よご》湖が眺められるという贅沢な山である。

それから何年かして、この賤ガ岳から南の尾根続きの山本山までの遊歩道ができた。山本山は山城の跡として知られており、この頂上からの琵琶湖の展望もまた美しいものだった。

遊歩道の道作りが進行中に、山本山から賤ガ岳まで歩いているが、その時はまだ少し藪が邪魔する部分もあった。もしここに道ができたら素晴らしいコースになるのになあ、と思いながら歩いていると、小さなユンボが道を作っているのと出会って驚いた。賤ガ岳側から作道していたのを知らなかったのだ。

出来たての道を歩いて見ると、やはり思ったとおりの素晴らしいコースだった。ただ、あまり道が立派すぎるのが気になるところだった。望むならば丸太で階段など作らずに、人が踏み込んでいってできた程度の道にしておいてほしかったのだが。

冬にもこのコースを一人で歩いて見た。雪の琵琶湖を眺めながらの、気軽なスノーハイキングコースだ。どこからでもエスケープできるので、中高年が雪山を始めるにも絶好の入門コースになることだろう。

木之本の黒田から登り、賤ガ岳から山本山まで遊歩道を縦走したが、踏み跡はなく、人と出会うこともない一日だった。踏み抜く雪に苦労したが、山の猿達も深雪に閉口していたようで、塹壕《ざんごう》のような深いトレールが幾筋もついていた。

回峰行者の歩く道

比叡山《ひえいざん》

〈ガイド⇩P.140〉

比叡山の麓の坂本は好きな街だ。門前町としての落ち着きがあり、どの辺りを歩いても季節の彩りを感じさせるところである。

比叡山の元々の信仰の本体となるものは、日吉《ひえ》大社の八王寺山の巨大な磐座《いわくら》で、背後の比叡の山々はその神山だった。この山を天台の山として、延暦寺を開いた最澄以前から、すでに神仏習合の原始的な宗教活動が行われていたのだろう。

比叡山のどの道を歩いても、霊山としての雰囲気が漂っている。中でも一番好きな道が無動寺道だ。無動寺の明王《みょうおう》堂は千日回峰行者の根本道場で、回峰行中の行者さんは、ここから出峰して三塔十六谷を巡拝し、再び無動寺に戻るという。私たちがなにげなく歩いているこの道が、死を賭した回峰行者の修行の場となっているのが、不思議な気がする。行者さんと同じ道を歩き、同じ風景を見ているはずだが、私には何か異次元の世界のように思われてならない。

明王堂は急崖の上に建っている。お堂の前からは琵琶湖まで望む眺望が広がり、明るい風景が開けているが、堂内からは読経の声が響き、凛とした厳しさが伝わってくる。山内はドライブウェイが走り、遊園地、スキー場などがあるのに、堂塔伽藍の周辺は一線が画されたかのように厳粛さが保たれ、清浄な気に満ちていた。

天台の教えには〝山川草木《さんせんそうもく》悉《しつ》有《う》仏性《ぶっしょう》〟という言葉がある。行者さんは回峰行中、一日に二百数十か所お参りするところがあり、そのつど供華《くげ》をしていく。それは山内の堂塔伽藍は勿論のこと、小さなお堂、石仏や草木、岩など自然物まで含まれているという。山川草木すべての自然には仏性が宿っているのである。

山寺の秋

大《だい》尾《び》山《ざん》

〈ガイド⇩P.144〉

紅葉が色づいた大原の三千院から大尾山を越えてきた。比叡の山稜もこの大尾山あたりまで来ると、人もめつきり少なくなる。秋晴れの青空の下で、淡いブルーの琵琶湖と、色づいた木々を眺めながらの頂上での休憩は、気持ち良かつた。

下りは以前一度通つたことのある、歓喜院《かんきいん》から南庄《みなみしょう》に下りようと思つた。前回は逆コースだつたが、山よりも何よりも、棚田《たなだ》と歓喜院という小さな山寺が印象に残つていた。

林道を下り、途中で横道に入ると、歓喜院の参道に出た。参道にはもみじの木が何本かあり、秋の透明な空気にオレンジ色の強烈な光りを落としていた。お寺には一人の人影もなかつた。石段を登り振り向くと、思いもしなかつた横に細長く広がる琵琶湖の眺望があつた。

歓喜院は通称、滝寺と呼ばれている小さなお寺で、伊《い》香立《かだち》の南庄から、緩やかに伸びる尾根や、谷間に続く棚田の間の道を登つた最奥に位置しており、お寺の裏には滝の行場があつて、もうその背後には、比叡の山稜に続く山を背負つている。

近頃、こんな小さな山寺を訪ねて歩くことがよくある。坂本の奥の安楽律院、木之本の菅山寺《かんざんじ》、上丹生《かみにゅう》の七々頭ガ岳山上のお堂の西林寺《さいりんじ》、マキノ町の浦から登る仲仙《ちゅうせん》寺《じ》、金勝《こんぜ》の金勝《こんしょう》寺、田上山《たなかみやま》の不動寺など、近江にはひつそりとした好ましい山寺がいくつもあつた。

本堂の前でお昼をとつていると、中年の山姿の一人の男性が登つてきた。雄琴《おごと》から歩いてきたという。私たちも帰りはこれにならつて、南庄の棚田の間を下つて、ついに堅田《かたた》の駅まで歩き通してしまつた。

峠の風景

雨《あま》乞《ごい》岳《だけ》

〈ガイド⇩P.146〉

雨乞岳の頂上から杉峠に下りてきたのは、もうかなり陽も傾いた頃だった。

午前中にこの峠を通り過ぎて愛知川の源流に下り、コクイ谷、クラ谷から雨乞岳に登って、ぐるりと一周巡ってきた。登ったり下ったりと、かなりハードだったが、鈴鹿の良さを凝縮した、素晴らしいコースだった。

このコースの最も好きなところは、杉峠をはさんだ両側の峠路のたたずまいである。

峠付近は最盛期には多くの人達が活動していた鉱山跡で、落ち葉に埋もれ、木々が生え込んだ住居や神社などの人々の生活の跡に立っていると、怖いほどの寂しさが押し寄せてくる。新緑や紅葉が明るく輝くほど、寂莫の思いが深くなっていくような気がする。

この日の杉峠は、初冬の冬型がほどけてきたのか、葉の落ちた雑木林を透かして、陽がいっぱいに差し込んでいた。星霜を経た老樹や、整然と立ち並ぶ雑木林の中に、深く踏み込まれた道が登ってきている。この峠路には幾多の人々の歴史が刻まれ、悲喜こもごものドラマの数々が通り過ぎていったことだろう。

時間が迫ってはいたが、この切り返しをとんとんと下ってしまうのは惜しいような気がして、乾いた落ち葉の上に座り込んだ。

考えてみれば、この峠を通り過ぎるのはいつも遅くなってからだ。つい一年前にも夕方にこの峠路を下っているときに、曲がり角を曲がったとたん、水を飲んでいるシカと鉢合わせして、お互いに驚いたことがあった。

この日も途中で、山の端に当たる残照を撮ってるうちに暗くなってしまった。真っ暗な林道を石にけつまずきながら、ひたすら歩いた。

黄金色の谷

御《お》池《いけ》岳《だけ》

〈ガイド⇩P.148〉

茶屋川は、蛇谷《じゃだに》の出合手前辺りからぐんと狭くなってくる。河原の石の上を見ていると、濡れた靴底の跡が印されており、先行者のいることがわかった。もう谷間の底にも朝の光が深く差し込むようになり、紅く色づいた木々の透過光が、きらめくように地上にふりそそいでいる。落ち葉の積もった斜面も明るい日差しをいっぱいに浴び、木立が長い影を伸ばし、雑木林はひときわ輝いていた。

上方には天狗岩のピークが天高く突っ立っており、谷の深さを実感させられる。三筋の滝を巻いて河原に下りると、右から白い石くずが大きく押し出されて、うず高く積もっていた。こんな静かな谷間なのに、時として自然は凄まじい力を発揮する。このエネルギーには恐ろしさを通り越して、諦めを感じてしまうだろう。

土倉谷出合辺りまで遡《さかのぼ》ると、茶屋川もすっかり小さくなっている。出合には古い炭焼き窯の跡があり、一段と高く台地状になっている。春には林床にとりどりの花が咲くところだ。

やがて流れは伏流となり、源流の様相を呈し、多くの登山者の歩くコグルミ谷道と合流するが、私は雑木林の斜面を自由に歩いては、御池の頂上台地をめぐって、また茶屋川に降りてきた。

一日を思うまま歩き回って、茶屋川の河原に座り込んでコーヒーブレイクを楽しむ。清らかな流れと紅葉した木々、そしてその間からふりそそぐ黄金色の光は、尾崎喜八の『山の絵本』にあった〝一日の王〟を思い浮かべた。

晴天の秋の山歩きは無数の宝に恵まれ、まさに一日の王となる。

炭焼きの谷

竜《りゅう》ガ岳《たけ》

雑木林の細い山稜には柔らかに掘りこまれた古びた道が越えていた。炭焼きの人達が重い炭俵を担いで、何度も何度も歩いたその足が作った峠路である。峠に登ってくるまでに、草に埋もれ周りの自然と一体になった、いくつもの炭焼き窯と出会ってきたが、この窯跡の多さが、峠路の往来の激しかったことを物語っていた。

〈ガイド⇩P.152〉

小さな谷から峠に登って来るまで、道はほとんど消滅していて、峠の直前まで登り詰めて、やっとしっかりとした峠路らしい形になった。峠だけは今でも、炭俵を背負った炭焼きのおやじが登ってきそうな雰囲気だった。

この谷一帯から炭焼きの煙が消えたのはいつ頃だったのだろうか。しっかりと残った峠も、いつかは草木に覆われてしまうのだろう。

白谷越を歩いてみたのは、前に歩いた又川《またがわ》谷をもう一度歩いてみたかったからだ。再訪した又川谷は以前と全然変わっていなかった。

白谷の出合に着くと、河原の岩の上に洋梨型のディバッグと、風呂敷にくるまれた大きな鍋が置かれていた。辺りには誰もいず、奥深い静かな山中に置かれた風呂敷包みが何とも奇妙だった。しばらくこの出合で休んでいたが、誰も戻ってこなかった。

本流を離れて支谷の白谷から峠に登りつくと、ふんわりと積もった落ち葉の上に座り込んだ。どんよりと曇った空からは、時折弱々しい陽光が落ち葉の上を流れていた。

太尾の長池を見に行こうと腰を上げるまで、この峠には誰の足音も登ってこなかった。

峠の廃村 ヨコネ

〈ガイド⇩P.154〉

ソノド、コザト、ザラノ、ヒヨノ、この奇妙な暗号のような文字は、鈴鹿《すずか》北部の山々の名称である。ここに書くヨコネもそのひとつで、どれを見ても意味があるような、ないような不思議な名前である。ただ、ヨコネという山名は、この山の形状からきているということがわかる。ヨコネは県境から張り出した尾根が東西に長く伸びて、三つのピークからなり、その中央ピークに三角点がある。横に伸びた尾根からヨコネ、だからヨコネはこの横に長い尾根全体を指す名称ということになる。実に単純である。この調子でほかの山名も簡単に説明がつくのかもしれない。

ヨコネには阿蘇谷のコルから五僧《ごそう》峠まで歩いたときに、ついでに立ち寄ってみた。この辺りの県境尾根は周りの山々に多い石灰岩帯からはずれているらしく、石灰岩の山のような柔らかみがなく、ゴツゴツとした感じのする尾根だった。すぐ隣の烏帽子《えぼし》岳と同じような地形である。

その烏帽子や三国を歩けば、必ず人に出会うのだが、ここでは尾根の最後の五僧峠まで、一日誰一人出会わなかった。この山がガイドブックという名のマニュアルにでていないからであろう。山登りとは、どこまでも深く限りなく広い遊びだと思っている。その遊びが近頃、若者から人生経験豊富な中高年層に、その中心が移ってきたにもかかわらず、段々と薄っぺらなものになってきたような気がしている。

峠に近づくにつれて植林帯となり、尾根もおだやかになってきた。五僧峠はくるたびに人の気配が消えていっているようだ。峠から岐阜県側に初めて下りた。時山の谷間では炭焼き窯がまだけむりを上げていた。

西坂の峠の石仏

松《まつ》尾《お》寺《じ》山《さん》

〈ガイド⇩P.156〉

もう何年前になるだろうか。松尾寺山に登った時に、西坂の峠路のところで出合った石仏が、いつまでも頭の隅に残りずっと気になっていた。しっかりとは憶えていないが、大きな杉の木の横にあったことと、西坂へと道が下っていたことだけが、記憶からいつまでも消えなかった。いつかはこの峠路を、歩いてみようと思いつつ年月が流れてしまったが、突然おもいたって、あの時の石の仏様の顔を拝んでみようと車を走らせてきた。

西坂の松尾寺山への登り口は、何体もの石の仏様が祀《まつ》られている地蔵堂の横から始まっていた。

峠路はしっかりと続いていた。峠までに二か所に石仏が祀られていたが、最初に出合った頭部の欠けた石仏が印象に残った。明るい自然林の坂道を切り返したところにあり、根っこからごろりとひっくり返った木に、もたれるように座っている。背後の展望が大きく開けたとってもいい場所だった。

登るにつれてすこしずつ雪がふえてきた。暗い杉林を抜けて峠に着くと、そこは広場のようになっていた。石仏は杉の根方に、自然にさりげなく置かれていたように思っていたが、昔とは随分と印象が違っていた。

峠を下る時は、少しがっかりした気持ちになっていた。印象に残った山中の石仏が、心の中で昇華されて美しいイメージを作りすぎていたのだろうか、それとも現実に峠の様子がかわっていたのか、今となってはわからない。

西坂の石仏を訪ねてから、もう何か月かの日を過ごしてきたが、峠路の途中にあった、あの印象に残った頭部の欠けた石仏が、また新たなイメージをふくらませつつあるようだ。

◭登山ガイド◮

湖南

三《み》上《かみ》山《やま》

▲四三二m

〈地形図〉

1/50,000　近江八幡

1/25,000　野洲

秀麗な神の山

名前のとおりの御神《おんかみ》の山である。まさに神が創った造形であるかのように美しい形をして、近江の平野の最前列にこんもりと盛り上がっている。御上《みかみ》神社の森と神殿、すぐ隣に峙《そばだ》つ秀麗な山。古代の人々の精神世界が理解できるような気がする。周辺には古代の遺跡も多く残り、以後の仏教文化も栄えていたようだ。三上山はあまりに身近にありすぎて、登山やハイキングの対象としてよりは、裏山の早朝散歩の場所といったような雰囲気の山である。市街地にも近く、休日の朝はそういった人が多い。頂上には大きな岩盤がどっかと座り、いかにも神の山らしいところで、眺望が開けた気持のいい山頂だ。

登山道は表参道コースともう一本平行して裏道というべきコースがある。それと反対側の希望が丘側からも道が登ってきている。

●案内コース

あまり登る人のない希望が丘側の道を紹介してみた。

希望が丘文化公園と道をへだてて、近江富士花緑公園がある。この公園の背後の三上山から妙光寺山に続く尾根に散策道がつけられている。三上山の登り自体は一時間たらずなので、花緑公園や散策道をゆっくり歩いてから登り始めるのもいいだろう。

森林センターバス停のゲートから入ると、すぐ右に駐車場があり、ここから散策道が続いている。アカマツの雑木林の道で細い尾根を辿《たど》ると東屋の展望台に着く。さらに進むと大きな石が座る古代峠やびわ峠などがあり、道はいくつも分かれながら、三上山に近づいて登り口に着く。

三上山の山腹を左へとすすんで行き、道が切り返すと散策道と分かれて登りにかかる。檜《ひのき》の植林とアカマツの林で、道はその中を急な登りのまま頂上まで続いている。景色も登りも単調で三〇分あまりで頂上の祠《ほこら》の裏に出る。

大きな岩がどっかりと座る頂上からは、近江平野の眺望が広がっている。走る車がキラキラ光り、生活の動きが手に取るようにわかるが、その動きを遮《さえぎ》るように野洲《やす》川の光りの帯が悠然と横たわっている。

表参道を下って行く。上部は岩の出ているところがあり、手摺《てす》りがつけられている。急な下りなので慎重に下ってほしい。展望を楽しみながらゆっくりと下っても、そう時間はかからない。妙見堂跡に出て階段を下りると山出の集落に着く。すぐ国道八号線に出ると、左に御上神社の緑の森がある。

●他のコース

裏参道は表参道の南側の尾根についている。岩場が少なく歩きやすいが、植林帯の中で眺望がほとんどない。登り口は表参道のすぐ南で、天保《てんぽう》義民碑がある。

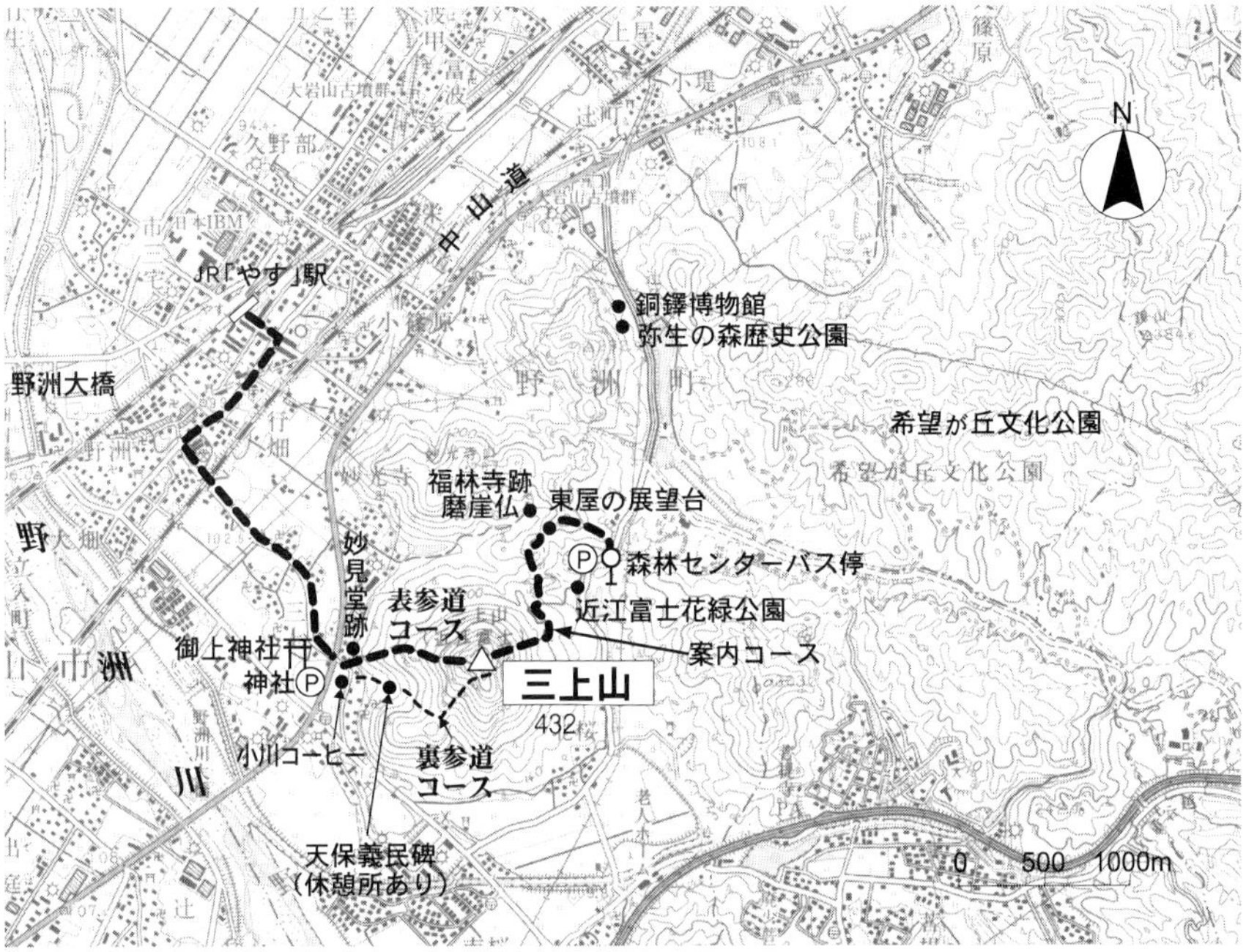

●コース

森林センター前バス停（25分）→東屋の展望台（40分）→三上山（50分）→御上神社（50分）→ＪＲ野洲駅

●コースメモ

＊三上山は松茸シーズンには入山料が必要となる。窓口は御上神社。
＊希望が丘側の登山口の近くには、銅鐸博物館と弥生の森歴史公園がある。古代史の謎、銅鐸の解明にせまるユニークな博物館。

●問い合わせ先

野洲町役場商工観光課　077―587―1121

比良山地

堂《どう》満《まん》岳《だけ》・釈《しや》迦《か》岳《だけ》

一〇五七m　▲一〇六〇、五m

〈地形図〉

1/50,000　北小松

1/25,000　北小松、比良山

比良山系の山々は、びわ湖岸からほとんど間をおくことなく千mまで頭をもたげている。日本一の湖に峙《そばだ》つ山々、こんなロケーションに恵まれた山は少ない。あまりに身近にあるため、それほど有り難味を感じていないが、大事に守って行きたい風景である。

こんな比良の中で最もポピュラーなコースといえば、イン谷口から扇状に広がる谷を囲む山である。ピークとしては堂満岳と釈迦岳、カラ岳ぐらいだが、その奥に武奈《ぶな》を始めとして、日帰りで歩ける山々が連なっている。近江八景の一つに「比良の暮雪」があるが、ここに描かれている山が堂満岳だと言われている。美しい形の絵になる山である。

堂満、釈迦を巡るには、一般的な登山道として、正面谷、堂満岳東稜、ダケ道、リフト道、大津ワンゲル道などがある。

堂満岳東稜の静かな池、ノタノホリ

●案内コース

出合小屋から橋を渡って小道を行くと道標があり、この道を進むと別荘地の車道に出る。車道はやがて細い山道となって東稜に取り付き、ノタノホリという池に出合う。ノタノホリは山上の池にしてはかなり大きなもので、初夏にはモリアオガエルの卵塊が木にいくつもぶら下がっている。

植林地を登ると、左に遠く深谷の水音が聞こえ、琵琶湖が開ける。道は尾根から山腹の道となり小さな谷の中に入る。谷通しに登り水が切れると、ジグザグの切り返しとなり、尾根道となって林の中を登ると、堂満岳の頂上に出る。頂上は小さく伐《か》り開かれ、辺りにはシャクナゲが目立って多い。

金糞《かなくそ》峠へと下ると、峠は交差点になっており、次々と人に出会うようになる。ここで奥の深谷の源流からヤクモガ原へ登ってもいいし、稜線通しに北比良峠に出てもいいだろう。気分次第である。稜線はシャクナゲ尾根と名付けられているので、花の季節なら楽しい道だ。

ロープウェイの山上駅から釈迦岳までは、広いゆったりとした道が続いている。こちらから登れば、釈迦の頂上は道の途中の広場といった感覚であまり頂上らしさはなく、眺望もほとんどない。

イン谷口へは少し戻ってリフト道か、ここから大津ワンゲル道を下るかだ。ワンゲル道の途中からリフト道に合流する道もある。またマイカーでないなら、そのまま縦走を続けて寒風峠から北小松まで下ることもできる。

●他のコース

正面谷が一番ポピュラーなコースだったが、近年落石事故があり、登山禁止の札が立てられている。

正面谷から分かれるダケ道は比良の東面らしい美しい道である。

大津ワンゲル道は急登が続き、特に上部に岩の露出した部分があり、下りに使う場合は注意してほしい。

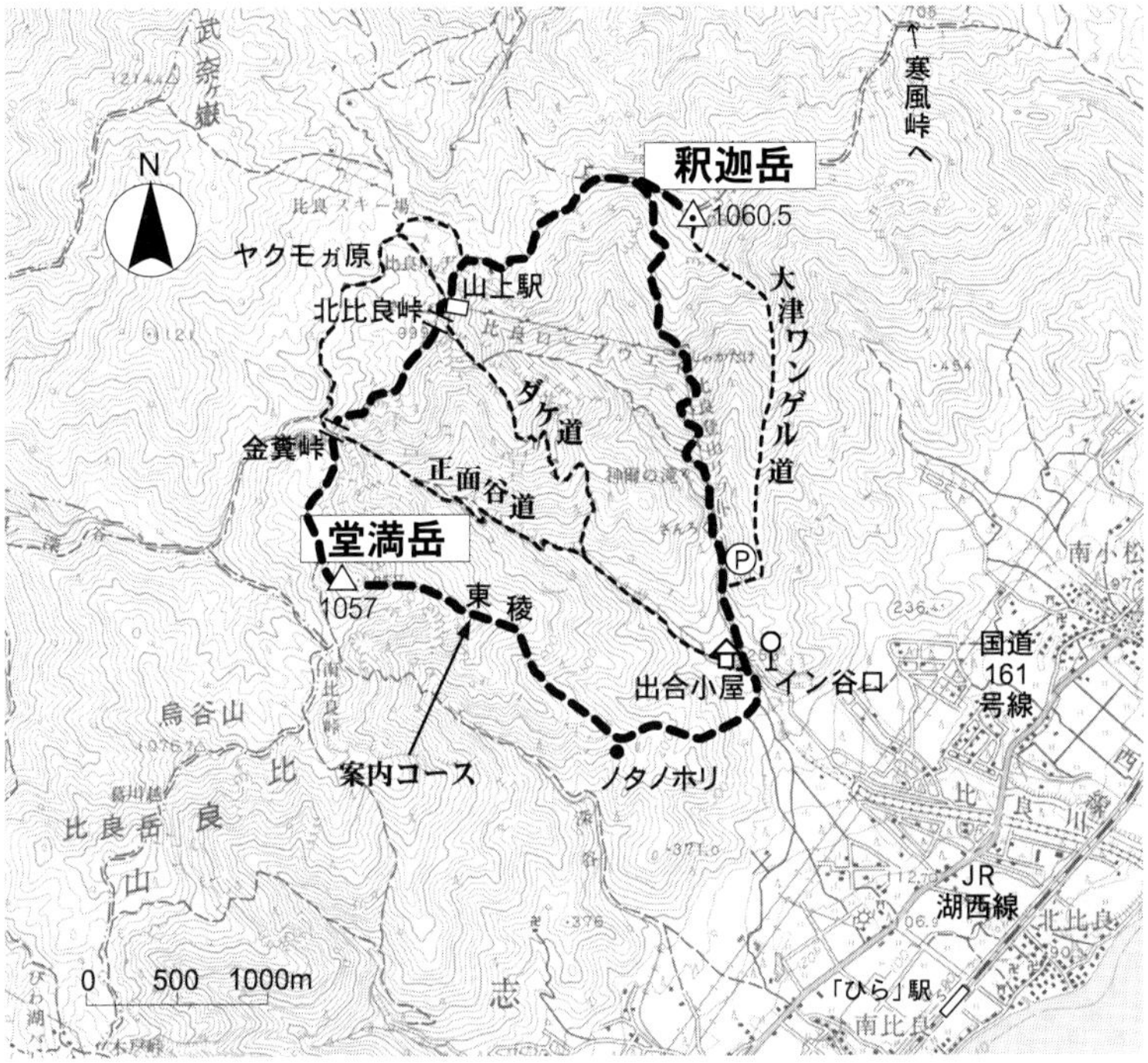

●コース

イン谷口（２時間20分）→東稜コースから堂満岳（１時間10分）→北比良峠（１時間10分）→釈迦岳（１時間50分）→イン谷口

●コースメモ

＊シャクナゲの咲く５月が一番良いシーズンとなる。冬も雪山入門コースとして最適コースである。

●問い合わせ先

志賀町役場　077―592―1121

湖北

ブンゲン

▲一二五九、七m

種々の本に「ブンゲン」とか「射能山《しゃのうざん》」とか書かれてきたが、現在は「ブンゲン」という山名が一般的になっているようだ。姉川源流に位置し、高時川源流の山々と並ぶ奥深い山だが、あまり奥山という印象はない。最奥の集落の甲津原《こうづはら》は明るく開けた谷間で、近年道路もかなり良くなった。そして瀬戸山谷の奥には奥伊吹スキー場があり、県境尾根までスキーリフトが伸びていて、ブンゲンの頂上まで道も開かれて簡単に登れるようになった。リフト終点から歩けば、あっけないほどの登りだが、さすが県境の山だけあって眺望は雄大で、自然林の残された稜線の新緑や紅葉は見事な色彩を見せてくれる。もちろん稜線までリフトが上がっているので、冬もブンゲンをはじめ周辺の貝月山などへも足をのばせる。

〈地形図〉

1/50,000　横山

1/25,000　横山、美東、近江川合

ブナの色づく登山道

●案内コース

奥伊吹スキー場からブンゲンまでは二つのコースがある。

一つはスキー場の県境まで伸びているゲレンデから頂上へのコース、あと一つは頂上からスキー場の一番下に向けて南に伸びている尾根を辿るコースである。

ゲレンデの上から県境尾根を辿《たど》るコースではあまりに簡単すぎて面白くないので、この二コースで周遊すると、素晴らしいコースとなる。

どちらから登ってもいいが、ここではゲレンデ側から登ることにする。スキー場は真ん中にある尾根をはさんで、どちらの斜面もゲレンデとなっているが、右側から登る。県境尾根に出ると、ネマガリタケと樹林が混じり合い、その中を一本の道が伐《か》り開かれている。ブンゲンに向かって歩くと、すぐ右に大岩があり、ここは眺望もよく絶好の休憩場所になっている。いったん下ってから登り返すと、もう頂上は目の前である。もう一度小さなアップダウンがあって頂上に着く。灌《かん》木は低く、展望が開けて気持のいい頂上だ。

下山は西に伸びる尾根を下って行く。踏み跡はかすかで目印もあまりないが、笹や灌木の切り口を確かめながら注意深く下ってほしい。雑木林からやがてブナの美しい林の中に入る。紅葉の季節は山中がオレンジに染まって見えるほどだ。忠実に尾根を辿《たど》って谷に下ると、金属の板の道標があるが、下る場合はここがわかりにくい。流れに下りるとホースが続いているので、これを辿っていけばよい。もう一度流れを渡ってから、山腹を巻くようにして尾根を越えると、すぐ下にスキー場がある。草の中を下ると若竹荘の裏手から駐車場に出る。

●他のコース

コースは同じだが、冬のブンゲンは素晴らしい雪の稜線が展開している。

特にスキー登山の入門コースにはもってこいの山である。大きなアップダウンがあるが、貝月山への往復も可能だ。

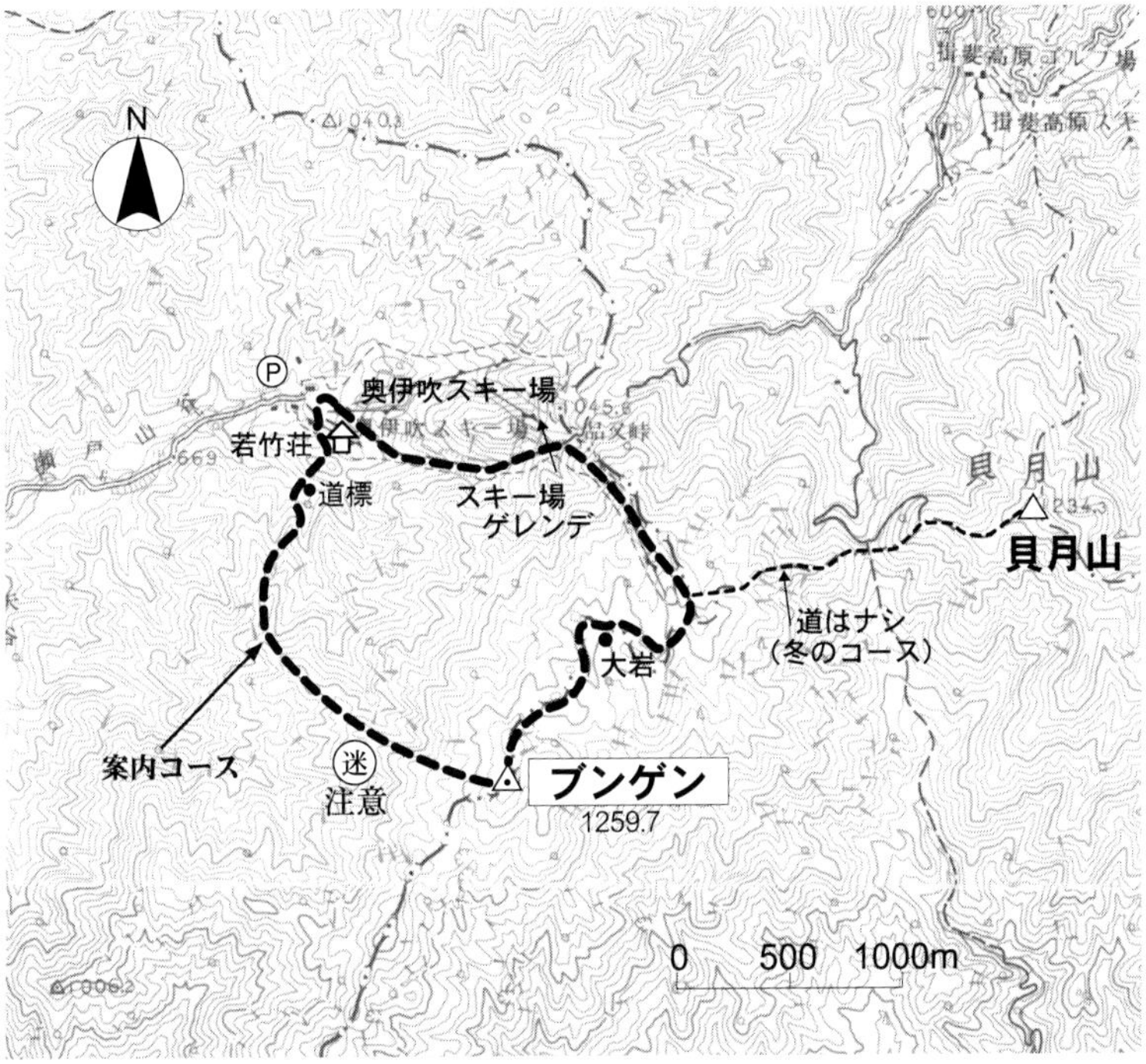

●コース

奥伊吹スキー場（1時間）→県境稜線（30分）→ブンゲン（1時間40分）→奥伊吹スキー場

●コースメモ

＊雪山歩きやスキー登山の場合、稜線の地形が複雑なので、天候の悪い場合は慎重に行動したい。
＊開けてきてはいるが野生動物も多く、クマとの突然の出合いには注意したい。

●問い合わせ先

伊吹町役場　0749—58—1121

鈴鹿

鎌《かま》ガ岳《たけ》

一一六一m

〈地形図〉

1/50,000　御在所山、亀山

1/25,000　御在所山、伊船

頂上岩峰を見上げる

三重県側の国道三〇六号線あたりから眺める、御在所《ございしょ》と鎌が並ぶ姿は実にさっそうとしている。特に鎌ガ岳のその尖峰《せんぽう》には人気があり、多くの人が訪れる。

しかし、この山の良さはその姿ばかりではない。荒々しい鎌尾根や、ブナの林が残りシャクナゲやシロヤシオなどが咲く東側斜面、そして三ツ口谷の渓谷など、豊かな表情も併せた深い魅力を持っている。

●案内コース

湯ノ山温泉バス停から温泉街をぬけ、一の谷茶屋の手前で左から合流する長石谷《ながいし》に入る。三滝川《みたき》本流の橋を渡って、長石谷に入ってすぐ右に尾根へと登る。ここからは迷うことのない一本道だ。道もよく踏まれている。鎌の尖峰を眺めながらの登高で、三ツ口谷側の岩が露出したゴツゴツとした表情は、アルプスの山を思わせる。そして樹林の中は、春にはシャクナゲやシロヤシオの花で埋まる美しい道だ。

左側がスッパリと切れ落ちた大きな岩場に出ると、頂上直下の急斜面となる。ここを登りきったところが頂上だ。頂上には祠《ほこら》があり、最高点はその姿どおりの岩のピークである。もちろん眺望も素晴らしい。

下山コースは北へ武平峠《ぶへい》へ下る。頂上直下はザレ場の急斜面なので落石、スリップに充分注意したい。この難所をすぎると、峠まで歩きやすい道が続く。峠からは右に三滝川の流れに沿って下る。樹林の中の気持の良い道で、スカイラインの道路と出合うところが三ツ口谷の出合いで、さらに下ると湯ノ山温泉に着く。

●他のコース

紹介の長石尾根は、冬のコースとしても距離も短いしアプローチも便利なので、絶好の雪山入門コースとなるだろう。

三重県側からは、沢登りの初心者コースとして三ツ口谷が楽しい。道もあるので靴でも歩けるコースだ。

ほかには湯ノ山を基点にすると長石谷コース、稲森谷コース、馬の背尾根コースがある。宮妻《みやづま》峡《きょう》からは、カズラ谷コースや水沢《すいざわ》峠からの鎌尾根縦走などがある。鎌尾根は見かけほどではなく、そんなに危険なところはない。また、雲母《きらら》峰から続く尾根も雑木林の美しい道だ。

最後に、かんじんの滋賀県側からのコースだが、元越《もとこし》谷右岸の長い尾根を推薦したい。細々とした道もあり、違った鎌の表情も楽しめる。取り付きは元越谷に入って、左の浅い谷を詰めるとコルに出る。尾根は鈴鹿南部特有のやせて鋭く切れ落ちているが、最後の鎌尾根に突き上げる手前辺りの、雑木林の美しさは絶品だ。鎌を往復し水沢峠から下れば周遊コースがとれる。地図の読める中級者向きのコースである。

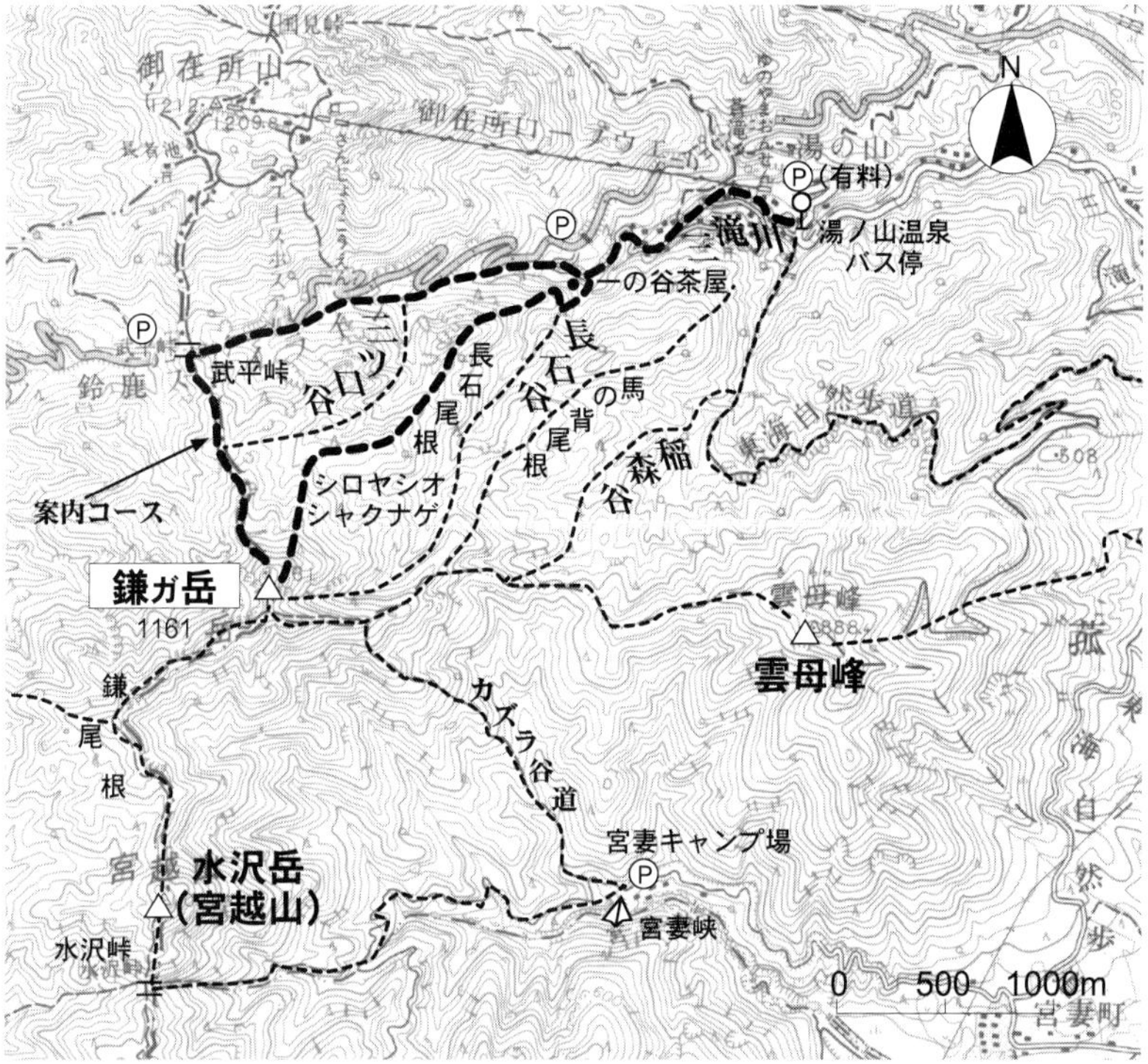

●コース

湯ノ山（40分）→長石尾根（２時間）→鎌ガ岳（30分）→武平峠（１時間30分）→湯ノ山

●コースメモ

＊マイカーの場合、湯ノ山には有料駐車場があるし、鈴鹿スカイラインのパーキングエリアが使える。宮妻峡にも駐車場がある。

＊ベストシーズンは、シロヤシオ、シャクナゲなどの咲く４月〜６月と、紅葉期。

●問い合わせ先

菰野町役場　0593―93―1121

湖西

白《しら》倉《くら》岳《だけ》

▲九四九、九m

〈地形図〉

1/50,000　北小松

1/25,000　北小松、久多

スノーハイキング、大杉の道

近頃の大樹ブームで、この白倉岳の大杉を目当てに登る人がふえている。とはいっても、向かい合う比良の山々とはくらべものにならないほど、まだまだ静かな山だ。植林されているところが多いが、稜線は自然林が残され、ブナやミズナラ、トチの大木も有り、樹林の山旅が楽しめる。それと、安曇《あど》川と平行するこの山稜には、ずっと登山道が続いているので、朽木《くつき》の明護坂《みょうござか》から東山、雲《う》洞谷《とだに》山、大彦《おびこ》峠、白倉岳と、静かで長い縦走が楽しめるのが魅力であろう。また、その間にはいくつも安曇川側へと下る道がついているので、いつでも縦走をカットできるので気楽に歩ける。

白倉岳へのコースでは、一番よく歩かれているのが、村井から松本地蔵を経て頂上へ登り、栃生《とちう》へ下るというコースである。一日をゆっくりと楽しむ絶好のコースとなるだろう。

●案内コース

村井からの登山道は、安曇川対岸に渡って、西村井の集落から右に山に伸びる林道から始まっている。林道を歩いていくと、右に細い山道が分かれており、この道を登って行く。一登りしたところが松本地蔵で、明るく開けた広場にお堂があり、ここからは谷をへだてて白倉岳が望める。

登山道は適度な登りで歩きやすい。植林と自然林が入り混じり、尾根に乗ったり、山腹道となったりしながら、ゆっくりと登って行く。時々樹林が開け、白倉岳や安曇川対岸の比良の山々が顔を覗《のぞ》かせてくれる。

大きな杉に出合い、ここから急なジグザグを切って登ったところが稜線で、右から登ってきている道と合流する。左に登っていくと烏帽子岳《えぼしだけ》に着き、ここを下ったコルから針畑の小川への戸谷コースが分かれている。アップダウンがあり、急登を登り切ると白倉岳の頂上だ。頂上からは東北側が開け、比良が見えている。登る人が増えてくると、大きく伐《か》り開かれてしまうところが多いが、ここは小さな頂で落ち着きがあって気持が良い。

三峰をつなぐ稜線は、大きなブナや自然生の大杉が続いている。お目当ての大杉は中岳の頂上にある。下から大きく枝を広げる立派な杉である。厳しい自然を生き抜いてきた風格が感じられる。

ナカニシヤ出版

［山と自然］ 図書目録

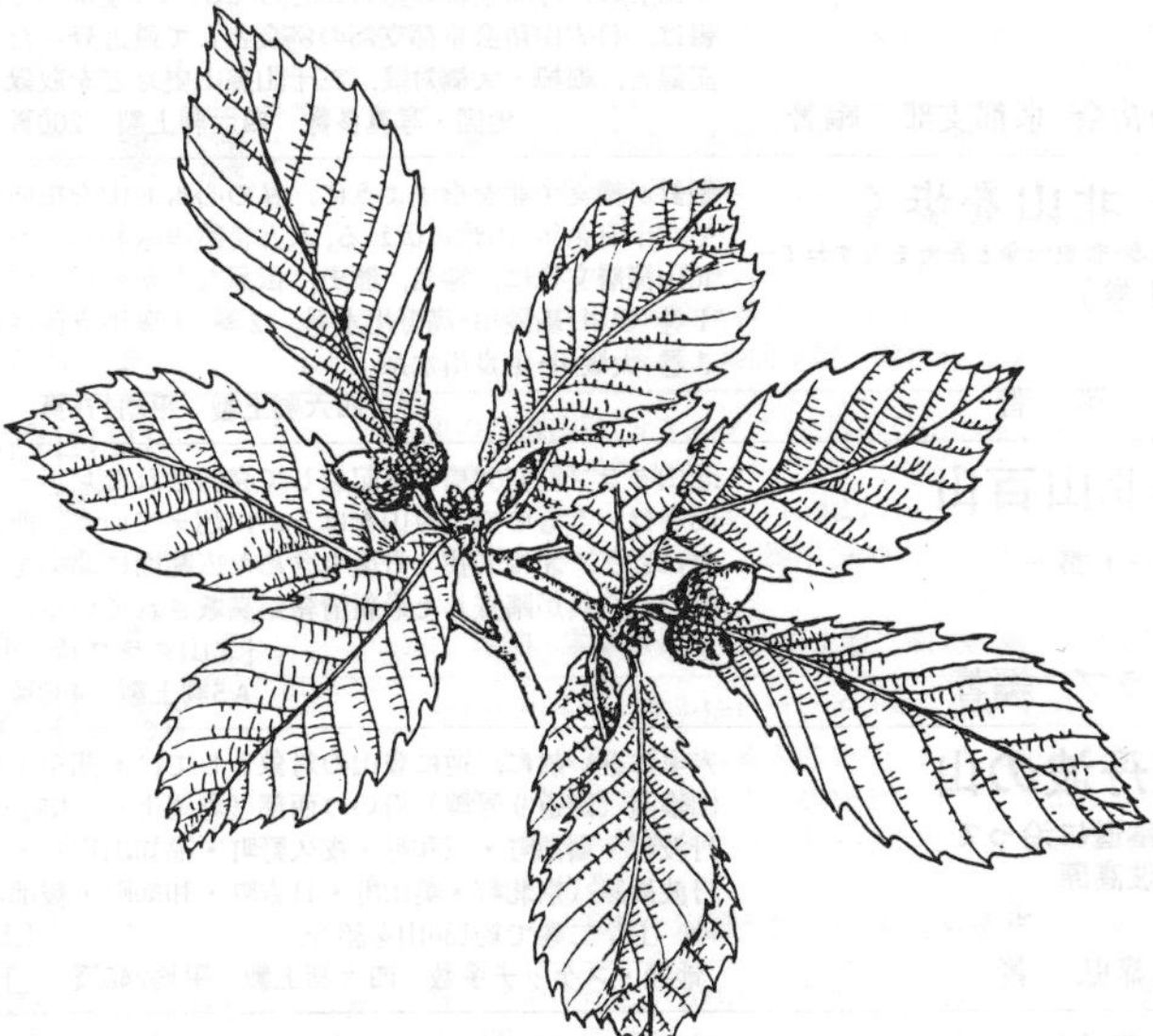

〒606-8316　京都市左京区吉田二本松町 2
Telephone　075-751-1211
Facsimile　075-751-2665
郵便振替　01030-0-13128
ホームページアドレス　http://www.nakanishiya.co.jp/
e-mail　iihon-ippai@nakanishiya.co.jp

★価格は消費税を含みません。
★小社刊行物は，最寄りの書店にご注文ください。
★小社刊行物につきお気づきの点はご注意・ご教示を賜わりますようよろしくお願いいたします。
★直接小社へご注文の場合は，定価＋送料をお送りください。
ご送金には郵便振替「01030-0-13128」のご利用がもっとも安全で便利です。　1999年12月現在

ミズナラ・佐藤廣喜画（「大台ヶ原・大杉谷の自然」より）

京都の自然
―原風景をさぐる―

鴨川にはなぜユリカモメが来るのか。モンシロチョウはどこへ行ってしまったのか。京都盆地が家で埋まってしまった今，緑深く，住みよい京都を創るには，何を残し，何を創造していくべきか。京都の近未来に対するナチュラリストからの提言。

塚本　珪一　著　　写真多数　四六判上製　220頁　1800円

下鴨神社 糺《ただす》の森

糺(ただす)の森は下鴨神社の「宮の森」であり，また日本有数の「まちの森」として平安京遷都以前の太古の姿を今に伝える。この貴重な森の樹々，きのこ，昆虫，けもの達など自然観察を通して，清らかな小川の流れる都会人のやすらぎの場としての森の必要性を解説する。下鴨神社や葵祭の由緒も紹介。

四手井綱英　編　　写真・図版多数　四六判上製　300頁　2427円

京の野菜記

賀茂なす，聖護院だいこん，壬生菜，山科なすなど約30種にのぼる京都の特産野菜について，その成り立ちから，興亡変遷，社寺の民俗行事，京料理，四季の風物詩などを興味深く読者に語る。巻頭には京野菜の千年史，また巻末では伝統野菜の保存と近郊野菜地の必要性を論ずる。

林　義雄　著　　B6判上製　187頁　1200円

京の野菜　味と育ち

伝統野菜復活の首魁，好評「京の野菜記」の続編。桃山のうど，じゅんさい，ささげ，淀苗，しそ，柚子などの京野菜の紹介。京野菜を使ったおばんざいの作り方，ひと昔前までの近郊での畑の様子や農具も紹介。

林　義雄・岩城由子　著　　B6判上製　160頁　1600円

おいしい京野菜
おばんざい160

四季を彩どる京の特産野菜33種類をとりあげ，160品の調理法をていねいに解説する。京の町家に伝わるおばんざいから，若い人にも向くサラダやスープなど新しい献立も豊富。多数の料理をカラー写真で紹介。

岩城　由子　著　　多色刷　B6判　98頁　971円

京都疏水べりものがたり
―本当の「哲学の道」―

知識人・学者・芸術家たちも多く暮らす閑静な琵琶湖疏水べり界隈に生まれ育った著者が，近来はすっかり観光名所と化した哲学の道とは別の顔をもつ「京の疏水べり文化」と，そこに去来した人々について語る。

堂露小路梅隆　著　　B6判　152頁　1748円

京都名墓探訪(全10巻)
既刊／洛東編Ⅰ・洛東編Ⅱ

京都に去来した著名人は数あれど，その墓の所在地となると，訪ね歩きたくともまとまった資料はなかった。また近年の墓地整理や移転などで，江戸期を中心に無縁仏となる墓も多い。これらを記録に残すべく膨大な調査に挑戦した労作。
続巻（洛東編Ⅲ，洛南，洛北，洛西，洛中編）順次刊行予定。

小川　善明　著　　精密墓地地図・写真多数　B5判　平均150頁　2427円～2600円

京都・久多《くた》
―女性がつづる山里の暮らし―

京都市左京区の最北端，江若国境にほど近い北山山地の奥ふところに抱かれた久多の里。京都市無形民俗文化財の花笠踊りや松上げ，また炭焼き，麻作り，機織りなどを伝える，かやぶき屋根の山里に暮らす女性たちが自らつづる民俗歳時記。

久多木の実会　編　　写真多数　四六判上製　200頁　1845円

次の南岳から栃生への尾根を下って行く。すぐ杉の植林帯となって最後まで続く。急斜面で滑りやすい常緑樹の枯れ葉の道を下り車道に出る。最後は特に急になるので注意が必要だ。南へ歩くと安曇川に架《か》かる橋があり、栃生に着く。

●他のコース

稜線通しに明護坂から白倉岳まで道があり、その稜線まで明護坂峠路、大彦峠路、大彦林道、桑野橋から尾根通しと、それぞれ道が通じている。

●コースメモ

＊初心者用の雪山コースとしても手頃なコースになる。
＊案内コースは危険なところはほとんどない。

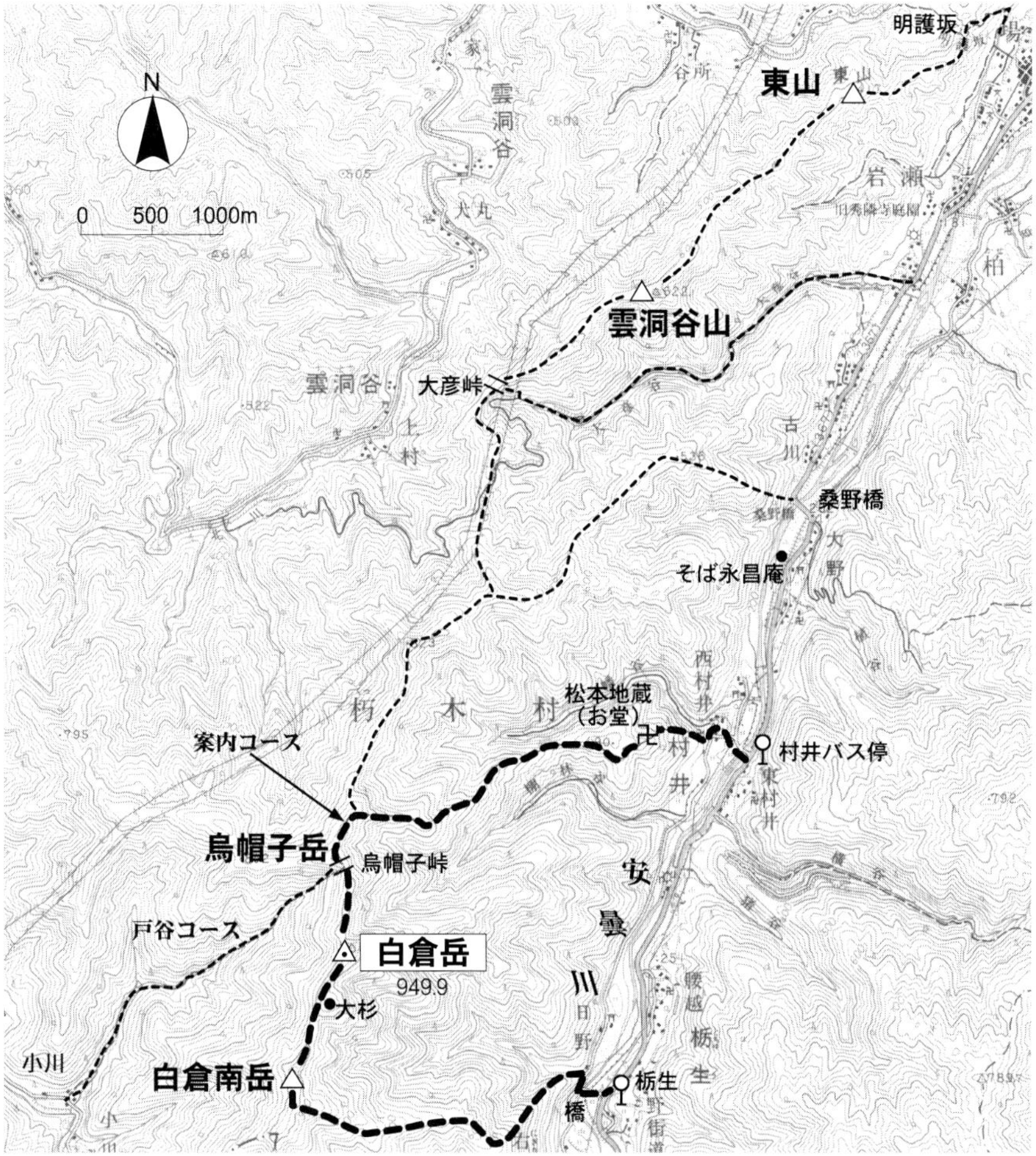

●コース

村井（45分）→松本地蔵（２時間30分）→白倉岳（30分）→白倉南岳（１時間20分）→栃生

●問い合わせ先　朽木村観光協会　0740―38―2398

湖南

竜《りゅう》王《おう》山《さん》・鶏《けい》冠《かん》山《ざん》

▲六〇四、七m・▲四九〇、九m

〈地形図〉

1/50,000　京都東南、水口

1/25,000　瀬田、三雲

金勝《こんぜ》アルプスという名称で、すぐ隣の湖南アルプスと並んで、ハイキングの山として親しまれてきた。どちらのアルプスも山頂に歴史のあるお寺があり、よく似た景観を繰り広げているが、山を歩く楽しさという点からすれば、金勝の山々の方に軍配を挙げたい。竜王山から鶏冠山まで、岩と遊びながらの痛快なコースである。それに道々点在する石仏の表情を眺めたり、金勝山山頂の古寺、金勝寺《こんしょうじ》を訪ねたりと、アルプスを称する風景とはひと味違った楽しみを味わえるのも、この山の魅力だろう。

見事な狛坂磨崖仏

●案内コース

上桐生《かみきりゅう》へはJR草津駅からバスが出ている。

バス停から上流に向かうとすぐ、松林の中にキャンプ場があり、流れにはよく知られているオランダ堰堤《えんてい》がかかっている。この堰堤は湖南アルプスの堂山にある鎧《よろい》ダムと同じで、明治時代のお雇い外国人のヨハネス・デ・レーケの設計したものだ。風格ある石積みの堰堤で、今ではあたりの風景とよくとけこんでいる。

林道を進むと、左に落ガ滝へのコースを分けるが、右に進む。広い歩きやすい道をゆっくりと登り、右に池のある峠を少し下ると、左に狛坂《こまさか》磨崖《まがい》仏への道がありこの道に入る。そのまままっすぐ下ると、大戸川《だいどがわ》の桐生辻《きりゅうつじ》に出る。

松林の道を登って行くと、杉の植林の中に立てかけたような大岩に三尊が彫られた磨崖仏がある。大きさ、緻密さに圧倒される見事なものだ。

杉林から尾根に出て、雑木林の急な階段状を登ると、国見岩、重ね岩があり、稜線の白石峰に着く。このすぐ近くにも可愛らしい石仏、茶沸観音がある。まず、右へゆるやかな尾根道を歩いて竜王山を訪ねてみよう。竜王山の頂上には大石があり、祠《ほこら》が祀《まつ》られている。さらに尾根を辿《たど》ると金勝寺があるので、時間があれば足を延ばしてみたい。

白石峰に戻り、そのまま尾根を縦走するとまず耳岩に出合い、次に天狗岩の岩峰が続いている。どちらも大岩の上に登れるスリル満点の岩場だ。特に天狗岩は岩峰を突き立て、最高のビューポイントとなっている。ゆっくりと展望を楽しみながら休憩したいところだ。

天狗岩の右側を巻いて縦走を続けると、次第に鶏冠山のピークが近づいてきて、落ガ滝コースの分岐のコルに着く。

自然庭園のような落ガ滝コースを下ってもいいし、鶏冠山に登ってから落ガ滝の道に合流するコースもとれる。最後は奥池に出てキャンプ場から上桐生のバス停に戻る。

●他のコース

マイカーでない場合なら、案内の逆コースで落ガ滝から天狗岩、竜王山、金勝寺から栗東トレセン近くの片山に下るのもいい。

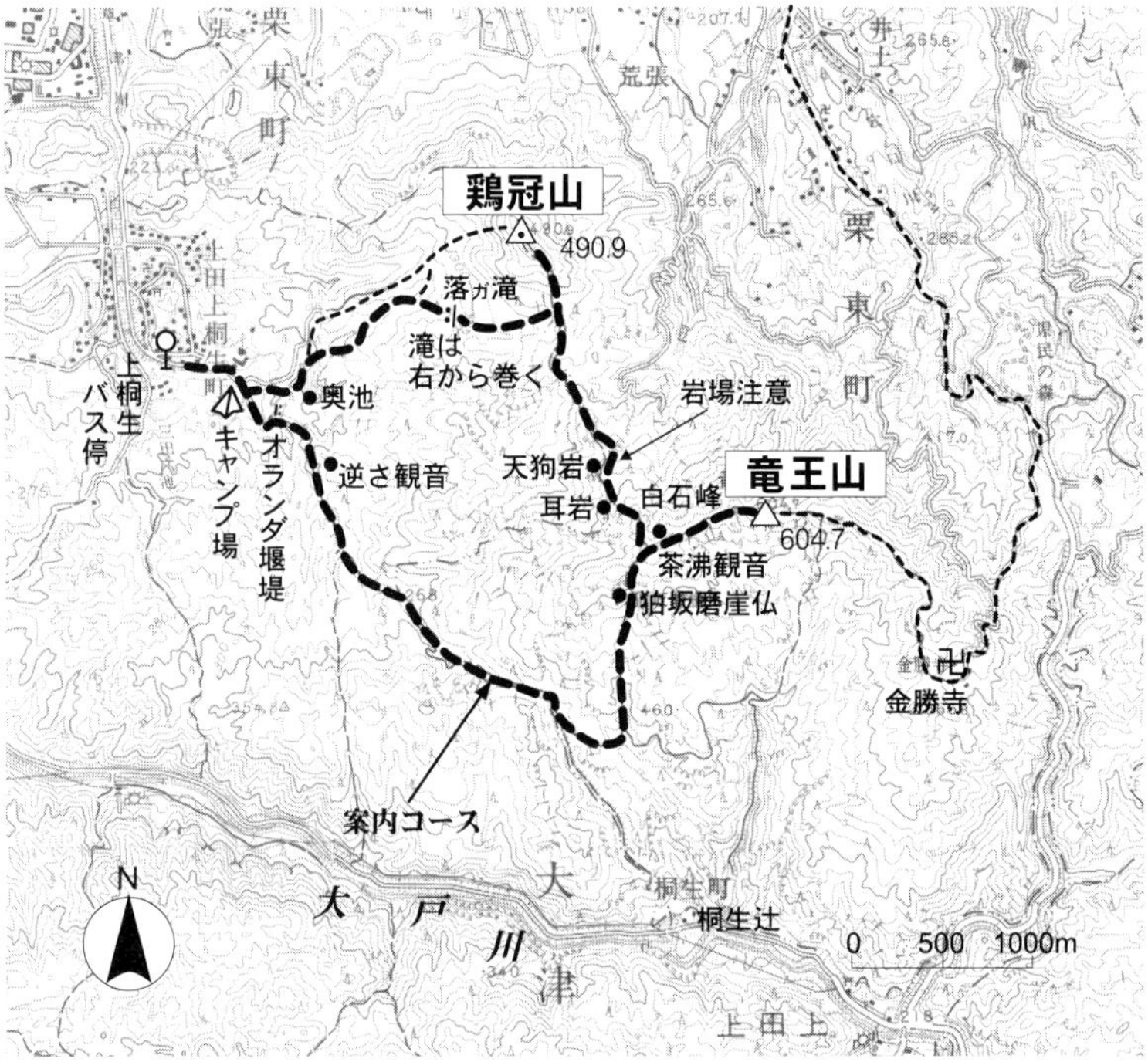

●コース

上桐生バス停（1時間30分）→狛坂磨崖仏（50分）→竜王山（1時間10分）→落ガ滝コース分岐（30分）→鶏冠山（1時間10分）→上桐生

●コースメモ

＊岩場の登下降は慎重に、特に子ども連れの場合は注意してほしい。
＊枝道が多いので、現在地をよく確認しながら歩きたい。

●問い合わせ先

桐生観光協会　077—549—0246／栗東町役場　077-553-1234

湖西

赤《あか》坂《さか》山《やま》・三《み》国《くに》山《やま》

▲八二三、八m・▲八七六、三m

〈地形図〉

1/50,000　敦賀、竹生島

1/25,000　海津、駄口

深く踏みこまれた粟柄越の道

赤坂山は近頃多くの人を迎える山になっている。中高年層の特に女性に人気があるが、その一番の要素は、花の多い山ということだろう。

花の数や種類が多く、私が気に入っているのは、オオバキスミレの群落である。他にも、展望が良いこと、粟柄越《あわがらごえ》という歴史の道を辿《たど》ること、アプローチが比較的便利なこと、三国山を巡れば丁度よい一日コースであること、白谷《しらだに》に温泉があること、などなど挙げればきりがないほどである。それに加えて、若狭側の耳川源流のウツロ谷が沢登りのコースとして知られているし、冬はスキー登山の山として、昔から親しまれてきた。実に多彩な楽しみを引き出してくれる山である。

私にとってのこの山の一番の思い出は、麓にある栗園で買った栗で炊いた栗ご飯のおいしかったことで、山を終わってからも楽しみを残してくれたことだ。

●案内コース

マキノスキー場のゆるく広がったゲレンデの奥から登り始める。荒れた林道のような広い急な斜面を登っていく。しばらく登ると、左に調子の滝への遊歩道が分かれ、やがて尾根の上に乗る。木の間からは笹のスロープが伸びる寒風《かんぷう》山辺りの稜線が見えている。冬は真っ白な稜線が、鮮やかにスカイラインを描いているところだ。また、正面は雑木の見事な林が、のしかかるように広がっている。

細い尾根から左へいったん谷の中に入り、右に折り返しながら谷を離れて急斜面の登りとなる。静寂の雑木林は柔らかな空気に包まれ、気分が落ち着くような道である。登るにつれ笹が出てくると、次第に樹林と笹の割合が転換して、やがて笹がおおう風の吹き抜ける道となる。峠に近づくと石畳が敷かれ、笹の中に埋まるように石仏が祀《まつ》られている。春には道に沿ってカタクリの鮮やかな大きな花が見られる。

栗柄越の峠にも露岩に彫られた石仏が、旅人の安全を見守っている。笹の広い斜面を登り切ったところが頂上だ。丸く広い頂上には大きな岩があり、三六〇度の眺望が広がっている。

三国山に向かう。広い斜面を下り明王のガレ場から雑木林の中に入る。浅い谷間の気持の良い道だ。やがて湿地に出ると、左に三国山へ登る道が分かれる。左に入り一五分ほど登ったところが頂上である。樹林に囲まれた小さな頂上からは東の乗鞍岳側が開けている。

湿地の分岐に戻り急な尾根を下って行くと黒河《くろこ》峠に着く。峠からは長い林道歩きとなって白谷に下りる。

●他のコース

登山コースとしては案内のコースだけである。

積雪期もよく登られるコースで、スキー登山も可能だが、赤坂山からマキノスキー場へのコースはよほど雪が多くないと快適には滑れない。

スキーの場合は、栗柄越を登って黒河林道へ下る方が、向いているようだ。

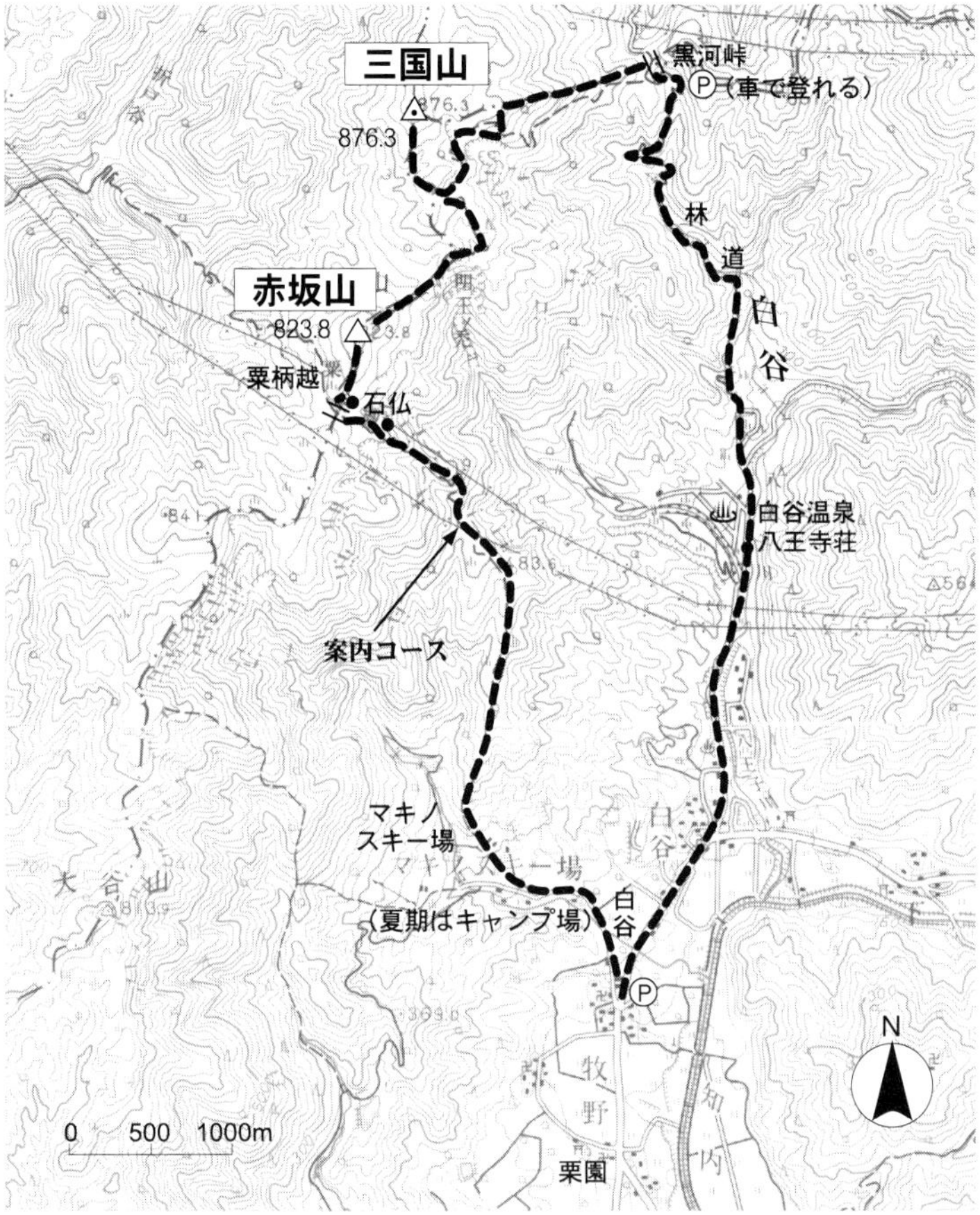

●コース

マキノスキー場（２時間20分）→赤坂山（１時間）→三国山（50分）→黒河峠（１時間20分）→白谷

●コースメモ

＊春は花が多い。雑木林なので新緑、紅葉も見逃せない。

●問い合わせ先　マキノ町観光協会　0740―28―1188

鈴鹿

鍋尻山《なべじりやま》・高室山《たかむろやま》

▲八三八、三m・八一六、六m

〈地形図〉

1/50,000　彦根東部

1/25,000　高宮、彦根東部、霊仙山、篠立

可愛いい山、鍋尻山

鍋尻山は小さいけれど、その名のとおりの非常に特徴ある山容をしており、JRびわこ線の車窓からもその姿を認めることができる。河内《かわち》からの道はあまりしっかりとしたものではないが、頂上への斜面からの霊仙《りょうぜん》の眺望は一級品である。

高室山も頂稜部はススキの原をかきわけるわかりにくい道だが、山頂からの展望は素晴らしいものがある。

両山とも単独ではものたりないが、二つつなげて歩くと、ちょうど良い一日コースとなる。

●案内コース

登山口の河内宮前までバス路線は廃止されているので、彦根からタクシーを使うしかない。マイカーの場合も下山場所が違うので、このコースどおり歩くのは無理だが、一台を佐目《さめ》に回送しておけば可能になる。

河内風穴の受付への橋を渡って、左へ川沿いに進み、民家の間から斜面を登ると道に出合う。この取りつきはわかりにくいが、ほかにも河内の奥の妛原《あけびはら》からも登り口があり、途中で合流している。踏み跡は登るにつれてしっかりとしたものとなる。雑木林の道を登って行くと、大杉の根方にお地蔵様の祀《まつ》られたところに出る。前には石灰岩の大岩が突き出しており、異様な雰囲気を醸し出している。この特異な自然が、神と人を結ぶ依《よ》り代《しろ》となっているのだろう。

杉林に入り、ゴボウ畑跡をすぎると道はあやしくなるが、歩きやすいところを選んで登って行くと、背丈を超えるススキの原の、岳の峠にでる。ここから鍋尻の最後の登りとなるが、道はなくなる。灌《かん》木を分けて登っていくと、背後に霊仙の南霊《なんりょう》岳が三角錐の美しいピークを突き立て、どっしりと裾《すそ》を広げている。鍋尻山の頂上からは灌木に囲まれて、残念ながら眺望はきかない。保月《ほうづき》への下りは踏み跡が乱れているので注意したい。左下の杉林を目標に下って行くと、やがて

しっかりとした道に出る。保月は標高六〇〇mの村だが、ほとんど廃村となっている。

高室山は保月から林道を廃村の杉に向かって進む。大杉と祠《ほこら》のある地蔵峠をすぎ、エチガ谷に近づいたところで、左に室ノ谷林道を分け、この室ノ谷林道へ入る。林道を詰め稜線に出る手前の左に、伐採された広い谷が開けている。谷に入るとたよりない踏み跡が続いているので、これを追って斜面を登っていくとススキの原となり、最後の笹原を分けると頂上に着く。

岩の突き出た頂上からは三六〇度の大展望が開けている。室ノ谷林道を戻り、送電線の下の巡視路を左に辿《たど》る。南後谷《みなみうしろだに》の集落に出てからも、佐目のバス停までまだ三〇分はかかる。

●他のコース

両山ともほかには登山道はない。

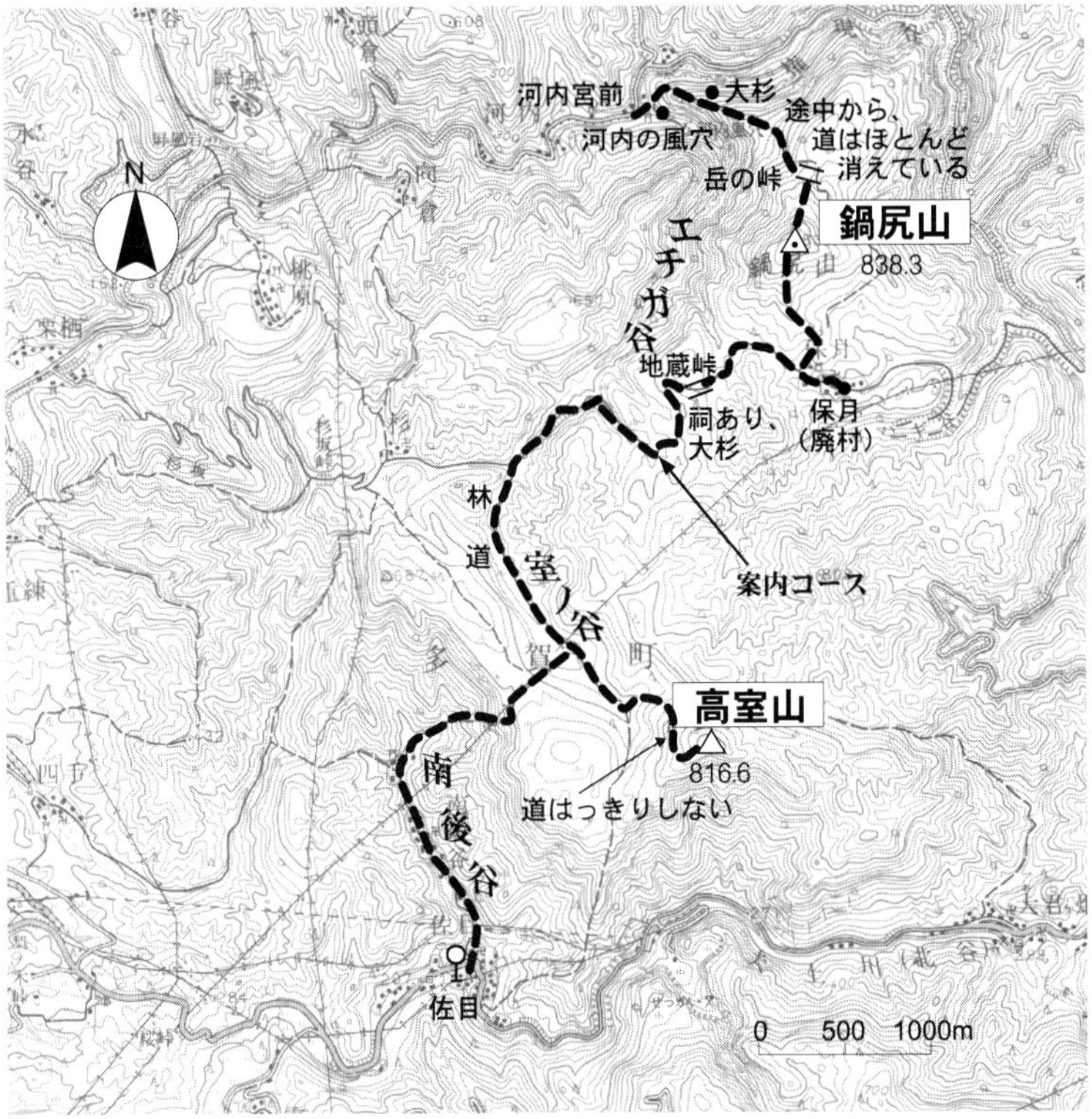

●コース

河内（１時間50分）→鍋尻山（35分）→保月（１時間55分）→高室山（１時間35分）→佐目

●コースメモ

＊河内周辺は道路が非常に狭いので、駐車場所には気を付けたい。
＊コースは石灰岩の山なので、春の花の季節が楽しい。夏はヒルが多いところもあるので、あまり薦められない。

●問い合わせ先　多賀町役場　0749—48—8111

鈴鹿

霊《りょう》仙《ぜん》山《さん》

▲一〇八三、五m

〈地形図〉

1/50,000　彦根東部

1/25,000　高宮、篠立、霊仙山、彦根東部

霊仙山は滋賀県と岐阜県にまたがる山で、標高では多くの山に譲るものの、長大な尾根を伸ばす鈴鹿随一のスケールを有している。三つのピークからなり、頂稜部は笹原にカレンフェルトの突き出した、石灰岩台地特有の地形を持ち、素晴らしい眺望が開けている。花の山としてもよく知られ、四月頃の西南尾根はフクジュソウが咲きみだれ、アルプスの山稜を歩いているような気持にさせられる。また、冬も雪が深く絶好の雪山の登山コースともなっているが、地形とスケールの大きさが災いして、遭難騒ぎが絶えない。登山コースは六つの登山道があり、JRから直接取り付けることとあいまって、多くの登山者から親しまれている。

カルストの山稜

●案内コース

霊仙山のおすすめコースとして、西南尾根をとりあげてみたい。霊仙の各コースのなかでも花の多さと眺望の雄大さは群を抜いており、なおかつ訪れる人も少なく静けさを保っている。ただ、JR醒井《さめがい》駅からでは、汗ふき峠を越えて落合に下る分、コースも長くなるので、他のコースよりも少しハードなルートとなるかもしれない。マイカーなら榑《くれ》ヶ畑《はた》の手前まで入れるので、ゆっくりと楽しむことができる。フクジュソウが見られるのは三月後半から五月初旬で、年によって変動があるが、花の種類も多いので春は楽しみ多いコースだ。

醒井養鱒場から林道を榑ヶ畑コースの登山口まで歩く。ここは数台の車が置ける広場となっている。廃村になった榑ヶ畑の集落跡を抜け、売店のかなやから右に登ると汗ふき峠に着く。左が霊仙への道だが、まっすぐに大洞《おおぼら》谷に下り落合に出る。いったん車道を歩き、落合から再び左に山道を登るとここも廃村となった今畑《いまはた》である。春早くの集落跡のそこここにはフクジュソウが咲いている。

笹峠への道は塹壕《ざんごう》のように深く掘り込まれており、今畑の山里の生活がしのばれる。笹峠に出ると大きく展望が開け、南霊岳の笹の斜面がどーんと大きく立ち上がっている。この草原状の斜面のあまりはっきりしない道を追って登って行く。高度はぐんぐん上がり、背後の展望が広がって来る。

近江展望台まで登ると、ゆったりとした山稜に変わり、背の低い灌木帯の間の道はカレンフェルトの尖《とが》った岩が突き出して歩きづらい。しかし、春はフクジュソウのお花畑がずっと続いて、まわりの展望も素晴らしく、まるで日本アルプスを縦走しているようなスケールを感じさせる。

霊仙山の三角点ピークと、浅い谷をはさんで向き合いながら進んでいく。やがて背の高い笹の中に入り、霊仙山の最高点ピークの登りにかかる。深い笹をかき分けて登り着いた頂上は、春にはニリンソウに敷きつめられた気持の良い頂上である。訪れる人も少なくゆっくりとお昼を楽しめる。

一般に頂上とされているのは三角点ピークで、この頂上へは笹の道を進んでT字路を左へひと登

●コースメモ

＊マイカーの場合、上丹生に駐車場がある。榑ヶ畑コースでは登山口に数台の駐車スペースがある。

＊ベストシーズンは花の多い4月・5月。

＊周辺は暖かい季節にはヒルが多いので要注意。

＊山以外の見どころでは、居醒の清水とそれを水源とする地蔵川の清冽な流れを見てほしい。夏にはバイカモの清楚な白い花が咲く。

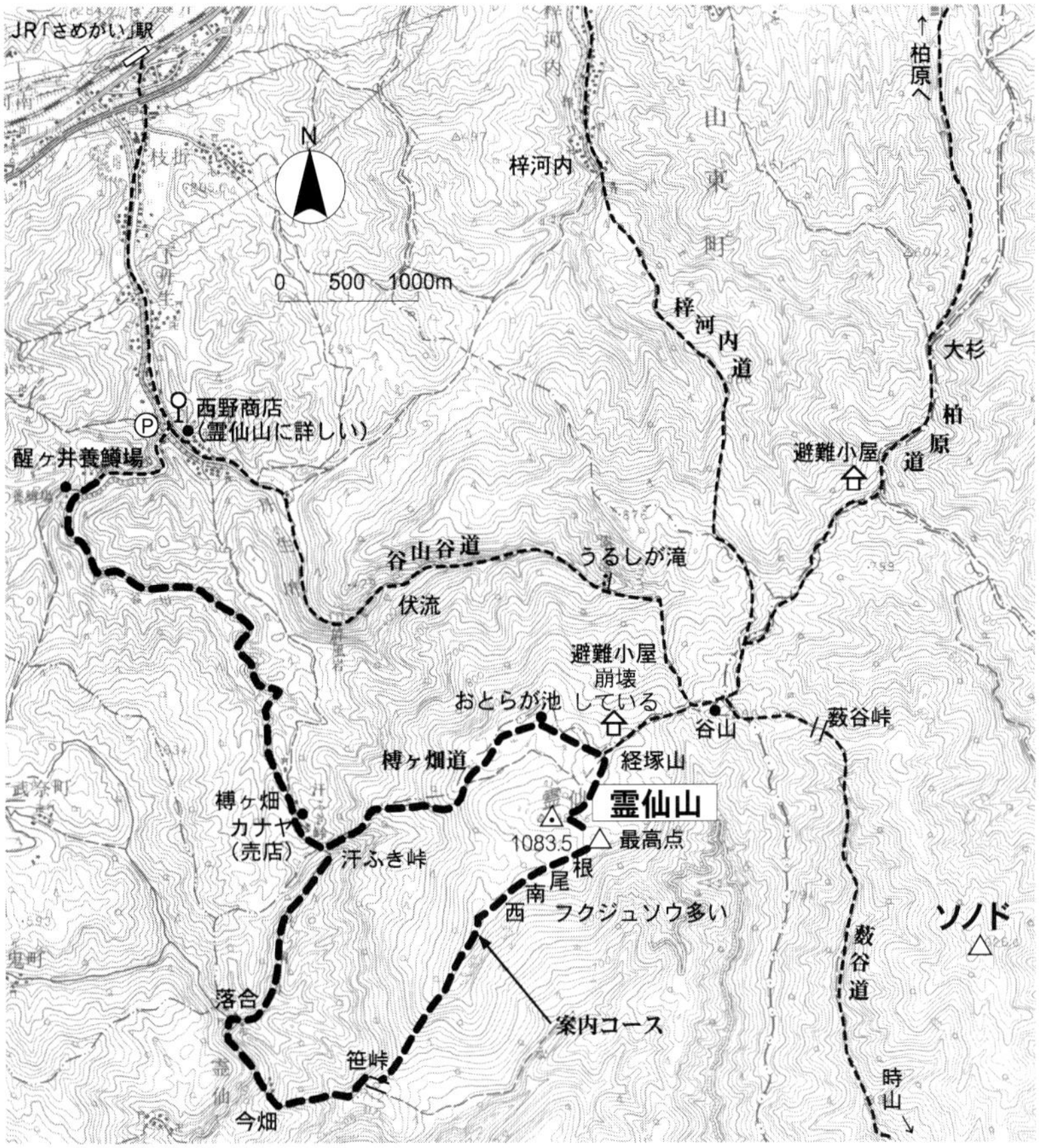

●コース

醒井養鱒場（40分）→落合（２時間）→笹峠（30分）→霊仙山（１時間30分）→榑ヶ畑（１時間）→醒井養鱒場

●問い合わせ先

米原町役場　0749―52―1551

り。三角点ピークも抜群の眺望に恵まれている。運がよければ、遠く御岳《おんたけ》や乗鞍《のりくら》、白山《はくさん》の雪峰を望むことができる。

下山は榑ヶ畑へのコースを下る。元のT字路へ戻り、そのまままっすぐに進むと、もう一つのピークである経塚山に着く。このピークは柏原尾根道、谷山谷道と、榑ヶ畑との分岐点になっている。榑ヶ畑へは左をとる。

笹原の道を下っていくと、おとらが池と出合う。ドリーネに水がたまった池で、よく見ると琵琶湖のような形をしている。ここを過ぎると台地状の尾根から急な斜面と変わり、雑木林の中を行くようになる。眼下には琵琶湖が広がり、遠く湖北から湖西の山々がかすんでいる。滑りやすい道に注意しながら下って行くと、登りに通った汗ふき峠に出る。あとは朝と同じ道を下るだけだ。

●他のコース

榑ヶ畑コースの次によく歩かれているのが谷山谷コースである。養鱒場の手前の上丹生《かみにゅう》から谷山谷に沿って登って行く。谷山谷はほとんど伏流した深い谷で、漆《うるし》が滝の手前で突然水流が現れ驚かされる。尾根にでたところで柏原《かしわばら》道と合流する。

柏原道はJR柏原駅からそのまま取り付けるコースである。直接登れるので便利なコースだが、マイカー登山者が増えたのと、長いのが嫌われて以前より利用者は減っている。しかし、緩やかな尾根の登りと樹林帯が長いので、安全なコースといえる。冬のコースとしても、長いことを除けば一番適しているコースだろう。

梓河内《あんさかわち》コースは静かな良いコースなのだが、交通の便が悪く歩く人は少ない。尾根道で安全な比較的距離も短いコースなので、もっと歩かれてもいいと思う。

岐阜県側から登る唯一のコースが、時山から藪谷を詰めて柏原道の7合目付近に合流するコースだが、歩いている人をほとんど見かけたことがない。まず、取り付きの時山に入るのが不便なのと、距離が長いのと、アプローチの藪谷にしっかりとした踏み跡がないなどと、挙げ出すと敬遠される理由がいくつも出てくる。それだけに登りごたえのあるコースである。また、藪谷からソノドに登って尾根通しに藪谷峠に至るルートも考えられる。どちらをルートにとっても、雑木林の美しい霊仙の良さを味わえる素晴らしいコースである。道が悪く、コースも長くてハードになるので上級者向きである。

冬のコースとしては榑ヶ畑コースと柏原尾根が考えられるが、頂稜部がだだっ広いところなので、悪天候の時は充分な注意が必要だ。スキーでのコースとしては、最近の積雪量を考えると榑ヶ畑コースが何とか使えるぐらいだろう。以前に柏原尾根を登って榑ヶ畑道を滑っているが、柏原尾根は相当の積雪がないと苦しい。

動物と出合う

湖西のマキノにある小さな山、仲仙寺山でのこと。山上にある仲仙寺への雪道を登っていると、前方から軽快に雪を踏むサク、サク、サクという音とともに、複数の茶色の動物の姿が、数十メートル前を一瞬横切った。ちらっと見えた姿はシカだった。彼らは私のことには気づいていないらしく、こちらに進んでくる。掘り込まれた道の中にいるので、わからないようだ。

胸にぶら下げているカメラを手にして、じっと待っていると数メートル横で彼らは立ち止まった。この間二、三秒だった。カメラのファインダーに目をあて覗いていると、突然道のすぐ上から大きな牡鹿の姿が、ファインダー越しに見えたかと思うと、さっと身を翻して去っていった。距離は二メートル位だろうか。とにかく驚いた。私も、きっと向こうも。

折角カメラを覗いていて、ファインダーの中にきっちりとシカの姿が入っていたのに、シャッターが切れなかった。こちらに向かってくるという恐怖があったのか、危険な動物ではないのに、一瞬逃げ腰になってしまった。立ち去ってから、その大きなシャッターチャンスを逃した情けなさ、悔しさにしばらく呆然としていた。

単独で歩くことが多いので、よく動物と出合う。滋賀県内の地図に、出合った動物の場所と種類を書き入れてみたことがあったが、圧倒的に鈴鹿の山での出合いが多かった。もちろん鈴鹿を歩く回数も多いのだが、そればかりではないようだ。特にシカやカモシカの生息密度が非常に高いように思う。

秋に鈴鹿を歩いていれば、シカの姿を見ない時でも、あの澄み切った寂しげな鳴き声を、一度は必ず聞くほどである。

意外なのは、比良では動物と出合ったことがほとんどない。サルと出合ったことぐらいだろうか。

クマとは二度の出合いがあったが、やはり奥深い湖北の山である。あまり会いたくない動物だが、強烈な印象を焼き付けてくれた。

対照的に見ていて楽しいのは、サルとリスである。どちらも鈴鹿でよく見るが、茶屋川上流では一日に三度、リスを見たことがあった。

動物との出合いの瞬間ほど、どきっとすることはない。野性に生きる彼らの、自然な美しい姿を見られるということは、素晴らしいことだと思う。いつまでもこんな出合いのある山であってほしいものだ。

タヌキ（鈴鹿・五僧峠付近）

リス（鈴鹿・茶屋川）

比良山地

武《ぶ》奈《な》ガ岳《たけ》

▲一二一四、四m

〈地形図〉

1/50,000　北小松

1/25,000　北小松、比良山

西南稜を往く

滋賀県はぐるりを山に囲まれて真ん中に琵琶湖があり、極端に言えば、スリバチ状の形をしている。だから主要な山脈はほとんど他府県と接していることになり、その主な山も両府県にまたがっていることになる。ところが、それらの山脈の中で、比良山地だけが全山系をすっぽり滋賀県内に納めており、純粋の滋賀県の山となっている。

武奈ガ岳はその比良山地の最高峰で、標高も一二〇〇mを越す高さを有しているので、伊吹《いぶき》山や金糞《かなくそ》岳などには標高では譲っているものの、滋賀県を代表する山といってもいいだろう。比良は琵琶湖にも近く、近江八景の「比良の暮雪」にみるとおり、この両者は風景においては一体のものとなっている。私たちにも一番身近に感じる山である。

比良は交通の便が良く、ほとんどの山頂はＪＲの湖西線から直接取り付ける位置にあるので、滋賀県ばかりでなく、京阪神の山好きの人達からも人気がある。中でも武奈ガ岳は最高峰だし、千mまで運んでくれるロープウェイがあり、展望も優れているとくれば人気があるのもうなずける。紅葉の頃などは驚くほどの人出となり、人の列が切れ目なく続くほどとなる。

この武奈ガ岳の素晴らしさは、多様な風景に恵まれ、しかもそれらを楽しむコースが豊富にあるということだろうか。そして風景のバラエティさとともに、あらゆる形式の登山が楽しめるところにある。岩登りは別としても、ハイキングから沢登り、山スキーと、いろいろな登山者層を満足させるものを持っている山である。古い岳人にも正面谷から登った武奈ガ岳に、思い出を抱いておられる方も多いのではないだろうか。江若鉄道で通い始めた人から、私のように江若から湖西線の過渡期で、バスで登り始めた者もいる。私にとっても思い出の詰まった山である。

主な登山コースとしては、最も歩く人の多い、ロープウェイの山上駅からの道、北稜、西南稜からの御殿山コース、小川新道からコヤマノ岳コース、八淵《やち》の滝からスゲ原コース、奥の深谷コースなど縦横に登山道が絡まっており、枚挙にいとまがない。

沢登りによく使われている谷としては、奥の深谷、口の深谷、八淵谷、貫井谷、八幡谷などがある。いずれの谷も滝の連なる素晴らしいコースである。

冬のルートも夏道とほとんど同じだが、ロープウェイからのコースだけは、冬も登る人が連なるような盛況ぶりである。頂上からの北稜は雪も多く雪山の入門コースだが、武奈以北は極端に人も少なくなるので、ラッセルしなければならないこともある。山スキールートとしても近頃は雪も少ないので、頂上周辺に限られてくるようだ。

●案内コース

武奈ガ岳登山のクラシックコースと言おうか、最もポピュラーなコースであったのが正面谷、金糞峠、ヤクモガ原からのコースだった。しかし、近年、正面谷の青ガレで落石事故があってから、ダケ道コースを登る人が増えてきている。

正面谷の大山口で流れを渡りダケ道に入る、小さな谷から道は登っている。終始急な登りとなる

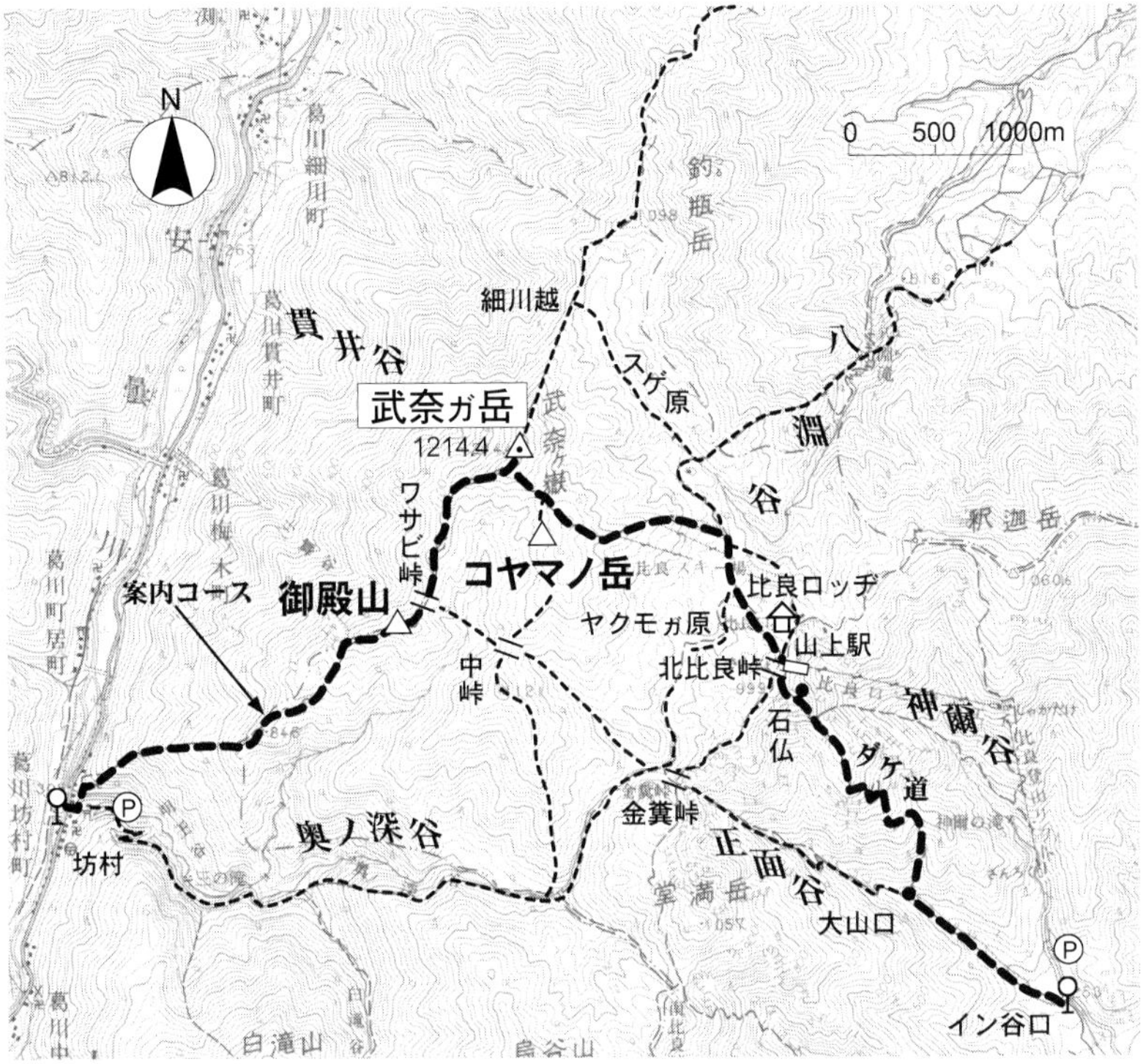

●コース

イン谷口（２時間）→ダケ道から北比良峠（１時間30分）→武奈ガ岳（30分）→ワサビ峠（１時間30分）→坊村

●コースメモ

＊スキーシーズンはロープウェイでの下山は混みあうので、時間に余裕を持っておきたい。
＊正面谷コースは事故がおきたため、現地では通行禁止の札が出ている。
＊シャクナゲが多く５月がベストシーズンとなる。

●問い合わせ先

志賀町役場　077―592―1121

が、雑木林の続く美しい道である。杣人《そまびと》によって歩き続けられた道は、深く削り込まれて実に上手く作道されている。尾根に乗り、何度か切り返しながら登っていく道は、新しく切り開かれた直登一本の道と違って、歩きやすく疲れない。神爾《しんじ》谷をはさんでロープウェイを見上げると、北比良峠は近い。お地蔵様があり少し登ると峠で、ロープウェイの山上駅となっている。

スキー場の斜面を下りヤクモガ原に下りる。ヤクモガ原は池や湿地の広がる湿原帯だが、スキー場が拓かれる前の原生の比良の姿を見てみたかったものだ。

スキー場のゲレンデから右に小さな谷に入り、急な尾根を登って行くと、武奈とコヤマノ岳のコルに出る。もう目の前に武奈ガ岳の頂上が有り、人の連なって登っているのが見える。溝のように削り取られた急斜面の道で、背の低い灌木だけとなっている。稜線に出ると右にわずかに登り頂上に着く。素晴らしい展望が広がり、西南稜が笹のスロープを伸ばしている。この頂上は近畿の山々の中でも屈指のものである。南北に伸びる稜線が美しくピークを突き上げている。西南稜はワサビ峠まで笹と低灌木の見晴らしのよい稜線で、天気の良い日は気持の良いコースである。ワサビ峠から琵琶湖側に戻るコースもとれる。中峠までの口の深谷の源流部はブナに埋まり、秋は見事な紅葉に染まる。

峠から御殿山に登ると、樹林の中の急な下りが続き、膝が笑い出した頃、坊村のバス停に着く。

●他のコース

ダケ道の対照的なコースとして、比良の良さが最も感じられる谷道のコースもぜひ歩いてみてほしい。比良の谷には三つのタイプの谷がある。一つは正面谷に代表される、ガレの露出したガラガラの谷、一つは貫井《ぬくい》谷のような、スケールは小さいが滝が連続する谷。もうあと一つが、八淵谷や奥の深谷のような、スケールが大きく堂々と落ちる滝が続き、詰めは平流となる谷。この三番目の奥の深谷ようなタイプが見ても歩いても一番楽しい谷となる。武奈ガ岳には登山道として、八淵の滝コースや奥の深谷コースがある。

比良山系は沢登りが楽しめる谷が多く、中でも武奈に突き上げる谷は、どれも沢登りのルートとしても優れた谷が多い。ただ、事故も非常に多くなっているので、安易に取り付くことは禁物である。

雪のコースとしては、北稜が雪が多くて歩きごたえがある。またコヤマノ岳のブナの尾根歩きも良いコースである。

スキーでの登山は、下部ではあまり雪がないので、ロープウェイに頼ることになるが、武奈ガ岳頂上周辺でも近年積雪は少なく、なかなか快適に滑走できる年は少ない。

本を読む

この頃あまり山の本を読まなくなった。読みたい本が少なくなったこともあるが、読むこちら側も、次第に心がすれてきて、受け取る感性がすり減ってきているようだ。昔は、感動したり、ハラハラドキドキしたり、涙したり、ゆったりとした気分になったりと、多くのことを学び取った。

そんな好きな山の本は随分と多くあるが、一部挙げてみよう。

やはり、昔も今も好みの本は、静かな山歩きの本である。

『遠い山近い山』望月達夫
『北八ツ彷徨』山口耀久
『放浪の足跡』加藤泰安
『雪山・藪山』川崎精雄
『山——研究と随想』大島亮吉
『星と嵐』G・レビュファ
『ぶどう原に雪ふり積む』佐伯邦夫

など、ほんのごく一部だけ、ちらっと本棚を眺めて抜き出してみた。この中でも心に残っているのは、純粋には山の本とはいえないかもしれないが、佐伯邦夫さんの『ぶどう原にゆきふり積む』である。

近江の地域に限ってみても、いくつかの気になる本があるが、その第一は、昨年亡くなられた白洲正子さんの本だ。白洲さんの博学は多岐にわたっているが、近江に関係した本を挙げてみれば、『近江山河抄』、『かくれ里』、『十一面観音巡礼』などがある。どれを読んでみても、近江の地に非常な愛情を持って書かれており、目を覚まされる思いがした。

そして、あと一人挙げておきたいのが、山本素石の釣りの随筆の本である。『渓流物語』、『釣影』、『釣山河』などがあり、昔の鈴鹿の山々の様子をうかがうことができる。私は釣りはしないが、その文章はユーモアと寂しさにあふれ、ついつい引き込まれてしまう。人生のかげと日なたが描かれ、知らぬうちに自分自身の心の中を、見つめ直しているような思いがする。

最後に、近江の山を含めた関西の山の案内書に、数々の素晴らしいものがある。

『近畿の山と谷』住友山岳会編（朋文堂）、
『京都北山と丹波高原』森本次男（朋文堂）、
『比良連嶺』角倉太郎（朋文堂）、
『秘境・奥美濃の山旅』芝村文治他（ナカニシヤ出版）、
『京都の秘境・芦生』渡辺弘之（ナカニシヤ出版）、
『鈴鹿の山と谷』西尾寿一（ナカニシヤ出版）

である。

これらの書物に出合えたことを感謝したい。

湖岸の朝

野洲川

湖西

三《み》国《くに》峠《とうげ》

▲七七五、九m

〈地形図〉
1/50,000　熊川
1/25,000　古屋

朝の生杉登山口

関西の山でブナやトチの原生林の山といえば、まず芦生《あしう》の京大演習林の山を思い浮かべる。三国峠は、その山々に血管のように流れを巡らす、由良川の最源流の山頂である。峠という名称でありながら、ピークを指している。その名のとおり丹波《たんば》、若狭《わかさ》、近江《おうみ》の三国の境となる山だ。

広大な原生林の広がる由良川の源流域は京都府だが、三国峠から東側もブナの林が残り、生杉《おいすぎ》のブナ原生林として保護されている。滋賀県側の三国峠への登山道は、そのブナの生い茂る林の中から登り始めている。演習林側からは、地蔵峠を越えて演習林に入ってすぐの、枕谷に沿った道を詰めれば、簡単に頂上に登れる。三国峠は演習林への第一歩となるコースで、さらに演習林の山々に足を伸ばしていただきたい。

●案内コース

生杉の林道は地蔵峠を越えて演習林内に続いているが、峠で車両止めの鎖がかかっている。登山口の休憩所はもっと手前で、小さな谷の横から登っている。ここにはトイレも設置されている。

登り口からブナの大樹の広がる林で、取り付き付近は遊歩道として整備されている。急な登りだが、尾根に乗ると落ち着いてくる。最近は登山者も多くすっかり安定した道になった。頂上の手前には長池があり、湿地となっている。ここから一息登ると頂上に着く。頂上は丸く伐り開かれて三六〇度の眺望が望める。

下りは枕谷《まくらだに》への道をとる。小さな谷だが、ブナの林に優しく包み込まれた静かな谷だ。ブナ林には下生えがなく、明るく林の中が見渡せ、紅葉や新緑の季節は、下山するのが惜しくなってくるような気がする。この谷の中でシカやキツネを見ている。そんな野性との自然な出合いも、この山の素晴らしい魅力の一つだ。運が良ければ？　クマとの出合いもあるかもしれない。長治谷《ちょうじ》への道に合流して左に登ると地蔵峠に着く。林道を下ると生杉休憩所に戻る。

●他のコース

生杉林道の休憩所より手前の若走路谷《わかんび》に、福井との県境尾根のナベクボ峠に登る道がついている。この谷は植林されているが、峠はなかなか雰囲気のあるところだ。峠から頂上まで県境尾根に道がある。

演習林では、まず須後《すご》から由良川沿いの歩道を歩いて若狭越えをしてみたい。最後は三国峠を往復して杉尾峠から若狭に抜けるコースで、日帰りでは無理だが、素晴らしい山旅が楽しめる。

冬は三月になれば、生杉休憩所まで除雪されるようなので、ここまで車で入れれば、日帰りでもかなり歩き回れるだろう。スキーもいいが、よほど雪が積もらないと、流れが埋まらず動きにくい。

●コースメモ

＊日帰りではマイカー登山でないと苦しい。

＊三国峠だけでは物足りないので、ぜひ演習林内を歩き回ってほしい。四季のどの季節に訪ねても、期待を裏切られることはないだろう。

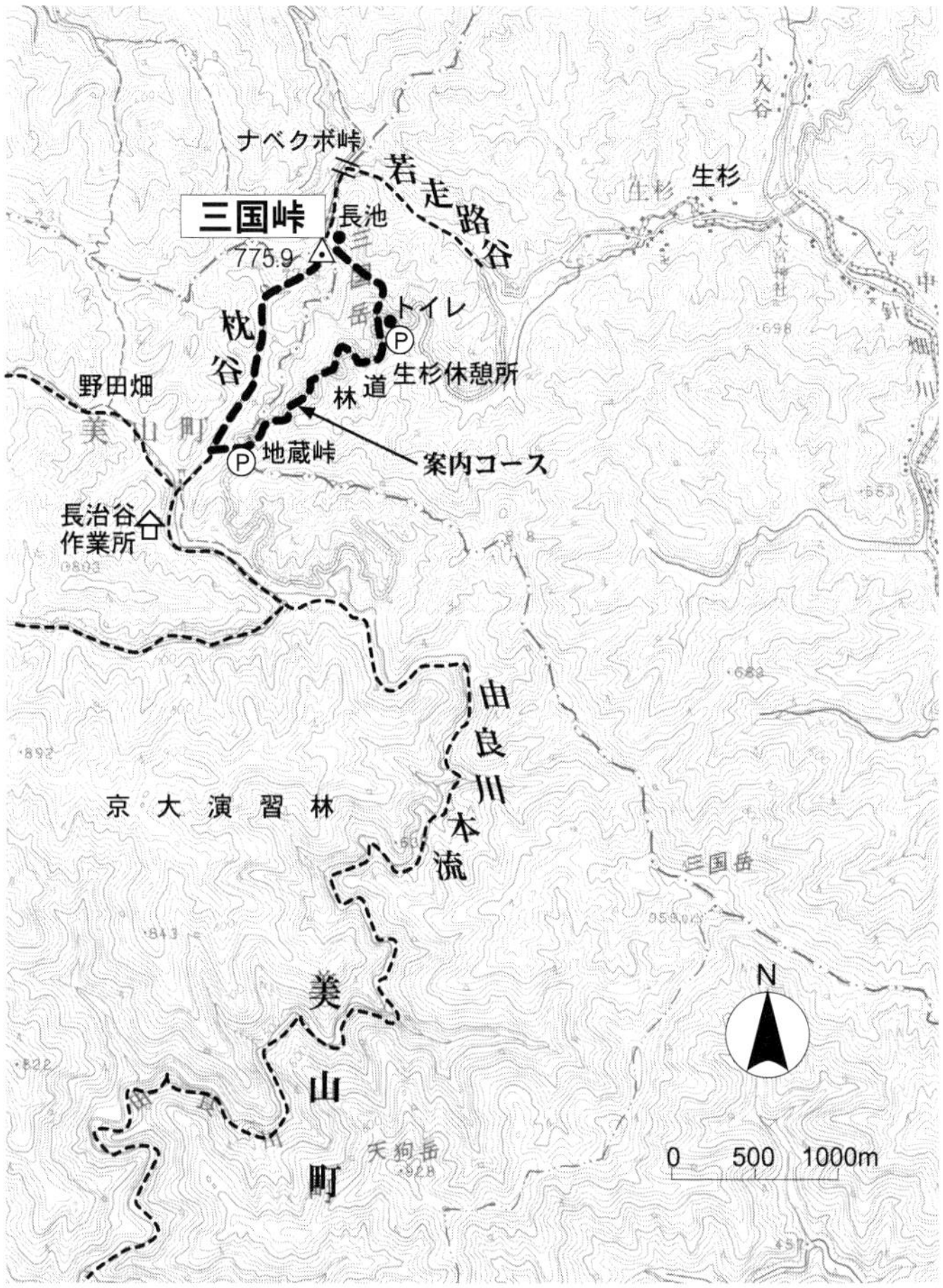

●コース

生杉休憩所（40分）→地蔵峠（50分）→枕谷から三国峠（50分）→生杉休憩所

●問い合わせ先

朽木村役場　0740—38—2331

湖南

飯《はん》道《どう》山《さん》

▲六六四、二m

〈地形図〉

1/50,000　水口

1/25,000　三雲、水口、信楽

石のころがる左羅坂

飯道山は修験道《しゅげんどう》の山として栄え、戦国期には修験道とも関係の深い甲賀《こうが》忍者の道場ともなっていたという。飯道神社あたりは大きな岩が突き出し、それらしい雰囲気が感じられるところである。タイムスリップして、その修行をのぞいて見たい気がする。

金勝《こんぜ》から阿星《あぼし》山、大納言《だいなごん》、飯道山と六〇〇m前後の山が続き、ハイキングに手頃な山が並んでいる。登山というには少し物足りないが、信楽《しがらき》の街の散策と組み合わせたり、甲南の宮乃温泉に立ち寄ったりと、楽しいプランが立てられるのではないだろうか。

登山道は信楽側からと、水口《みなくち》側からの二コースあるが、車ではなくローカル色豊かな信楽高原鉄道を利用してのプランが便利だろうし、より楽しい雰囲気を盛り立ててくれるのではないだろうか。

●案内コース

信楽高原鉄道の紫香楽宮跡《しがらきぐうし》駅で下りて、登山口まで車道歩きとなるが、途中には路傍に石仏があったり、紫香楽宮跡に立ち寄ったりと退屈しない。飯道神社の鳥居をくぐり、ゴルフ場の横の道を登って行くと、登山口に着く。ここは数台の駐車スペースがあり、トイレが設置されている。登山道はジグザグの急な道で、信仰の山に多い〇丁目と書かれた石柱がある。六丁目に懐かしいポンプの井戸がある。このすぐ上の石段を登ると、七丁目の飯道神社である。無住だが社務所と立派な本殿がある。ゴツゴツとした岩の上には役《えん》の行者像があり、睨《にら》みをきかしている。

頂上は右に林道にでてから、再び細い登山道に入り、植林された暗い尾根道を登ったところだ。頂上は大きく伐《か》り払われて広場状となり、展望も開けている。

三大寺への道は急な下りで始まり、コルに下りたところが杖《つえ》の権現《ごんげん》の祠《ほこら》で、休憩所がある。ここから石が転がる歩きにくい左羅《ざら》坂を下ると、やがて林道に出て、少し歩くと岩壺不動の休憩所に着く。まっすぐ下れば三大寺からＪＲ貴生川《きぶかわ》駅にでるが、途中で右に分かれる道に入ると、山上《やまがみ》で国道三〇七号線を渡り、田んぼの中の道を進むと宮乃温泉がある。途中にも塩野温泉があるが、ここは立ち寄り湯はできない。

飯道山は登山の部分はわずかなので、野の道をぶらつきながら小さな旅を楽しみたい。宮乃温泉からはＪＲ甲南駅に出られる。

飯道山の頂上からもとの紫香楽宮跡駅に戻り、信楽高原鉄道に乗って信楽に出るのもいいだろう。

●他のコース

登山道はこの両コースだけだが、稜線をアセボ峠、大納言から阿星山まで辿《たど》ると歩きごたえのあるルートとなるだろう。ただし、道はなく地形が複雑なのでかなり難しいコースとなる。

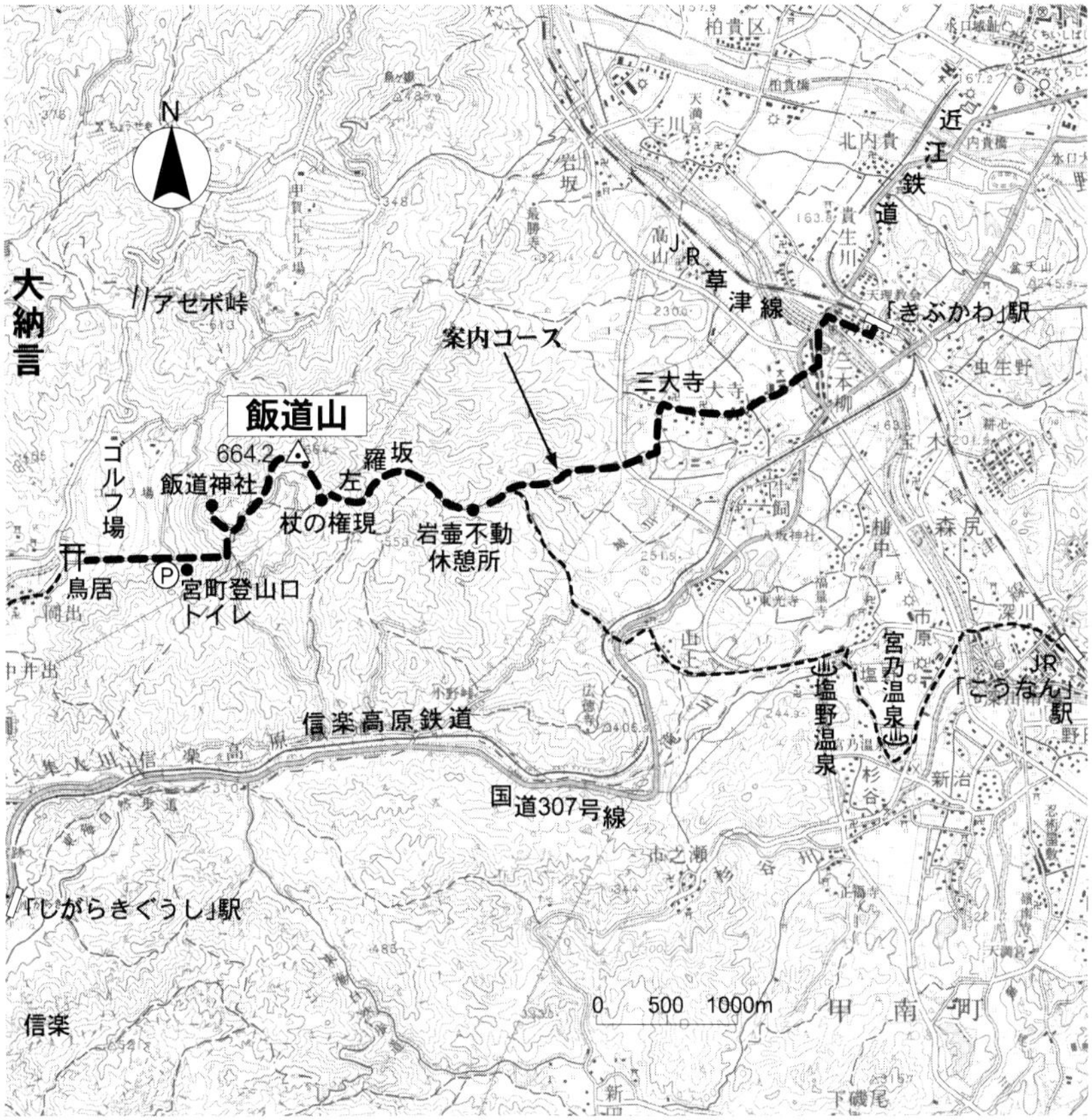

●コース

宮町登山口（20分）→飯道神社（30分）→飯道山（１時間10分）→三大寺

●コースメモ

＊車の場合は宮町側の登山口に駐車場がある。
＊コースは登る人も多くよく整備されている。
＊低山なので夏は避けたほうがいいが、冬は雪もあまり積もらないので、好天の日を選んで歩くのもいい。

●問い合わせ先　信楽町役場　0748—82—1121／水口町役場　0748-62-1621

湖南

音《おと》羽《わ》山《やま》

▲五九三、四m

〈地形図〉

1/50,000　京都東南部、京都東北部

1/25,000　京都東北部、京都東南部、瀬田

逢坂《おうさか》山の峠道は、京都の市街地と近江を最も近距離で結ぶ道だが、その間をへだてるようにして、比叡山系の南端と音羽山の山塊が大きく立ちふさがっている。峠道は古くは東海道、現代は国道一号線と名を変える道となっているが、自然歩道がその上を陸橋でまたいでおり、日本の大動脈を忙しそうに行き交う車を眼下に眺めながらのウォーキングは、不思議な空間にいるような気がしてくる。陸橋を離れて一歩山の中に入ると、もう旅人のような気分になれる道である。

そんな音羽山は、街中から登り出せる数少ない山で人気がある。登山道は東海自然歩道のコースともダブり、よく手入れされている。ハイキングがてらに結ぶ道は、三井寺《みいでら》や芭蕉《ばしょう》ゆかりの幻住庵《げんじゅあん》、石山寺、牛尾観音《うしおかんのん》、もっと足を延ばせば醍醐《だいご》寺など、さまざまな楽しみが広がる山である。

琵琶湖の眺望が素晴らしい道

●案内コース

まず京阪の三井寺駅から疏水沿いに歩いて、三井寺に立ち寄ってみよう。もちろんどの季節でも、高台にある三井寺からの朝の琵琶湖の眺めはすがすがしいが、桜の季節の眺めが最高だ。三井寺を出て長等《ながら》公園へ歩き、自然歩道を逢坂山に向かう。歩道は雑木林が美しく、市街地のすぐ近くとは思えないような林である。途中で眼下に大津の市街と琵琶湖が一望できるところがあるが、ここからの眺望も第一級の眺めである。

逢坂山の陸橋に出ると、渡る手前に右に二〜三分で蟬丸《せみまる》神社がある。ここもすぐ横に国道一号線が走っているとは思えない。

陸橋を渡ると音羽山まで登りが続く。暗い樹林帯を登りつめると明るい雑木林の尾根道となり、路傍休憩所がある。トイレもあり、昼食を広げる人も多い。音羽山山頂はもう少し登ったところにあり、頂上からは無類の展望が得られる。

さらに縦走を続けると、右に牛尾観音への道を分け、やがて眺望の良いパノラマ台がある。ここも休日には多くの人の輪ができる。

もう少し進むと自然歩道は、稜線を離れて左に国分《こくぶ》に下るので、この道をとる。下って行くと林道となり西山路傍休憩所がある。そして谷間が開け、農家が点在し、田んぼが開けるのどかな風景となる。国分団地に出るとバス停に着く。ここからバスに乗るが、時間によっては芭蕉の旧跡の幻住庵や石山寺などを、ぶらりと歩くのも楽しい。

●他のコース

音羽山へ登るには、京都側からは山科《やましな》の牛尾観音からの道がある。古くから親しまれている道である。滋賀県側からは膳所《ぜぜ》の鳴滝《なるたき》不動の道がある。稜線を南に歩くと、音羽山より少し高い、千頭《せんず》岳に登れる。

●コースメモ

＊冬も雪が積もることもないので、暑い季節以外はいつでも良い。最もいいのは麓の三井寺、石山寺、醍醐寺などが桜の名所なので、これらのお寺を組み合わせて計画してみては。石山寺ではさまざまな花が咲くので、四季を通じて楽しめる。

●コース

京阪三井寺駅（１時間20分）→逢坂山陸橋（１時間10分）→音羽山（１時間30分）→国分

●問い合わせ先

大津市観光協会　077—523—1234

湖北

上《かみ》谷《たに》山《やま》

▲一一九六、七m

〈地形図〉

1/50,000　今庄、冠山、敦賀、横山

1/25,000　板取、広野、中河内、美濃川合

水どけの水を集める高時川

高時《たかとき》川の上流の、今は廃村となった田戸《たど》、鷲見《わしみ》、針川の辺りが県内では一番奥深く感じられるところだろう。地理的にはもちろんのこと、高時川の地形や気象条件、植生、廃村になっている村々などを考慮に入れてのことである。車でどこでも入れるようになっても、やっぱり遠い山である。上谷山の登り口となった針川へは、車で椿坂を越えて北側の中河内から入ったが、四月の中旬でも林道は雪でふさがれ、針川まで入ることができなかった。先年、野鳥の撮影にきていた人が突然の雪に車が閉じこめられて脱出できず、何日かして狩猟に来た人に危うく救助されるという出来事があった。

上谷山への登路は、通常、福井県の今庄《いまじょう》側の県境へ登っている何本かの尾根からで、積雪期以外は藪こぎとなる。滋賀県側からは、針川の林道にある送電線の鉄塔の巡視路を利用して尾根に登り、あとは雪を利して県境から頂上に登った。このコースは尾根には雪が残っており、林道を針川近くまで車で入れる季節に限られる。

●案内コース

針川の集落跡から針川沿いの林道を進み、左俣《ひだりまた》に入って、頭上を越える送電線を目標に歩く。送電線の下から右に急な斜面に巡視路が続いている。この尾根に上がった辺りから雪が出てきてくれれば一番都合がいい。無雪期は歩いていないのでわからないが、送電線はこの尾根を辿《たど》ってそのまま県境尾根まで続いているので、県境までは道があるはずである。しかし、そこから先は藪に閉ざされている。

滋賀県側の針川源流部は、ブナの自然林が残されているが、県境まで登ると、福井県側は見事に伐採されてしまっている。

県境尾根まで登ると雪もふえるが、ここから頂上までが結構長い。尾根は広く危険なところはないが、右の滋賀県側に雪庇《せっぴ》が張り出しているので、注意をしたい。比較的ゆるやかで稜線も広いだ

けに、悪天の時は慎重な行動が必要である。

天気がよければ根気よく歩くだけだ。頂上には、昔は三角櫓《ろ》があったが今は何もない。

下山路は車まで戻らなければならないので、同じルートを辿《たど》ればいいのだが、もし、天気がよくて良い条件なら、山頂から南西に伸びる尾根が面白いだろう。

●他のコース

福井県側からよく登られているコースは、宇津尾《うつお》からの送電線の尾根、橋立《はしだて》からの尾根、広野から手倉《てぐら》山の尾根などがある。スキー登山にとっても絶好のルートで、宇津尾からの鉄塔の尾根は、ほとんどアップダウンのない、滑降にはもってこいの尾根であり、鉄塔が続いているのでルート確認もしやすい安全なコースだ。手倉山の尾根もいい尾根だが、アップダウンがあり何度かスキーを脱がされた。

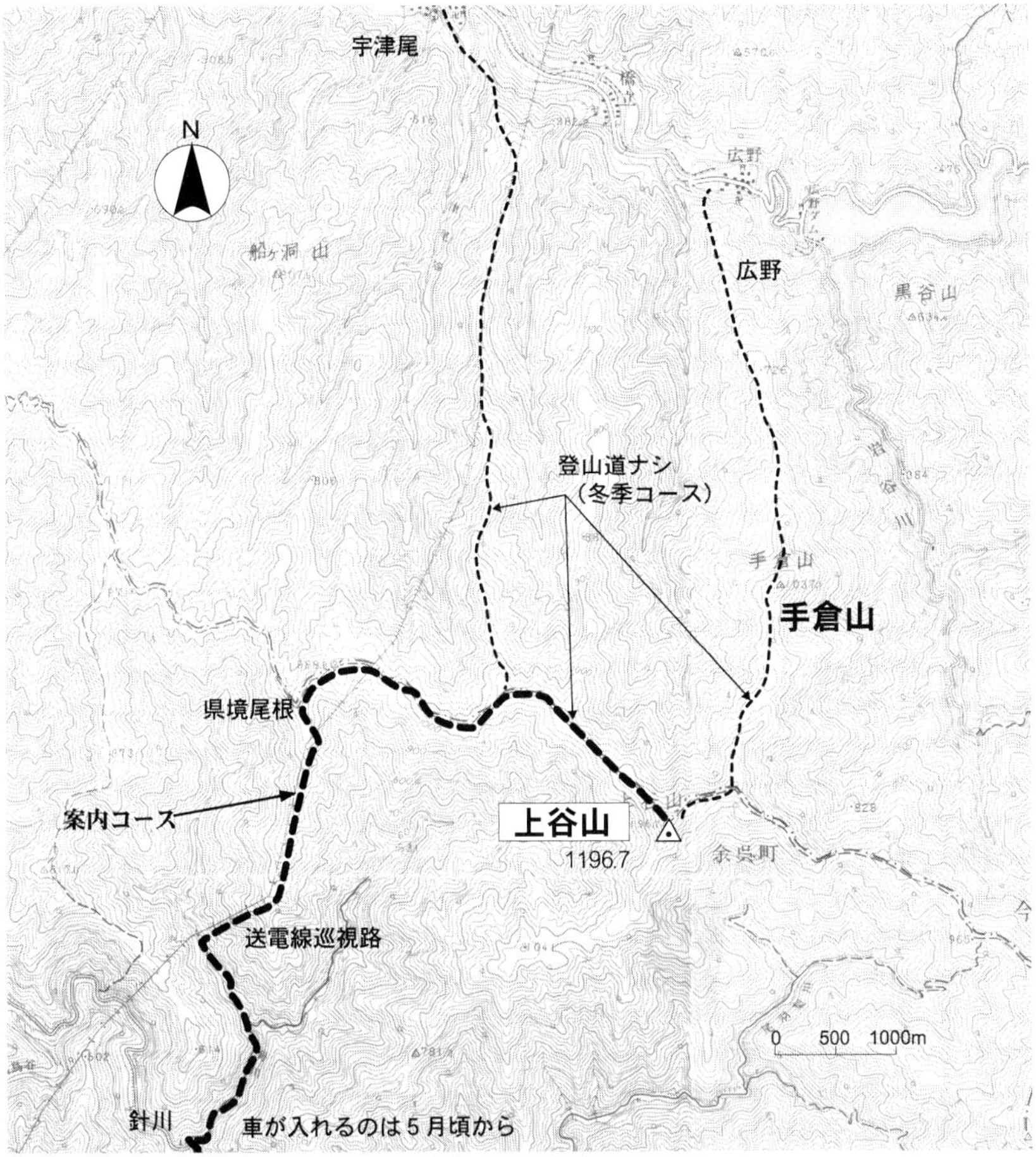

●コース

針川（１時間）→鉄塔のある尾根上（１時間）→県境尾根（１時間30分）→上谷山（２時間40分）→針川

●コースメモ

＊何といっても奥深い山なので、行動は慎重にしたい。

●問い合わせ先　余呉町役場　0749—86—3221

鈴鹿

高《たか》畑《はた》山《やま》

▲七七三、三ｍ

〈地形図〉

1/50,000　亀山

1/25,000　鈴鹿峠

小さな双耳峰

鈴鹿《すずか》峠以南の鈴鹿主稜の山といえば、どうしても油日岳《あぶらひだけ》、那須《なす》ガ原山と併せてひとくくりにされてしまう。たいがいはこの三山を一日で縦走してしまうことが多いせいだが、この三つのどの山をとっても姿の良い、個性のある山だと思う。今回取り上げる高畑山は、小さな山だがすごく形の良い山である。二つのピークが突き出す特徴のある双耳峰で山頂には大きな木がなく、素晴らしい展望が開けている。初冬の空気が澄み切った頃が、この山には一番ぴったりした風景のように思う。

登山道はこの高畑山では主稜上にしか開かれていないので、鈴鹿峠から高畑山だけを往復する人が多いが、南側の林道を歩いて那須ガ原山に登ってから縦走すると、ボリュームのある山行が出来る。また逆に、峠から北へ片山神社から三子山に登って、主稜を南へ高畑山から溝干山《みぞほし》直下の坂下峠へ下りて、林道を鈴鹿峠に戻るというコースも考えられる。もちろん油日岳から縦走ができれば一番良いのだが、アプローチが不便なのが玉に瑕《きず》である。

●案内コース

このコースはアップダウンが多くて少し厳しいコースとなるかもしれない。しかし、坂下峠を二度通るので、那須ガ原山をカットするとか、参詣橋に下りずに那須ガ原山を峠から往復するなど、コース設定を変えれば調整ができるので、その時の調子や時間を考えて、コースを決めてほしい。

鈴鹿峠の滋賀県側国道の南側の茶畑に大きな石灯篭がある。「万人講常夜灯」と呼ばれるもので、ここが高畑山の登り口となる。三重県側にも旧道があり、良い雰囲気を持っている。

峠の上の杉林の中から登りが始まる。少し登ると左に鏡岩がある。杉林の斜面から雑木林となり、ガレ場のヤセ尾根を進む。キレット状のナイフリッジになっているところもあり、慎重に行動したい。

高畑山の頂上は素晴らしい眺望が広がっているので、天気が良ければゆっくりと腰を落ち着けたくなるところである。

下りは灌木を縫って溝干山から坂下峠に下る。峠は林道が越えているが、道は荒れている。再び尾根の登りに入る。尾根は険しく唐木《からき》のキレットが立ちふさがるが、ここは左側に巻道がついている。アップダウンをいくつか越えると那須ガ原山の分岐となり、すぐ右が頂上である。頂上には那須ヶ原神社の祠《ほこら》があり、石室《いしむろ》がつくられている。

杉林の中の表参道を下る。左の櫟野《いちいの》川に下る裏参道もあるので間違えないようにしよう。参詣橋に下り、林道を登り返して先ほど通った坂下峠を越え、8の字を描いて鈴鹿峠に戻る。

●他のコース

高畑山は主稜上を往く道だけで、那須ガ原山は主稜の縦走路と、表参道、裏参道がある。

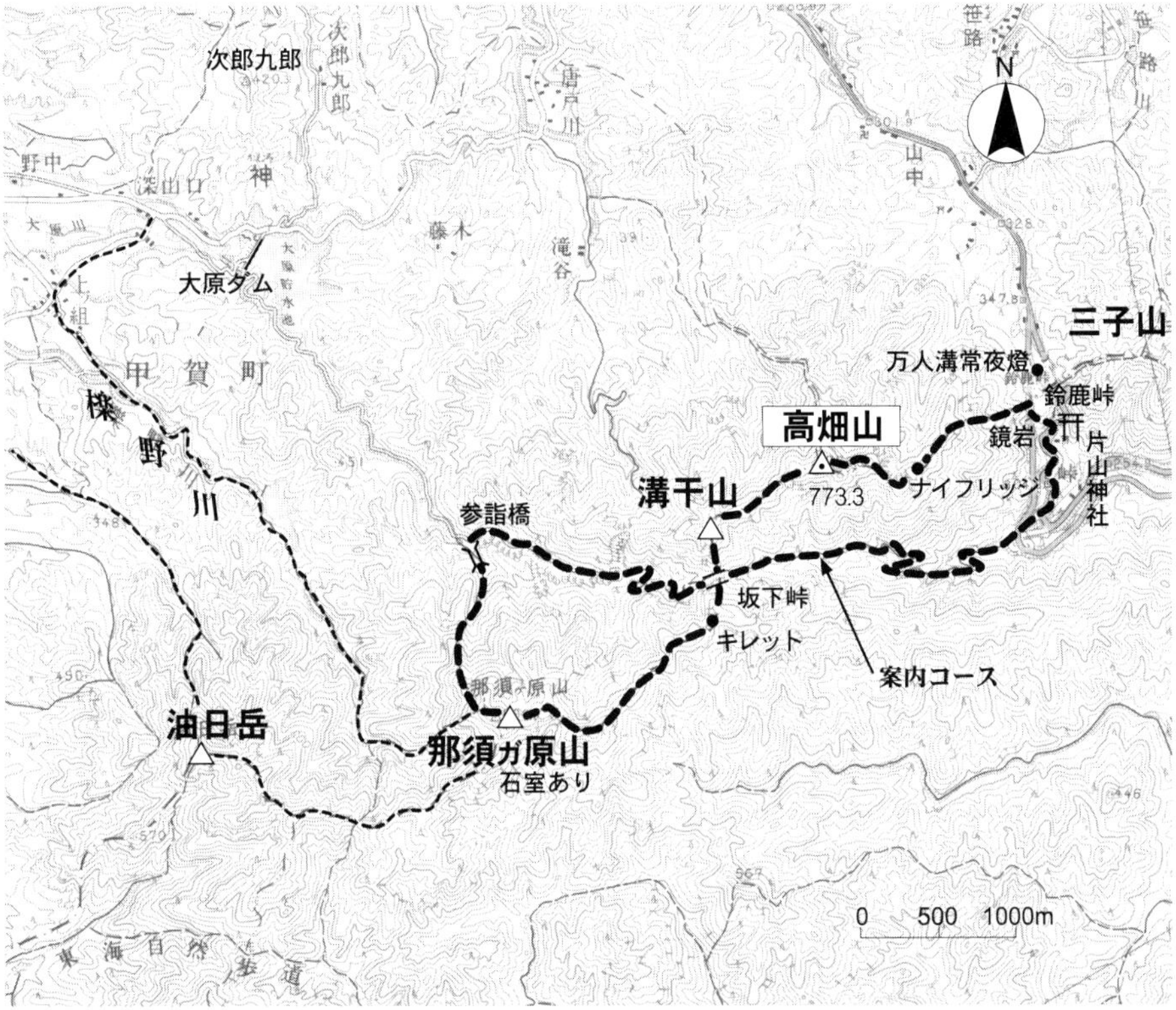

●コース

鈴鹿峠（1時間15分）→高畑山（40分）→坂下峠（1時間15分）→那須ガ原山（20分）→参詣橋（30分）→坂下峠（1時間15分）→鈴鹿峠

●コースメモ

＊休日にはどちら側からも鈴鹿峠までのバスはない。

●問い合わせ先

土山町役場　0748―66―1101

鈴鹿

藤《ふじ》原《わら》岳《だけ》

▲一一二〇m（展望丘）

〈地形図〉

1/50,000　彦根東部、御在所山

1/25,000　篠立、竜ガ岳

伊吹《いぶき》山とならんで花の山として知られる藤原岳の春は、すごい人の列が続く。あまりの人の多さには閉口するが、やはり花の魅力には負けてしまい、その列に連なることになる。花を楽しむには聖宝《しょうほう》寺《じ》道を登り、白船《しらふね》峠までの県境稜線を歩いて、坂本谷を下るのがお薦めのコースである。

この喧噪がいやな方には、まだまだコースがたくさんある。藤原岳は花の多いことはもちろん、頂稜の雄大さ、雑木林を行く峠路の美しさ、茶屋川の奥深さ、どれをとっても一級品である。紹介する多くのコースを歩いてみれば、この山が花の山だけではないということが分かっていただけることと思うし、この山の素晴らしさ、そのスケールの大きさにも驚かされるだろう。特に滋賀県側の茶屋川からの道は、私の最もお気に入りのコースである。いつ歩いてもあまり人と出会うこともなく、シカやリスといった野生動物との出合いのほうが多いくらいだ。

それと三重県側からも、木和田尾、丸尾、孫太尾根といった藤原周辺の県境尾根に突き上げている尾根がある。これらのどの尾根にも踏み跡があるのに、人と出会ったことが一度もなく、美しい雑木林の尾根が存分に楽しめた。どの尾根からも藤原岳まで登って日帰りが可能である。

フクジュウソウ咲く山稜

●案内コース

廃村の茨川《いばらかわ》は茶屋川の奥深く、車でなければ入ることはできない。休日には必ず数台の車が停まり、キャンパーのテントが張られている。茶屋川の上流へは最初から河原歩きとなるので、靴を濡らさないようにしたい。途中から左岸側の樹林の中に道は移り、三〇分ほどで西尾根の取り付きとなる蛇谷《じゃだに》の出合いに着く。ここは茶屋川がぐんと狭まり蛇行している。

登り始めは急登で、右に蛇谷、左に本流を覗きながら、ジグザグをきって登って行く。右の蛇谷越しには銚子岳がだんだんと大きくせりあがってくる。雑木と植林が入り交じっているが、尾根の傾斜もゆるくなってくると、やがて雑木林一色となる。左には木々の間から御池岳のテーブルランドや、すっくと突き出た藤原の天狗岩のピークも見えてくる。あちこちに窯跡があり、春はその枯木色の中のそこここに、ピンクのカタクリが花を咲かせている。道はやがて左の善右ヱ門谷に近づいていって、浅くなった谷の中を行くようになる。このあたりも花が多い。そして展望丘直下のコルに着くと、笹の中に道は消える。右へ笹の中に突入してわずかに進むと、展望丘への登山道に飛び出す。右に登ると展望丘ピークに登り着く。カレンフェルトの岩の頂上からは、三六〇度の眺望が開け、目の前には航空母艦のような御池岳のへさきが見えている。

●コースメモ

＊西藤原からのマイカーの場合、春の最盛期はすごい車の数になるので路上駐車は絶対にしないこと。

＊ベストシーズンは花の多い4月・5月と紅葉期。冬は大貝戸道では入山者も結構あるが、積雪も多いので装備は完全にすること。

＊紹介したコースのなかで、メインの3コース（大貝戸道、聖宝寺道、坂本谷道）以外は踏み跡も薄く、地図の読めることが条件になるので、中・上級者向き。また、コースも長くしっかりとした状況判断が必要。なお、坂本谷道は九九年秋の台風による被害で、現在は通行禁止である。

●コース

茨川(25分) →蛇谷出合西尾根取り付き(２時間) →藤原岳(１時間15分) →白船峠（１時間30分) →茨川

●問い合わせ先

藤原町役場　0594—46—3311／永源寺町役場　0748—27—1121

茶屋川への下山コースはいくつかあるが、藤原岳を楽しむには頂稜に連なるピークを歩いて、白船峠から茶屋川に下るのが一番だ。稜線は笹や雑木の明るい伸びやかな山稜で、天狗岩ピークの分岐付近のフクジュソウの群落は見応えがある。

白船峠から茶屋川に下りると、あとは茶屋川の流れに沿って下るだけだが、体力に余裕があれば、土倉谷の出合いから巡視路を登って、茶屋川と御池川を分ける尾根を下るのもいい。茶屋川沿いの道は踏み跡程度なので、歩くには尾根道のほうがしっかりと踏まれているので、尾根に登ってしまえばずっと楽だ。ノタノ坂まで辿《たど》り左に下ると茨川につく。茶屋川沿いは難しいところはないが、三筋の滝の右岸を高巻くところの斜面が急なので気を付けたい。谷の中はほとんど自然林なので、新緑や紅葉の季節には素晴らしい道となる。

●他のコース

滋賀県側の茨川からはもう一つ登山路がある。治田《はった》峠に登って尾根通しに行くコースで、案内コースよりはこちらの方がよく歩かれている。この尾根道も自然林の続く美しいコースである。治田峠へは、三重県側の青川からのほうが登山者も多いが、マイカーの場合、青川から登ると同じ道をまた下らなければならない。その点、滋賀県側の茨川からはいくつかのコースを組み合わせることができる。

藤原岳の少し変わったコースばかり紹介してきたが、この山のメインコースは、何といっても三重県側からの大貝戸《おおかいと》道、聖宝寺道、坂本谷道の三つのコースである。中でも聖宝寺道が花を見るには最も素晴らしいコースである。フクジュソウを筆頭に様々な種類の、数多くの花を目にすることができる。まさに花の宝庫といってもいいような道である。ゆっくり楽しみながら登るには、聖宝寺道を登って、歩きやすい大貝戸道を下ると良い。稜線上も花が多いので、白船峠まで稜線の花や眺望を楽しみながら歩いて、坂本谷を下るというコースもよくとられている。坂本谷は伏流の谷で、花も多く静かな道である。ただ、石灰岩の石が出て滑りやすいので、意外にハードなコースになる。

登山者の九五％以上がこの三つのコースからなので、春の花の最盛期にはすごい人出となるが、三重県側からも誰一人として出会わぬコースもある。丸尾、木和田尾、孫太尾根がそれで、メインコースを一通り歩いたら、こんなコースも歩いてみてはどうだろうか。

丸尾は冷川谷の左岸尾根で山口から登る。尾根にはかすかに踏み跡がある。

木和田尾は同じ山口から冷川谷右岸側の尾根に取り付くのだが、尾根上には送電線の鉄塔が走っているので、道は続いている。鉄塔の建つところからは養老山系の展望が開けている。

孫太尾根は新町から登っているが、取り付きでひどい藪をこがされた。丸山から上はしっかりとした道があったので、多志田川側からルートがあるようだ。

峠を歩く

山の道は無限の美しさを秘めているように思う。いつもカメラを手にして歩いているが、一番良くレンズを向けるのは、一筋の道に対してではないだろうか。特に長い年月にわたって踏み固められてきた峠路には、愛着を感じている。

初めての山を歩く時、まず思うのは、頂上までどんな道が続いているのだろうか、ということである。頂上からの展望や居心地よりも、どちらかというと登山道の雰囲気に期待感を抱いているところがある。

気に入る道の要素はさまざまだし、歩く目的によっても変わってくる。山に登るという目的からすれば、やはりブナやミズナラやトチなどの木々に包み込まれた、樹林の道が美しい。あたたかく、そして柔らかく包み込まれているような気持になってくる。こうした樹林が残されているところは次第に少なくなってきたが、近江の朽木と境を接する京都の、芦生の京大演習林は、まだ広大な原生林が残されている。

またそれとは別に、美しい道と感じるのは、多くの人によって踏み込まれてきた道である。これらの道は掘りこまれて、その深さは背丈を超えるほどになっているところもある。深くえぐれた分、人々の生活や歴史や文化などが、逆に厚く積み重なっていることだろう。

近江の国はぐるりを山に囲まれているので、道のほとんどは山越えの峠路となって、隣国とつながっている。こうした峠路を歩くのも、山登りの魅力の一つとして取り上げられても不思議ではない。

鈴鹿の千草越、比叡山系の仰木峠、湖西の粟柄越や近江坂、根来坂、万路越、湖北の国見峠や新穂峠など、印象に残っている道は数限りない。

峠には石仏や石塔が祀られていたり、かつてをしのぶ石畳の道が残っていたり、多くの炭焼きガマの跡や鉱山跡、人々の住居跡の石垣など、風雪にさらされ、埋もれかけた数々のものが、私たちに実に多くのことを教えてくれている。

こうした無言の語りかけを、広く受け入れられることのできる感受性を大事にしていきたいものである。

鈴鹿・廃村の今畑への道

湖西・万路越の峠の祠

鈴鹿

静《しず》ガ岳《たけ》・銚《ちょう》子《し》岳《だけ》

▲一〇八八、六m・一〇一九m

〈地形図〉
1/50,000　御在所山
1/25,000　竜ガ岳

セキオノコバ、雑木林の中の池

藤原岳と竜ガ岳とに挟まれたこの二つの山は、どちらのピークも県境尾根から滋賀県側に突き出している。いつ歩いてもひっそりとしていて、名前のとおり静けさに包まれた山である。

銚子岳は県境から素直に尾根が突き出した先にピークがあるのだが、静ガ岳の方は少し複雑な地形をしている。鋭角に尾根が派生し、その鋭角の先端に向かって、滋賀県側から静ガ岳のピークを回り込むように谷が伸びている。この県境尾根の上はごく浅いくぼみのような谷で始まっているので、二重山稜のように見える。美しい雑木林の中に小さな池があり、何とも妖しく不思議な雰囲気に包まれている。

●案内コース

静ガ岳、銚子岳は通常、三重県側の青川《あおがわ》から治田《はった》峠に登るか、宇賀《うが》渓からホタガ谷に沿った竜への裏道を登るかのどちらかだが、茶屋川からのコースを紹介したい。

このコースは又川《またがわ》谷と丈治《じょうい》谷とを分ける尾根を末端から登って静ガ岳に至るコースで、かすかな道はあるものの、登山道といったものはまったくない。だから季節としては雪のある時期の前後が一番のぞましい。といっても、鈴鹿の雑木林はほとんどのところは自由に歩けるので、そんなに藪に悩まされるというものでもない。

茶屋川が又川谷と合流するところで大きく屈曲しているが、その少し先で橋を渡ったところが取り付き点となる。尾根は春や晩秋の木の葉の落ちた頃なら快適だ。北側の尾根と合流する一〇四七mをすぎると細い灌木帯となって、ブッシュが邪魔をして少々わずらわしくなってくる。最後は幾つかのコブを越えて静ガ岳の頂上に着く。頂上はブッシュも刈払われて、竜ガ岳の堂々とした山容が真正面に望める。この頂上からはしっかりとした登山道を下り、県境尾根と合流したところがセキオノコバだ。二重山稜状の雑木林の中では小さな池と出合う。気持のいい雑木林の中をコルに下り、カヤトの斜面を急登すると銚子岳の分岐に着く。茶屋川側に五分ほど尾根を辿《たど》ると頂上だ。ブッシュの隠れる春は、目の前に藤原、御池が白く光っている。

茶屋川への下山ルートは、西尾根と北西尾根があるが、どちらも踏み跡は薄く、しっかりと地図を見ながら歩きたい。元の取り付きまで戻るには1時間ほどの林道歩きとなる。

●他のコース

同じ茶屋川からは、静ガ岳に突き上げている尾根があと二本ある。案内コースと同じ静かで良い尾根だ。

一般的なコースは三重県側からで、青川と宇賀渓のホタガ谷からのコースがあるが、車の場合周遊コースがとれないのが残念だ。ほかには沢登りのルートとして銚子谷がよく登られている。

また、宇賀渓からの残雪期も静かでいい。

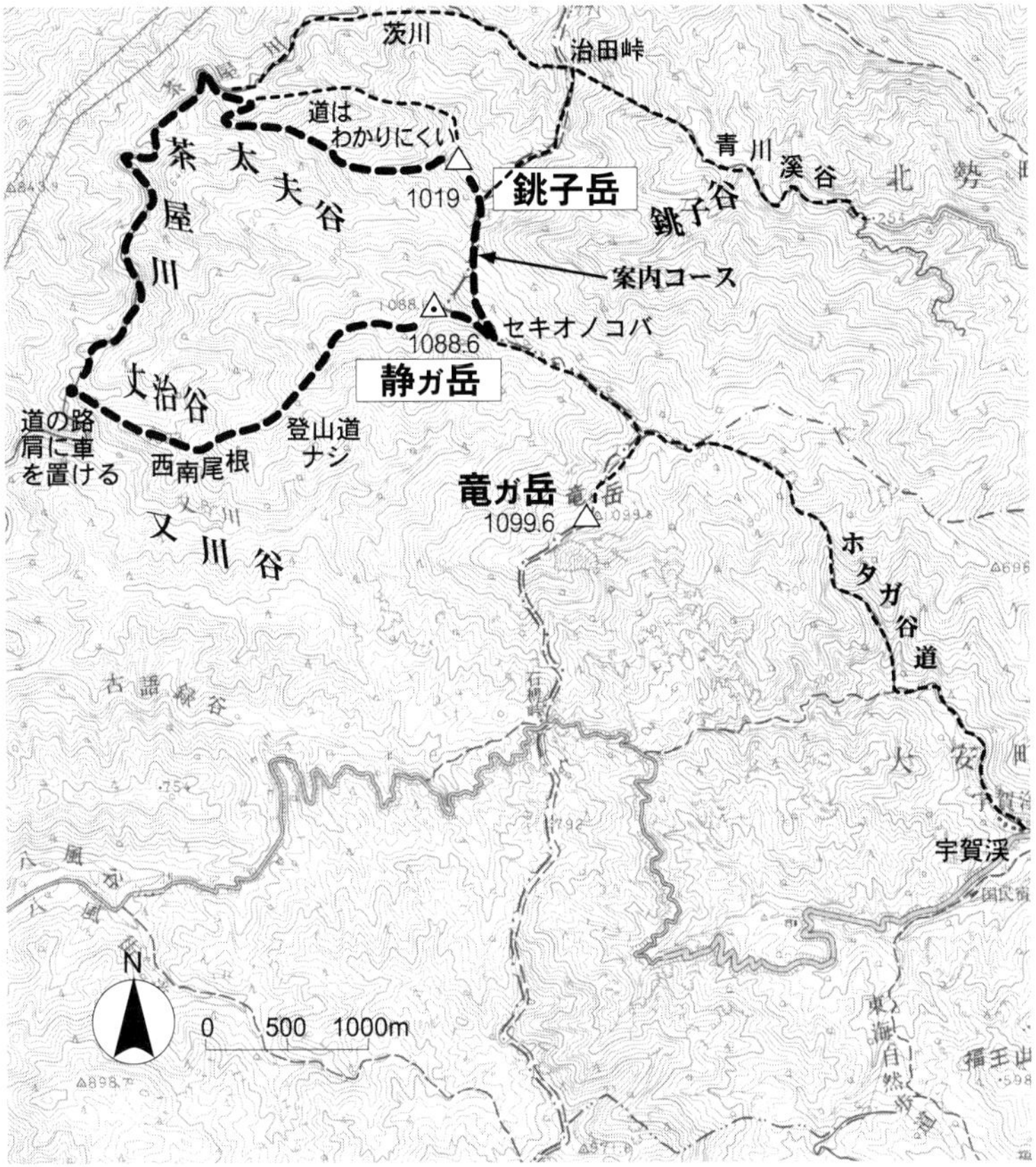

●コース

茶屋川西南尾根取り付き（2時間40分）→静ガ岳（40分）→銚子岳（1時間10分）→ 茶屋川（1時間）→ 茶屋川取り付き

●コースメモ

＊ベストシーズンは厳冬期をはさんだ前後。

●問い合わせ先　永源寺町役場　0748―27―1121

鈴鹿

三《み》国《くに》岳《だけ》

八九〇m

〈地形図〉

1/50,000　彦根東部

1/25,000　高宮、篠立

近江《おうみ》・伊勢《いせ》・美濃《みの》（滋賀・三重・岐阜）の三国の境界にあるこの山は、三つのピークからなっている。最高点ピークの北側の中央峰とでもいうべきピークが、この山の山頂とされているようだ。滋賀県側は植林されているところが多いが、岐阜県側は雑木林におおわれている。谷にはワサビ田があって、炭焼き窯が今も煙を上げており、いたるところに窯跡が残るこの鈴鹿の山々の、古き時代を思わす風景が漂っている。

現役の炭焼き窯

●案内コース

三国の境の山なので、三県からの登山コースがあるが、この山の良さが一番感じられる、岐阜県の時山からのコースを案内コースに掲げた。三国岳と烏帽子《えぼし》岳の二つを登るコースである。

時山集落の手前の時山橋から、烏帽子岳へと登るカネツリ谷コースに取り付く。登山道は昔の炭焼き道で、谷から谷に移りながら登っており、少し分かりにくいので慎重に踏み跡を追って行きたい。また、登り始めは道が谷に急角度で落ち込んでいるので、ここも注意して歩きたい。北側の展望の開けた尾根に出ると、頂上までまっすぐに道は続いている。頂上は灌木に囲まれているが、わずか養老方面だけ伐《か》り払われている。

三国岳のある県境尾根への道を辿《たど》ると、すぐ烏帽子岳の最高点ピークに出る。三国への尾根はあまりしっかりとした道ではないが、踏み跡は続いている。目印もあり、一直線のわかりやすいルートである。アップダウンの多いやせ尾根で、春はシャクナゲのピンクが鮮やかだ。三国直下はヌタ場のある広やかな尾根になり、野性の匂いのするところだ。最後は急斜面を登り県境尾根に合流する。左に数分で三国岳の頂上につく。さらに五分ほど進むと最高点だ。いずれの頂上も展望はあまりよくない。

県境尾根を戻り八一五mの東側を巻くと、左の滋賀県側から送電線の巡視路が合流してから鞍部《あんぶ》に下り着く。右へ阿蘇《あんそ》谷の源流部へ下って行くと、ゆるやかな流れと合い、雑木林が広がっている。ぽっかりと広がった美しい谷間である。流れに沿って下って行くと、ワサビ田があり煙を上げている炭焼き窯と出合い、ノスタルジックな気分にさせられる。ここから時山まで良い道が続いている。

●他のコース

案内コースの烏帽子岳へは篠立《しのだて》からも登れるが、ここを起点とすると、三国から鞍掛《くらかけ》峠の手前の焼尾山を巡って船原に下るという、長大な周遊ルートがつくれる。また、滋賀県側からは百々女鬼《どどめき》谷から鳴川谷に入り、送電線の巡視路を登って八一五mから三国岳へというコースがよく登られている。帰路は県境尾根から鞍掛峠へ下って、三〇六号線を百々女鬼谷に戻ることができる。

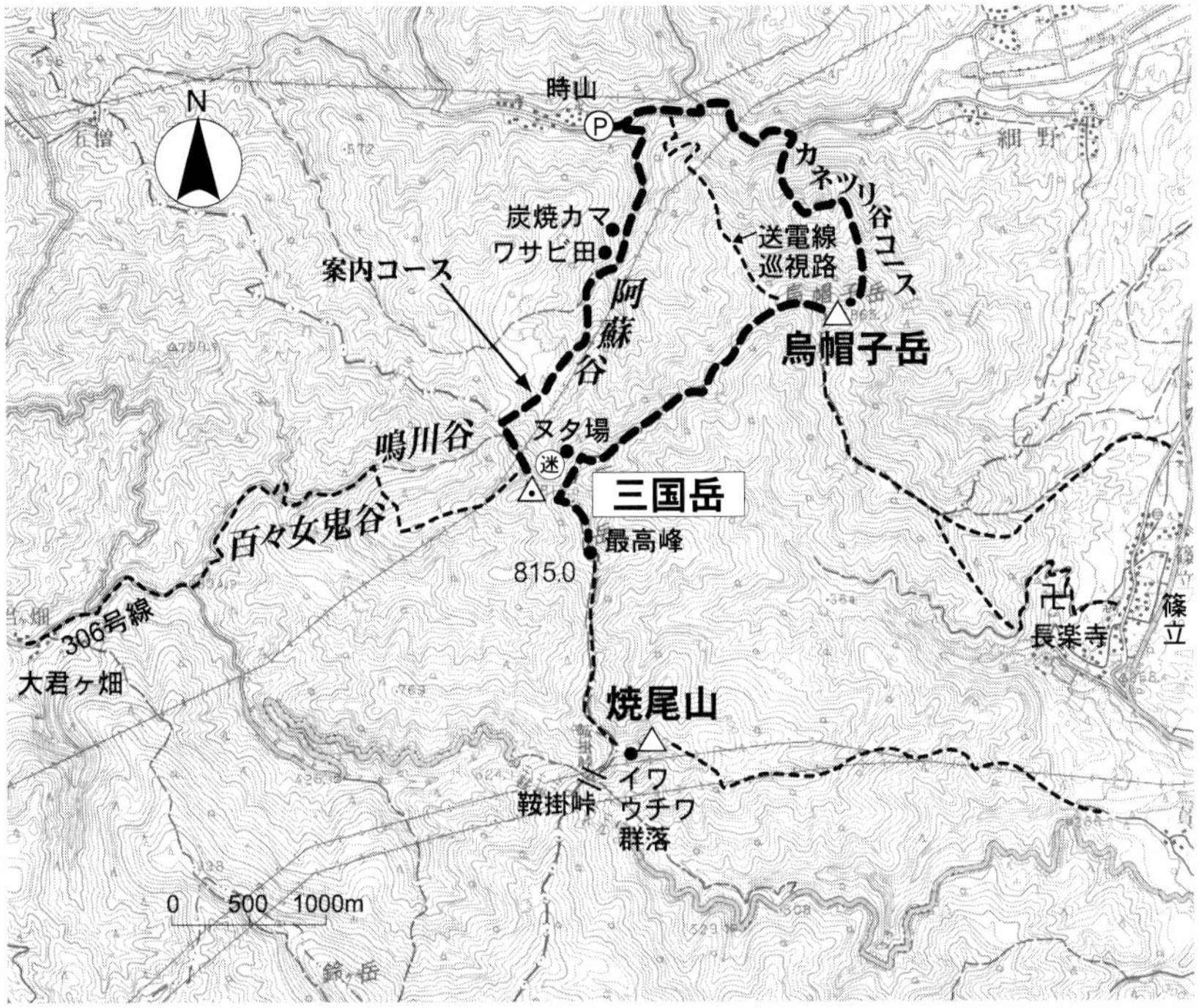

●コース

時山（１時間30分）→烏帽子岳（２時間）→三国岳（１時間45分）→時山

●コースメモ

＊鞍掛峠から焼尾山周辺は春の花が多い。特に焼尾山のイワウチワの群落は見事だ。
＊時山から烏帽子岳へのコースは、最近尾根上に建設された巡視路を登るコースもある。このコースは時山の集落から登り始めているので、近頃はこのコースをとる人が多い。
＊時山集落には駐車スペースが設けられている。

●問い合わせ先

多賀町役場　0749—48—8111／上石津町役場　0584—45—3111

湖西

百《ひゃく》里《り》ガ岳《たけ》

▲九三一、三m

〈地形図〉

1/50,000　熊川

1/25,000　古屋

百里新道から見る百里ガ岳頂上

百里ガ岳。遥かな山を連想させ、すごく旅情をかきたてる山名である。以前はどこからもしっかりとした踏み跡がない遠い山だった。

現在は小入谷越から百里新道ができ、根来《ねごり》坂の峠路も再開され手軽な山となった。どちらを歩いてもしっかりとした道で安心だが、両コースを使って一周できるので、一つのコースを往復するより、周遊コースとしたほうが楽しい山行ができるだろう。

この近江、若狭、丹波国境付近の山中は、かつては木地屋(師)の活動が盛んで、君ガ畑や蛭谷《ひるだに》の「氏子狩帳」には、今も残る地名が随分と書かれている。彼らの活動跡を見たくてこの辺りをよく歩いたが、どの山、どの峠を越えてもいつも期待に応えてくれた。百里ガ岳から若狭へ越えた根来坂も、素晴らしい峠歩きだった。

●案内コース

小入谷越には駐車スペースがある。バスも通ってはいるが、バス利用の山行は時間的に難しいので、日帰りではマイカーしか仕方がないだろう。

小入谷の集落まで下り、そのまま進むと道は二つに分かれる。右の大倉谷林道に入ると、すぐ左に林道と分かれて細い山道に入る。峠路の良い雰囲気が漂う道だが、途中で林道によって寸断されているのが残念だ。林道に出て焼尾地蔵に出合う。峠路が藪に閉ざされていた時も、ここまではしっかりとした道だったようだが、今は林道の傍らに新しいお堂が建てられている。

再び山道に戻り三〇分ほどで根来坂だ。峠路は伐採、植林されており、味気ない道となってしまっているが、峠は自然林が残されている。大木が樹陰を作り、お地蔵様が祀《まつ》られ、少し高みに石碑があり、昔とほとんど変わっていない。

峠から尾根通しに一つピークを越えてコルまで下り、百里新道の分岐まで登りが続く。さらにもう一つピークを越えると、頂上への最後のきつい登りが待っている。道の両側には、春はネマガリタケの竹の子がいっぱい顔を出している。ブナの林の残る山頂からは、樹林に囲まれてあまり見晴らしは良くないが、広々とした明るい気持の良い頂上だ。

下りは百里新道の分岐まで戻り、左に百里新道に入る。分岐から下りたところがシチクレ峠で、それからさらに小入谷越まで長い尾根道の下りが続く。道はよく踏まれており心配はない。

●他のコース

木地山側からも登られているようだが、道はあまりしっかりとしていない。また、日帰りでは無理だが、根来坂、木地山峠から若狭越えをすれば、一層味わい深い山旅となるだろう。

積雪期も小入谷まで車が入れれば、どちらのコースとも良いルートとなる。相当の積雪があれば、スキー登山も可能になるだろう。

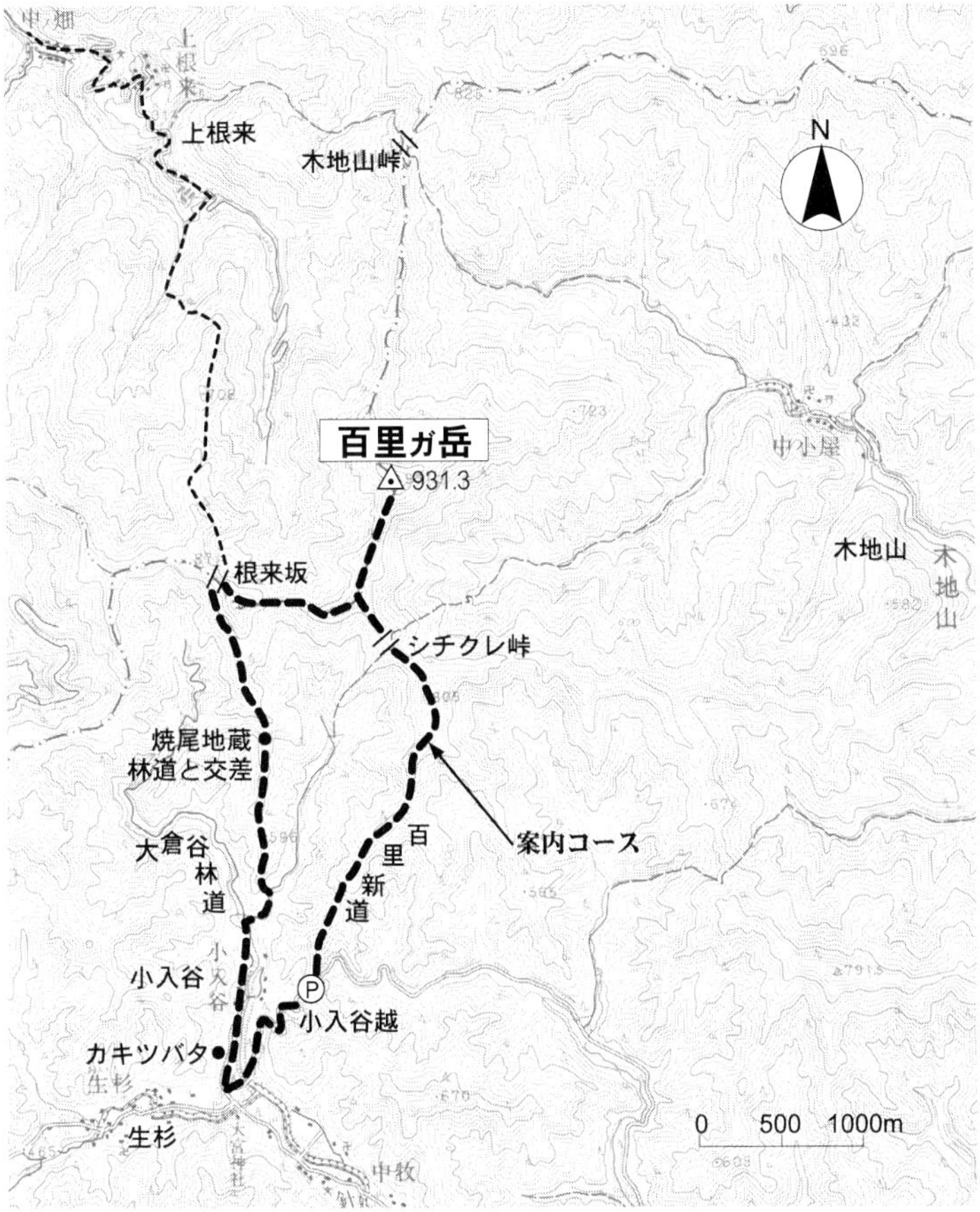

●コース

小入谷越（１時間30分）→焼尾地蔵（30分）→根来坂（１時間10分）→百里ガ岳（１時間50分）→小入谷越

●コースメモ

＊小入谷にはカキツバタ群生地がある。５月下旬から６月初旬が見頃となる。

●問い合わせ先　朽木村役場　0740—38—2331

湖北

横《よこ》山《やま》岳《だけ》

▲一一三一、七m

横山岳は古くは経《きょう》の滝と五銚子《ごちょうし》の滝の間にあったといわれている、延喜式内社《えんぎしきだいしゃ》横山神社の神体山とされ、山岳信仰の山であった。しかし、今はそういう信仰の山という匂いはあまり感じ取れない。深いブナの自然林におおわれ、原生の香りが手軽に味わえる山として多くの登山者に人気がある。マイカーであれば簡単に近づける山だが、冬の積雪は深く、遅くまで雪が残る。それだけに雪解けとともに始まる緑の広がりは、一層鮮やかに感じられる。

案内コースの白谷や三高尾根は、昔から登高ルートとして使われていたコースで、現在は地元山岳会の方々の努力で、立派に整備された道となっている。

〈地形図〉

1/50,000　横山

1/25,000　近江川合、美濃川上

網谷からの横山岳

●案内コース

登山口の白谷出合は、車が数台置ける広場となっている。白谷に入り流れに沿って登って行く。春に訪れると、ニリンソウが足許を埋めていて、谷が狭くなったところでは、雪崩落ちた雪が厚く残っている。最初に出合う経の滝は、三段になった落差二〇mほどの美しいナメ状の滝だ。左側の急な斜面を巻いて行く。経の滝から少し開けるが、再び狭く深くなって五銚子の滝に近づく。この深い山中のどこに横山神社があったのだろうか。

五銚子の滝は岩壁に囲まれて大きく切れ落ちている。水量こそないが、何段かに分かれたスケールの大きな滝だ。ずっと以前訪れたときには、滝の落ち口に注連縄《しめなわ》がはられていたのを覚えている。ここも左の斜面から、右にトラバース気味に落ち口の左から乗り越える。ここからは稜線までブナの林の急な尾根の登りとなる。野性の匂いの漂う深い自然林で、春にはヤマシャクヤクのぽってりとした白い花がそこここに見られる。一重《ひとえ》の気品が感じられる花である。我慢の登りをすごすと、緩やかな稜線に出て頂上に着く。ここにはプレハブの小屋があり、その前が広く伐《か》り払われている。琵琶湖側の眺望が開け、重なる湖北の山並みの奥に琵琶湖がかすんでいる。

下山コースとなる三高尾根は急な尾根で、鳥越《とりごえ》まで一気の下りだ。鳥越から左のコエチ谷への道は、谷道ではなく最初は小さな尾根を下って行く。谷に下ると林道に出合って、やがて網谷林道に戻る。白谷出合はこの少し上流側である。

●他のコース

横山岳にはこの二コース以外の登山道はないが、三高尾根、鳥越から墓谷《はかたに》山まで道が踏まれているので、墓谷山への往復も可能だ。早春の雪の季節にも、この三高尾根からが横山岳への最短コースとなるだろう。

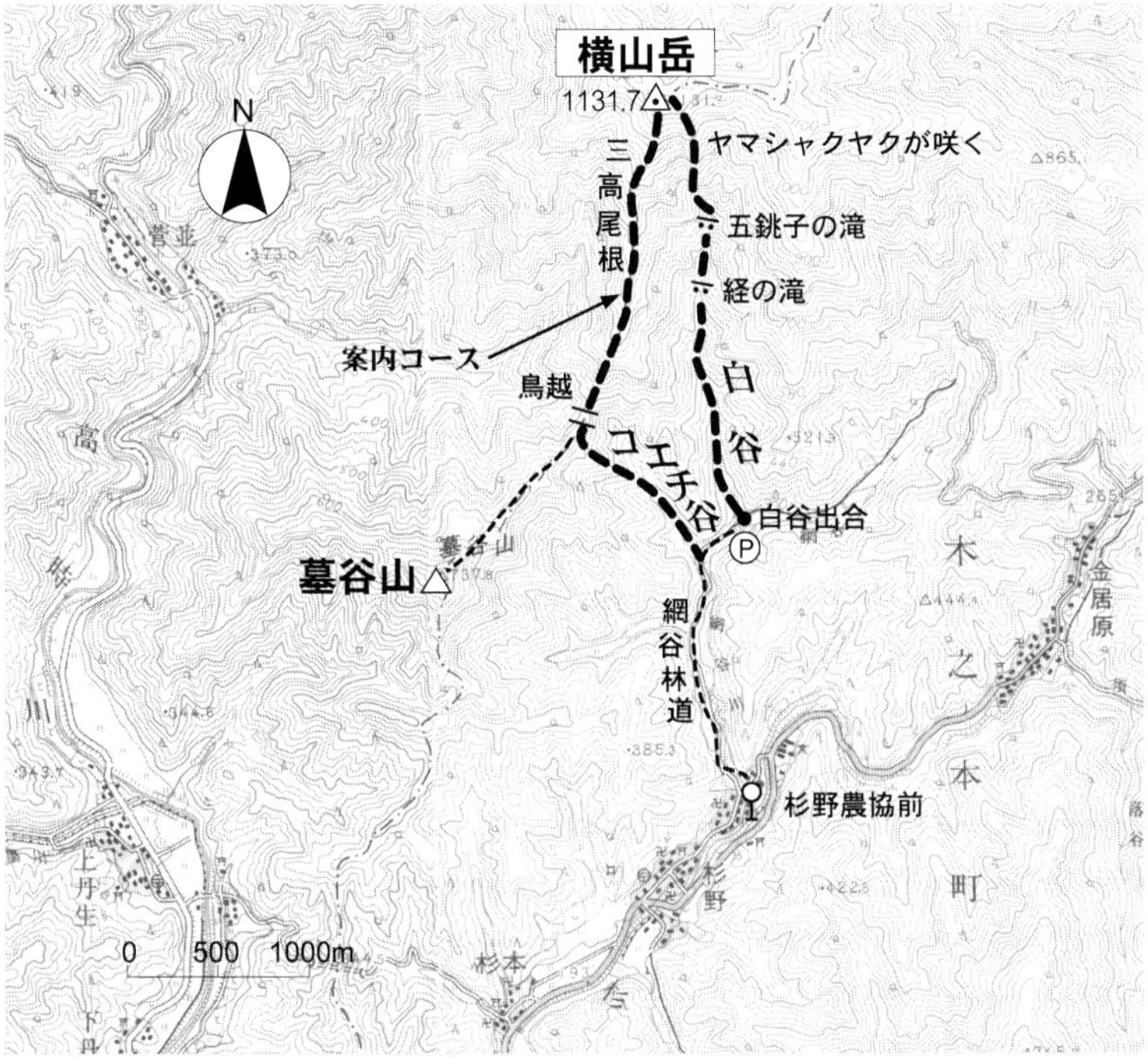

●コース

白谷出合（1時間）→五銚子の滝（1時間30分）→横山岳（1時間20分）→鳥越（45分）→コエチ谷出合

●コースメモ

＊雪が深い山なので、山に慣れていない人は、完全に雪が融けてから入山したい。
＊春は花が多く、4月下旬頃から6月初旬頃までカタクリやニリンソウ、ヤマシャクヤクなどが見られる。また、ブナ林の新緑や紅葉も楽しみだ。紅葉は10月下旬から11月上旬がピークとなる。

●問い合わせ先

木之本町役場　0749—82—4111

比良山地

白《しら》滝《たき》山《やま》

一〇二三m

〈地形図〉

1/50,000　北小松

1/25,000　北小松、花背

春浅い山上の池、長池

Yの字に連なる比良山系の中で、そのYの字の主稜からはずれた数少ないピークである。千mを越すスケールを持つ比良では貴重な山といえるだろう。

山上には大きな池があり、素晴らしい雰囲気を持つ山稜だが、主稜からはずれているだけに、訪れる人も比較的少なく、静かな山旅が楽しめる。春はニリンソウやイワウチワが多く咲き、白滝山では最もよい季節だが、何といっても美しいのは、雪におおわれた長池辺りの山稜だ。ぜひ一度歩いてみてほしい。

比良の原生の香りを残す山だがアプローチは便利で、坊村の明王谷林道からワサビ谷の伊藤新道を登り、ニシヤ谷から白滝谷、坊村に下る、周遊コースがよくとられている。

●案内コース

坊村から明王谷林道を登る。ワサビ谷の出合まで結構長くきつい林道歩きになるが、ウォーミングアップのつもりで登りたい。途中には比叡山回峰行の行場となっている三ノ滝がある。一直線に流れ落ちる素晴らしい滝である。ここは急な下りで深く切れ落ちているので、慎重に下ってほしい。ワサビ谷は水量も少なく小さな谷である。春には登山道の脇は、ニリンソウの小さな花が咲き乱れる。谷沿いに登り、落差はあるが水量の少ないワサビの大滝を見て、山腹道から尾根へと登って行く。

登り着いた白滝山の山頂は、樹林に囲まれて展望がきかず、少し物足りなさをおぼえる頂上だ。尾根を下ると、樹林にすっぽりと包まれた丸い音羽池に出合う。池にはカモが遊んでおり、突然飛び立つ羽音に驚かされる。そしてゆるやかな林を進むと長池がある。音羽池とはまったく雰囲気が違い、ゆったりと明るく美しい池だが、残念ながら鉄塔がすぐ近くに建っているのが気になる。細長い池でぐるりを一周できるので一巡りしてみよう。ほかにも湿地状の杉ヤ池やカシラコ池がある。

音羽池に戻り、右にニシヤ谷を下って白滝谷まで下る。谷に下りたところには休憩所があり、そのすぐ下に二条に分かれて落ちる、夫婦《めおと》滝がある。

谷に沿ったしっかり踏まれた道を下って行く。白滝谷はその名のとおりの花崗《かこう》岩の白い岩の目立つ明るい谷である。林道に下り坊村へと戻る。

●他のコース

安曇《あど》川側から歩くのが便利だが、白滝谷の上流のシル谷から木戸峠を越えて琵琶湖側にも下れる。びわこバレイのゴンドラで山上まで上がれば、白滝山へはニシヤ谷の登りだけとなる。

●コースメモ

*白滝谷は沢登りのコースとしても優れた谷である。

*びわこバレイスキー場の蓬莱《ほうらい》山頂上から、尾根通しにスキーで歩くコースは、滑降の楽しみはないが、長池への楽しいスキーハイキングとなる。

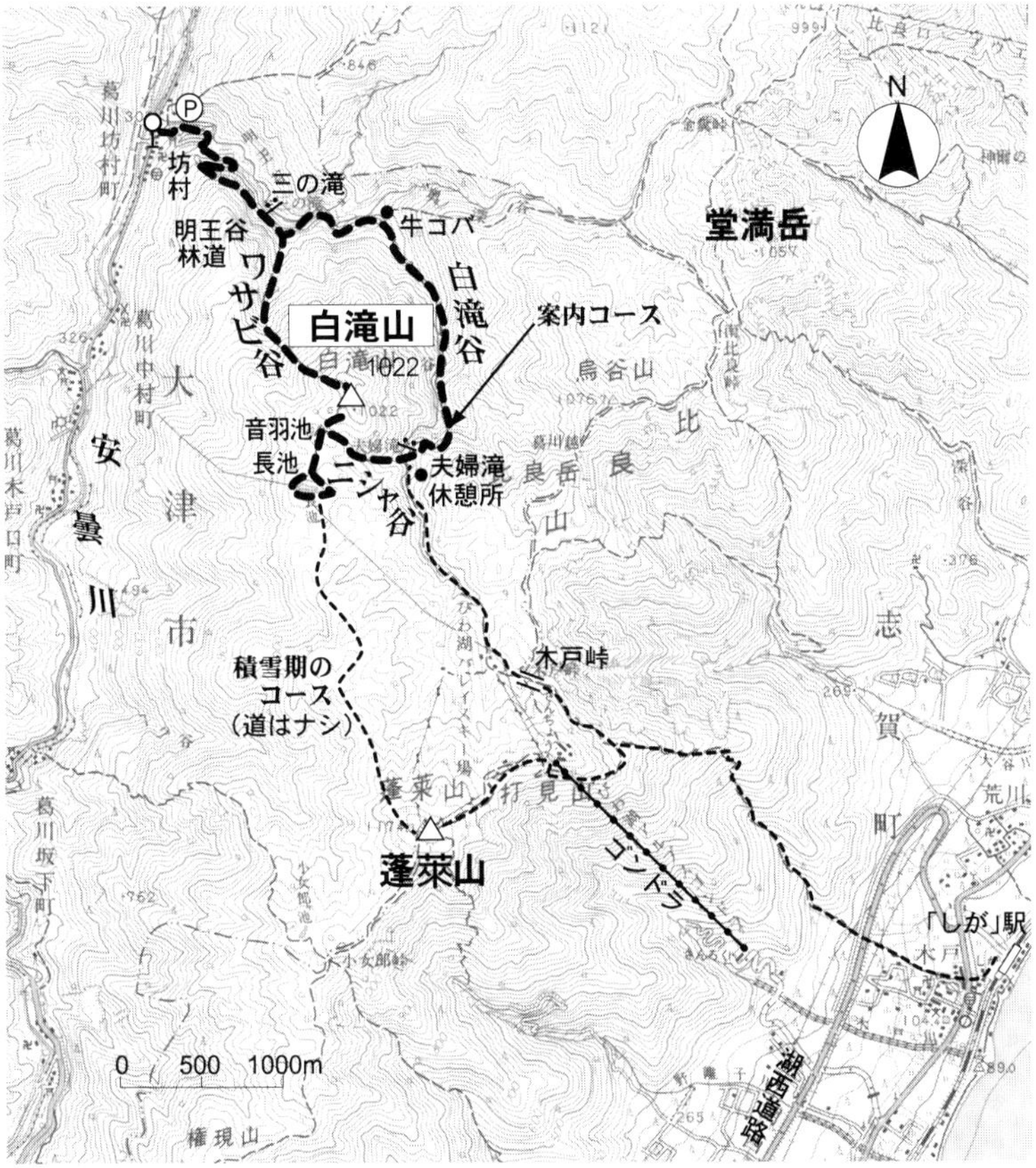

●コース

坊村(40分）→ワサビ谷出合(１時間40分）→白滝山〔池周遊〕(１時間30分）→白滝谷出合（１時間50分）→坊村

●問い合わせ先

大津市観光協会（大津市役所内） 077—523—1234

鈴鹿

綿《わた》向《むき》山《やま》

一一一〇m

〈地形図〉

1/50,000　御在所山、亀山

1/25,000　日野東部、土山

雑木林の道

御在所《ございしょ》山から西に伸びた支稜は、雨乞《あまごい》岳で三本に分かれ、そのうちの一本がこの綿向山に伸びている。県境尾根に勝るスケールを持っているが、中でも綿向山は千mを越す頭を一気にもたげ、近江平野に張り出している大きな山である。

日野川流域の人達から水源の山として敬われており、頂上には日野の馬見岡《まみおか》綿向神社の奥宮が祀《まつ》られている。日野町から日々仰ぐ信仰の山だけに、登山道はよく整備され、休日には多くの人が訪れる。

西明寺《さいみょうじ》からの表参道がメインコースで、七合目付近にはブナの林が残されている。平野から一気に立ち上がっている山だけに、頂上からは大きな眺望が広がっている

●案内コース

北畑《きたばた》から山裾《やますそ》を縫って走る林道の終点が登山口で、登山道は二つに分かれる。表参道は左に谷を渡って杉林の中をジグザグに登っていく。また、右には水無尾根の登山道がある。

何度もジグザグを繰り返す単調な道を登って行くと林道に出合う。林道を右に少し歩き、また左の登山道に入る。五合目の小屋をすぎ山腹道を進むと、道を境に植林と自然林とが分かれており、七合目の行者コバ辺りまでくると、ブナの大きな木の並ぶ美しい林と変わる。ここは行者の修行場の跡で、深い森の香りを漂わせている。さらに進むと金明水があり、ここで登山口で分かれた水無尾根と出合う。やがて笹がでてきて最後の登りとなり、コンクリートの階段状の斜面を登り切ると鳥居が見えて頂上に着く。頂上には綿向神社の奥宮とコンクリートで固めた大きなケルンがあり、鈴鹿南部の雄大な展望が開けている。

さらに竜王山へと縦走を続ける。いったん深い笹の中に入るがすぐに抜けると、右に雨乞岳への尾根を分ける。まっすぐに進むと尾根は急降下の下りとなり、辺りはシャクナゲが続く。五月はほ

ってりとしたピンクの花に彩られる美しい尾根だ。コルまで下るとアカマツの雑木林になり、緩やかな尾根が竜王山まで続く。竜王山に近づくと、西明寺川の源流をはさんで向かい側に、綿向山の大きな山体がどっしりと座っている。竜王山の頂上は芝の小さな広場となり、石仏のような石が祀られている。下山路は山腹にある林道に向けて、気持の良い雑木林の中に続いている。林道に下りると西明寺はもうすぐだ。

●他のコース

他に一般的なコースとして水無尾根がある。また、熊野から文三ハゲを登る道やヒミズ谷道があるが、あまり登られていない。

それと藪があるが雨乞岳からのスケールの大きい縦走コースがある。

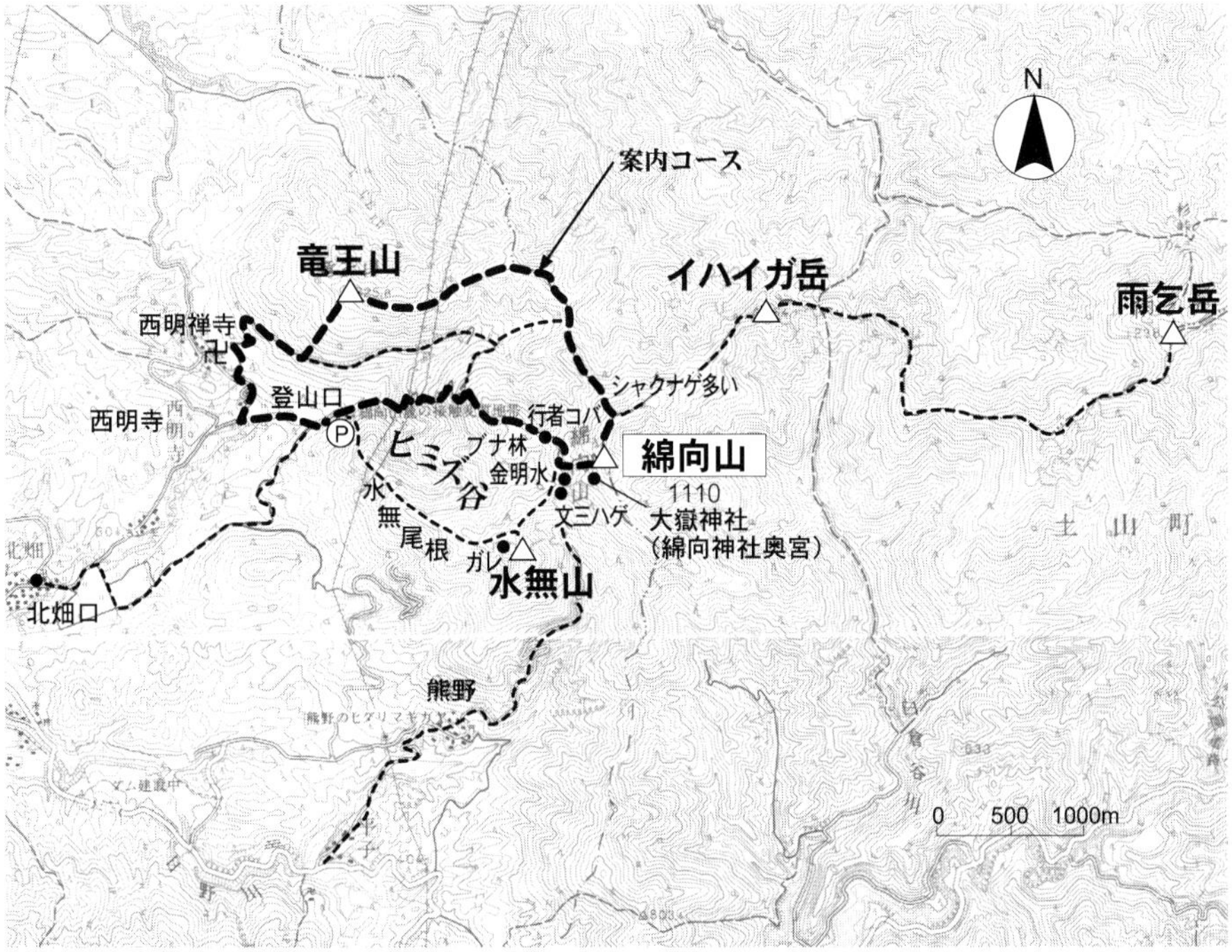

●コース

西明寺登山口（1時間50分）→綿向山（1時間30分）→竜王山（50分）→西明寺

●コースメモ

＊コースはシャクナゲが多く、5月が最も良い季節だ。また、この頃から周辺の鎌掛《かいがけ》のシャクナゲ渓、正法寺《しょうほうじ》のフジ、雲迎寺《うんこうじ》のサツキと見どころも多く、山と併せて楽しめる。

●問い合わせ先

日野町役場　0748―52―1211

比良山地

ツルベ岳《だけ》・地《じ》蔵《ぞう》山《やま》

一〇九八m・▲七八九、七m

〈地形図〉

1/50,000　北小松

1/25,000　北小松

雪のスゲ原

ツルベ岳だけをめざして登る人は少ないのではないだろうか。すぐ南にある比良の盟主、武奈《ぶな》ガ岳にからめて登られることが多いようだ。

しかし、近ごろ朽木《くつき》山行会の方々によって、安曇《あど》川側から北稜に登るしっかりとした道が開かれたので、八淵《やち》の滝などとつないで歩けば、この山が中心となる、素晴らしいコースが楽しめるようになった。

八淵の滝や安曇川側の谷の沢登り、蛇谷《じゃだに》ガ峰までの縦走、北稜の雪尾根歩きや山スキーなど、比良山系は交通の便がいいので、いくつものバリエーションが考えられることだろう。

●案内コース

コース設定が周遊コースとしていないので、マイカーの場合は地蔵峠から下るか、もう少し手前のササ峠付近から黒谷側に下る道があり、行程はハードだが一周できる。この道は生え込んでいるところもあるが、道跡ははっきりとしている。

ガリバー旅行村から八淵谷に降りて登山道を行く。まず魚留《うおどめ》ノ滝があり、次に障子が滝に出合う。ここは水量が多ければすごい迫力となる。流れを渡り岩を登るが、梯子《はしご》やボルトがあるものの、慎重に取り付きたい。これからさらに千変万化する滝が続き、あきることがない。大擂鉢《おおすりばち》のナメ状の美しい流れや、深い岩場に囲まれた屏風の滝や貴船《きふね》の滝など、自然林と一体となった美しい渓谷は、比良の数多い谷々の中でも屈指のものである。

七遍返しの滝を最後に、八淵谷はガラリと様相を変え平流の続く谷となる。登山道はいったんヤクモガ原に登って再び谷へと下ることになるが、八淵谷の平流となった源流はスゲ原という湿地帯となって、緑の空間を開けている。見事な転換ですっかりリラックスさせてくれて、のんびりと湿原の木道を辿《たど》る。春はみどり一色の中に、ヤマツツジが朱の花を鮮やかに際だたせている。湿原の中から道が左へわずかに登ると、もうそこは北稜の細川越である。

ここから北へ一登りでツルベ岳に着く。山頂は樹林の中で北側が少し開けており、蛇谷ガ峰が見えている。一気に下ると左に栃生《とちう》へ下る道が分かれ、これに入る。途中でささ峠からの道、地蔵峠からの道と合流して栃生へと下っていく。マイカーの場合は、さらに地蔵山を越えたすぐの地蔵峠で右に下ると黒谷へと戻れる。

●他のコース

多くのコースが考えられるが、他の山と組み合わせるなら、北の蛇谷ヶ峰から、南の武奈ヶ岳からの縦走や、黒谷から寒風峠、武奈、ツルベ、地蔵と一周して黒谷に戻るのも面白い。

夏の沢登りコースは貫井谷、八幡谷、荒谷、猪谷《ししだに》、横谷など数多い。

冬にはスキー縦走も考えられるが、よほど雪が積もらないと快適には滑れないだろう。

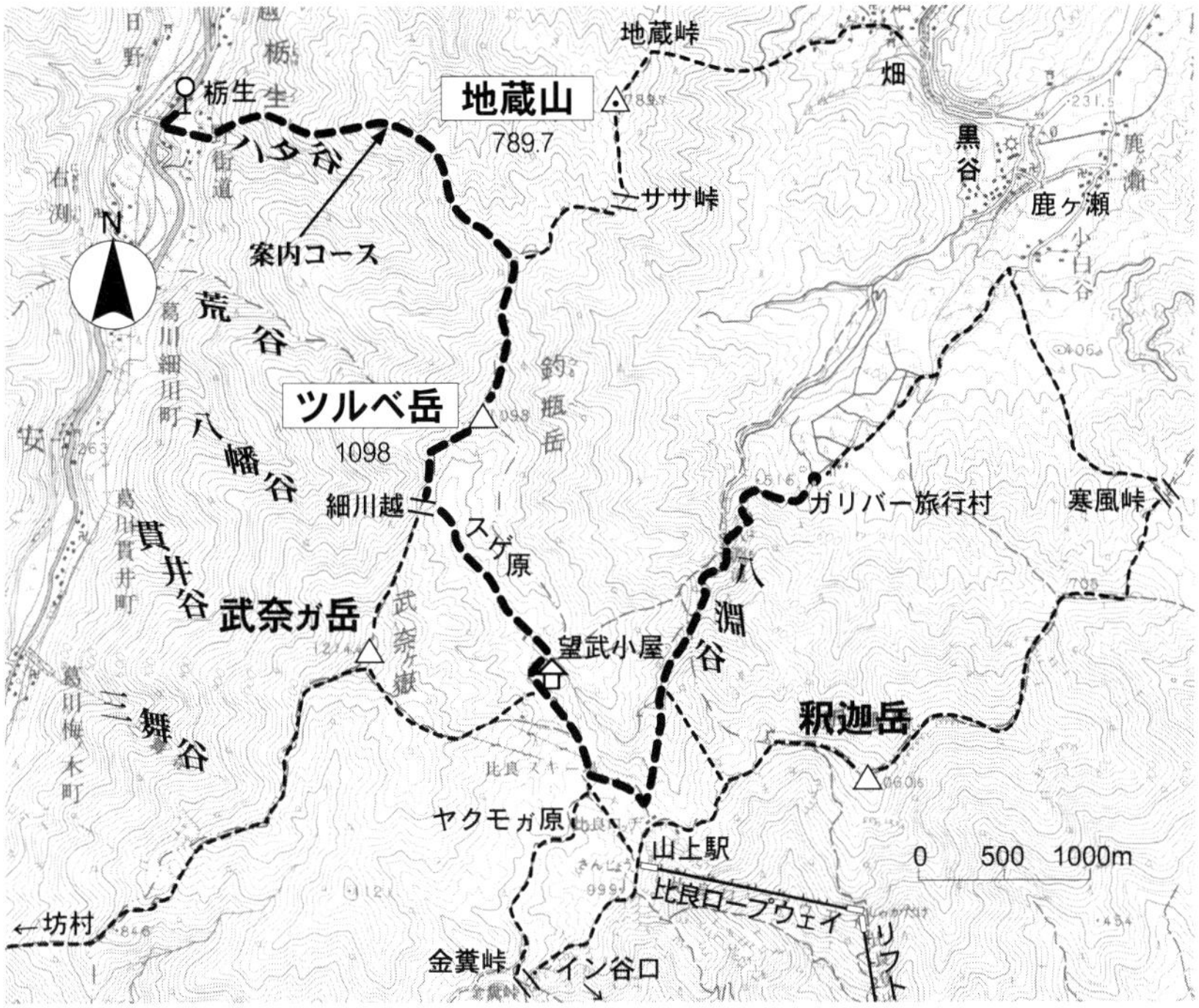

●コース

ガリバー旅行村（２時間）→オガ坂道出合(40分）→ヤクモガ原（１時間）→細川越（30分）→ツルベ岳（１時間50分）→栃生

●コースメモ

＊八淵谷は谷沿いに登山道があり、登山靴でも大丈夫だが、滑りやすいので慎重に取り付いてほしい。

＊バス利用の時は必ずダイヤを確認しておきたい。

●問い合わせ先

朽木村観光協会　0740—38—2398

湖北

己《こ》高《だかみ》山《やま》

▲九二二、六m

〈地形図〉

1/50,000　横山

1/25,000　近江川合

光の中の六地蔵

近江の山には山上や山中に、寺院があったという山が非常に多い。しかもいずれも驚くほど里から遠く離れた山中で、今から思えば、こんな大きなものがどうしてこんなところに、というような奥深いところだ。昔は山と人が、今よりもっと密接な関係であったことがわかる。

己高山は己高山仏教文化圏とよばれるほど、仏教文化が栄えていたようだ。今も山中、山麓には寺院跡が点在し、己高閣《ここうかく》の収蔵庫には往時をしのぶ仏像などが収蔵されている。

それと己高山がよく知られるようになったのに、石道《いしみち》の観音さまがあるが、井上靖の小説『星と祭』に描かれたとおりの観音さまである。素朴な美しさの中に気品を感じる。

また、石道《しゃくどう》寺《じ》のお堂を包む山里の雰囲気も素敵だ。

●案内コース

古橋から山に向かって林道に入る。車の場合はこの林道を奥まで進み、路肩の広くなったところに駐車できる。林道を入って行くと、左上に保養施設の己高庵《ここうあん》がある。風呂もあるので下山してから一風呂浴びて帰るのもいいだろう。

暗い杉林の道を進むと、林道は二つに分かれるが、右に入る。そしてもう一度分岐があって、左に入って少し進むと、右に尾根へと登る登山道がある。

尾根道は急だが良く踏まれ、自然林に包まれている。次第に傾斜も緩くなり、伐採地に出ると六地蔵がある。寺院跡で台地状となったところに石仏が並び、背後は自然林で前方は刈払われて、大きく展望が開けている。

開けた尾根を進むと、左の谷から登ってきている道と合流し、やがて尾根の右側を巻いて行くと、石塔の建つ平坦地となる、鶏足《けいそく》寺跡に出る。あたりは細い流れがあって湿地状となり、緑の光りがあふれる美しいところだ。

寺跡から右側を回り込むように登っていくと、頂上に着く。頂上は広く伐《か》り開かれているが、笹と樹林に囲まれあまり眺望はきかない。

下山路は、往路を下るか、石道寺跡へのコースもある。

●他のコース

石道寺跡へのコースは、私自身歩いていないが、この道を下りて、石道の観音さまを拝観したり、飯福《はんぷく》寺跡を歩くのもいいだろう。お堂から背後の斜面を登って尾根を越えると、茶畑が広がっている。観音堂から飯福寺周辺は、散策するには気持の良い林が続いている。茶畑に出てそのまま進むと、もとの林道に戻れる。

古橋の己高閣も拝観できるので、己高山の歴史や文化にもふれてみたい。

積雪期にも、この己高山は里から近く、取り付きやすい山である。晴れていれば稜線からの眺望は素晴らしく、無雪期とはひと味違う展望が広がっている。スキーでも一度登ったことがあり、かなり下まで滑ることができたが、最近の雪の量では難しいかもしれない。

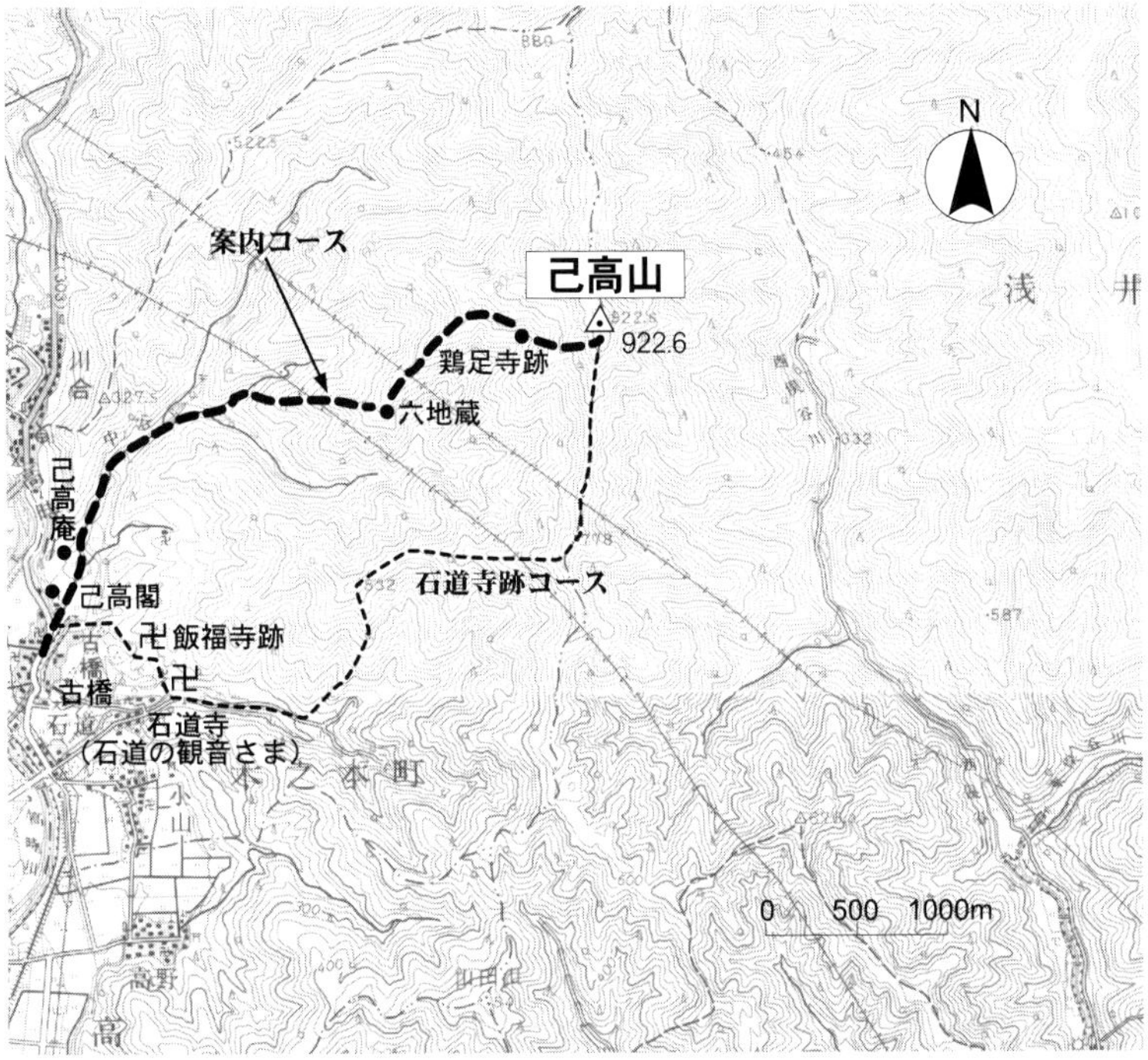

●コース

古橋（1時間）→林道登り口（2時間）→己高山（2時間）→古橋

●コースメモ

＊マイカー登山の場合は、駐車場所には十分注意をはらってほしい。
＊麓の己高庵では宿泊できるが、食事や入浴だけも可能。

●問い合わせ先

木之本町役場　0749―82―4111

鈴鹿

天《てん》狗《ぐ》堂《どう》

九八八m

〈地形図〉

1/50,000　彦根東部

1/25,000　竜ガ岳

今まで登山者にあまりなじみがなかったということが、不思議な気がするほどの印象的な頂上である。天狗堂の名にふさわしいその突き出した頂上の岩からは、鈴鹿北部の山々の大パノラマが開けている。標高は低くとも美しい三角錐《すい》のピークだけに、周辺の山に登っていても、すぐこの山と指せるほど特徴のあるピークである。

　近頃登山者が見られるようになったのは、山の南側の山稜が伐採、植林され、そのための仕事道が利用できるようになったためだろう。しかし、北側はまだ藪に閉ざされており、快適に歩けるのは残雪期のみである。

●案内コース

　登山口の君ケ畑は路線バスが通じているものの、かなり奥深い山里である。付近の車道では散歩する猿と出合うことがよくある。この君ケ畑は手前の蛭谷《ひるだに》とともに、全国の木地屋の根元地として知られている。その総元締めというべき大皇《おおきみ》器《き》地《じ》祖《そ》神社の横が登り口で、参道と茶畑の間から登って行く。この道はテレビの共同アンテナのための道で、登るにつれ常緑樹から落葉樹の明るい林と変わる。緩やかに広がる稜線に出ると伐採、植林されており、何年か前までは植林の木々がまだ成長していなかったため、草原のような雰囲気だったが、近頃は樹木も高くなり、かなり歩きにくくなった。大きなアカマツが目立ち、行手には天狗堂の三角錐のピークが天を突き上げている。植林地を進み、その三角錐の斜面にかかると傾斜は急になり、自然林の中に入る。あまりはっきりとはしない踏み跡を追って大きな岩の間を縫って登って行くと、やがて尾根が平坦になってそこから少しで、頂上に着く。突き出した東側がスッパリ切れている岩に登ると、御池《おいけ》岳のワイドな山稜、ピークを連ねる藤原岳、銚子岳、静ガ岳などが大きく広がる展望が展開している。また、眼下には緑の中を御池川がうねりながら深い谷を刻んでいる。

　ゆっくりと眺望を楽しんだら、再び登ってきたコースを下ることになる。

天狗堂を見上げる

●他のコース

天狗堂にはもう一つコースがある。君ケ畑の集落からさらに二〇分ほど奥へと林道を歩くと、左の杉林の中に天狗堂登山コースの標識がある。私自身はまだこのコースは歩いていないが、道はそんなに良くないようである。天狗堂の頂上のすぐ下にでるので、頂上への最短コースとなるだろう。下山コースに向いているようだが、あまりしっかりとした道ではないので、踏み外さないように注意したい。

残雪期には無雪期では歩きにくい天狗堂からさらに北に足をのばして、サンヤリあたりまで歩くと良い一日コースとなる。ただ林道歩きが長くなるのがつらい。

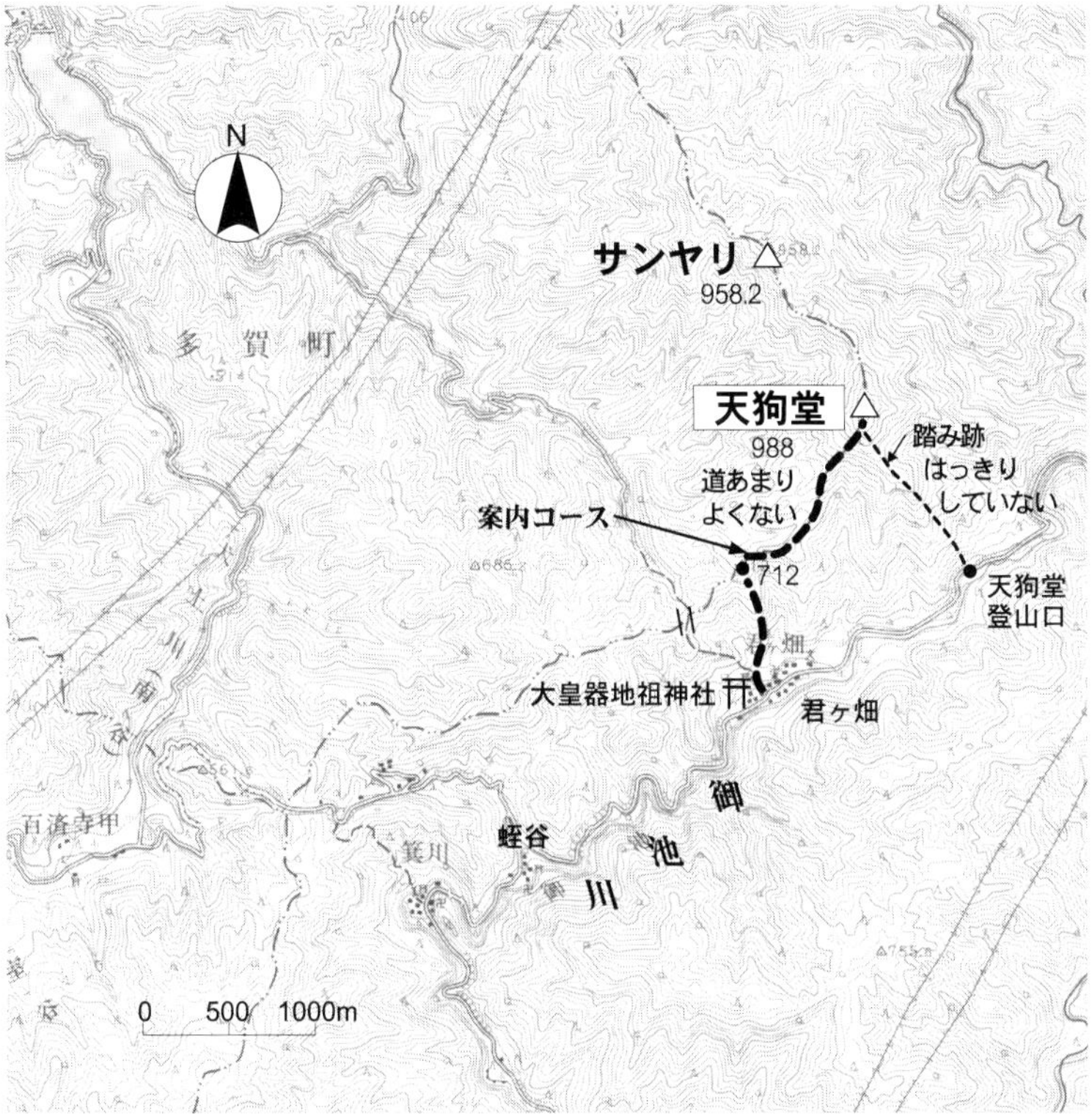

●コース

君ケ畑（30分）→712m（１時間40分）→天狗堂（１時間40分）→君ケ畑

●コースメモ

＊案内コースは植林地部分の藪の生え込みがあり、場合によっては藪こぎとなるかもしれない。
＊君ケ畑には木地屋のミニ資料館がある。時間があれば立ち寄ってみたい。

●問い合わせ先　永源寺町役場　0748―27―1121

湖北

金《かな》糞《くそ》岳《だけ》

一三一七m

〈地形図〉

1/50,000　横山、長浜

1/25,000　近江川合、虎御前山

県境尾根からの金糞岳

近江の山々のなかで一番最後まで雪を残しているのが、この金糞岳である。周囲の山々がすっかり枯れ木色に染め変えられても、美しいラインで長く尾を引く金糞の頂上部は、まだ白く輝いている。波頭のように連なる美濃の山々と接する奥行きと、ケレン味のない堂々とした姿に、すごく魅力を感じる山である。

ところが近頃、林道が伸びて登山道のある中津尾をまたぎ、すっかりと浅い山に変貌してしまったのには、いささかがっかりしている。登山者にとって手軽に登れるようになったのもいいが、便利さと引き換えられた代償は決して小さくない。

しかし、中津尾に林道が越えてしまったが、いくつかまた手応えのあるコースが開拓されている。

●案内コース

二股《ふたまた》キャンプ場を基点に、中津尾を登って花房尾《はなぶさお》を下る設定にした。かなりハードなコースなので、日の長い季節を選びたい。

キャンプ場から東俣《ひがしまた》谷に沿う旧林道を進んで、追分《おいわけ》から中津尾に取り付く。急登のよく踏まれた道だが、最近は林道が横断する上部から登られるようになったので、下部はあまり登られなくなっている。植林帯と自然林が入り混じり、春の花は少ないが、初夏にはササユリが点々と花をつける。途中二度、林道が横断し、さらに登ると、金糞岳のピークが見える小朝《こあさ》の頭に着く。

いったん下って最後の金糞の登りにかかる。右側がところどころ開け、近くのブンゲンや貝月《かいづき》山から、さらに美濃の山々の眺望が楽しめる。金糞岳の頂上は灌木に邪魔されてすっきりとはしないが、だだっ広く開けている。

大きな斜面を下り、所々に岩が出ている尾根を登り返すと白倉だ。ここからは踏み跡も薄くなるので慎重に歩きたい。左に歩いてきた中津尾を眺めながらの下りで急なところはほとんどない。八草峠、己高山へと二か所の分岐を分け、樹林に囲まれた奥山の頂上までくるとほっとする。

奥山からしばらく下ると、伐採地に出て西俣谷が見渡せる。道がわかりにくいところがあるが、古い道が残っている。最後は急な下りとなり、長い一日も終わりに近づきやがてキャンプ場に出る。

●他のコース

林道が中津尾を二度横切っているので、車で入れば頂上まで一時間あまりの道のりである。また、花房尾から八草峠や己高山への尾根にも踏み跡がある。道はよくないので、上級者向けとなる。

もう一つ古くからある深谷《みたに》コースがあるが、このコースも近頃あまり歩かれていないので、道ははっきりとしていない。

●コースメモ

＊中津尾は山スキーでも素晴らしい尾根である。

＊八草峠から登る場合、国道三〇三号線はよく通行止めとなるので注意が必要。

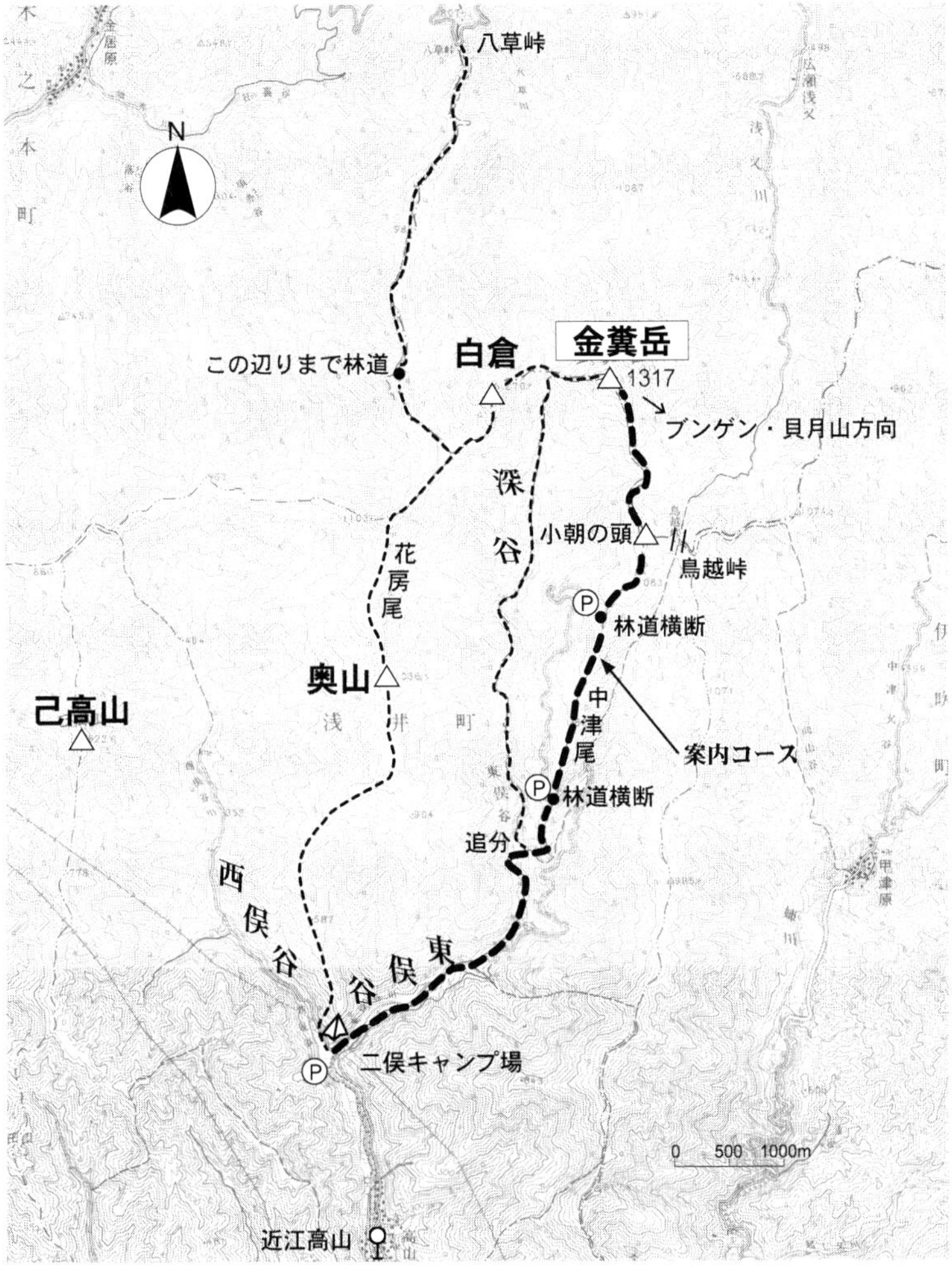

●コース

二股キャンプ場（50分）→追分（２時間）→小朝の頭（45分）→金糞岳(25分）→白倉(１時間30分）→奥山(１時間20分）→二股キャンプ場

●問い合わせ先　浅井町役場　0749―74―3020

鈴鹿

三《み》池《いけ》岳《だけ》

▲九七一、八m

〈地形図〉

1/50,000　御在所山

1/25,000　御在所山、竜ガ岳

鈴鹿中部の県境稜線の釈迦《しゃか》ガ岳や三池岳辺りでは、東面と西面は極端な地形の違いを見せている。

西側の滋賀県側は、県境尾根と平行して神崎川が流れており、稜線から仙古《せんこ》谷、赤坂谷、ツメカリ谷、白滝谷といった神崎川の支流が緩やかに流れを落としている。その谷々は緑の光があふれる雑木林に包まれ、白い花崗《かこう》岩の上を滑るように澄明な水が流れ、一種独得の雰囲気を創り上げている。

そんな谷を詰め上げた三池岳の三角点ピークは、三重県側にある。県境尾根上では非常に地味な存在だが、西面の谷や山上の御池《みいけ》、八風《はっぷう》峠路など、見るべきところの多い味わい深い山である。

山名の由来となった御池

●案内コース

〈沢登りコース〉

設定したコースはかなりのハードなコースである。沢登りだけを楽しむのなら、稜線に出てピークには登らずに、中峠から八風谷、もしくは仙古谷を下れば時間は短縮できる。

杠葉尾《ゆずりお》の奥の神崎川の発電所辺りから川に入って、仙古谷出合いまで行く。仙古谷も神崎川右岸側支流特有の明るさを持ち、滝は高くないが釜や淵が大きくて、水が美しい素敵な谷である。下部の本流部は鬱蒼《うっそう》とした樹林の中に、ゴルジュや淵が何か所か現れる大まかな渓相だが、二股から右の赤坂谷に入ると、ナメ滝がいくつも続く明るい谷に変化する。明るく開けた谷間に大きな岩盤のナメ滝がいっぱいに広がり、飛沫を浴びながらの楽しい登りだ。次々と現れるナメ滝は難しい滝は一つもなく、夏の日差しをいっぱいに浴びて、沢登りの素晴らしさを満喫できるだろう。滝群が終わると、稜線まで蛇行した緩やかな流れが続く。稜線に出ると左へ八風峠から三池岳に向かう。

三池岳は県境から少し三重県側に入った静かな山頂だ。下りは道の荒れた八風峠路から国道四二一号線にでるが、最後は長い車道歩きとなる。

●他のコース

三池岳の一般的なコースは、八風峠路の三重県側からの道で、八風東谷から八風峠、三池岳に登り、御池からそのまま尾根を元の八風東谷に下るコースである。峠路の滋賀県側は荒れているが、三重県側は落ち着いた風情のある道で、特に最後の尾根に乗ってから峠までの間は美しい道だ。一方、滋賀県側は植林帯が多く、歩く人も少なく下部はしっかりとしているが、登るほどに藪がかぶってくる。中峠の道は三重県側は最近歩く人が少なくなっている。滋賀県側は峠から仙古谷を下って途中から右に尾根を越えて八風谷に下る道はよく踏まれている。

ほかに三重県側の栗木谷右岸側にある岩ガ峰尾根にもかすかに踏み跡が続いているが、静かで良い尾根である。

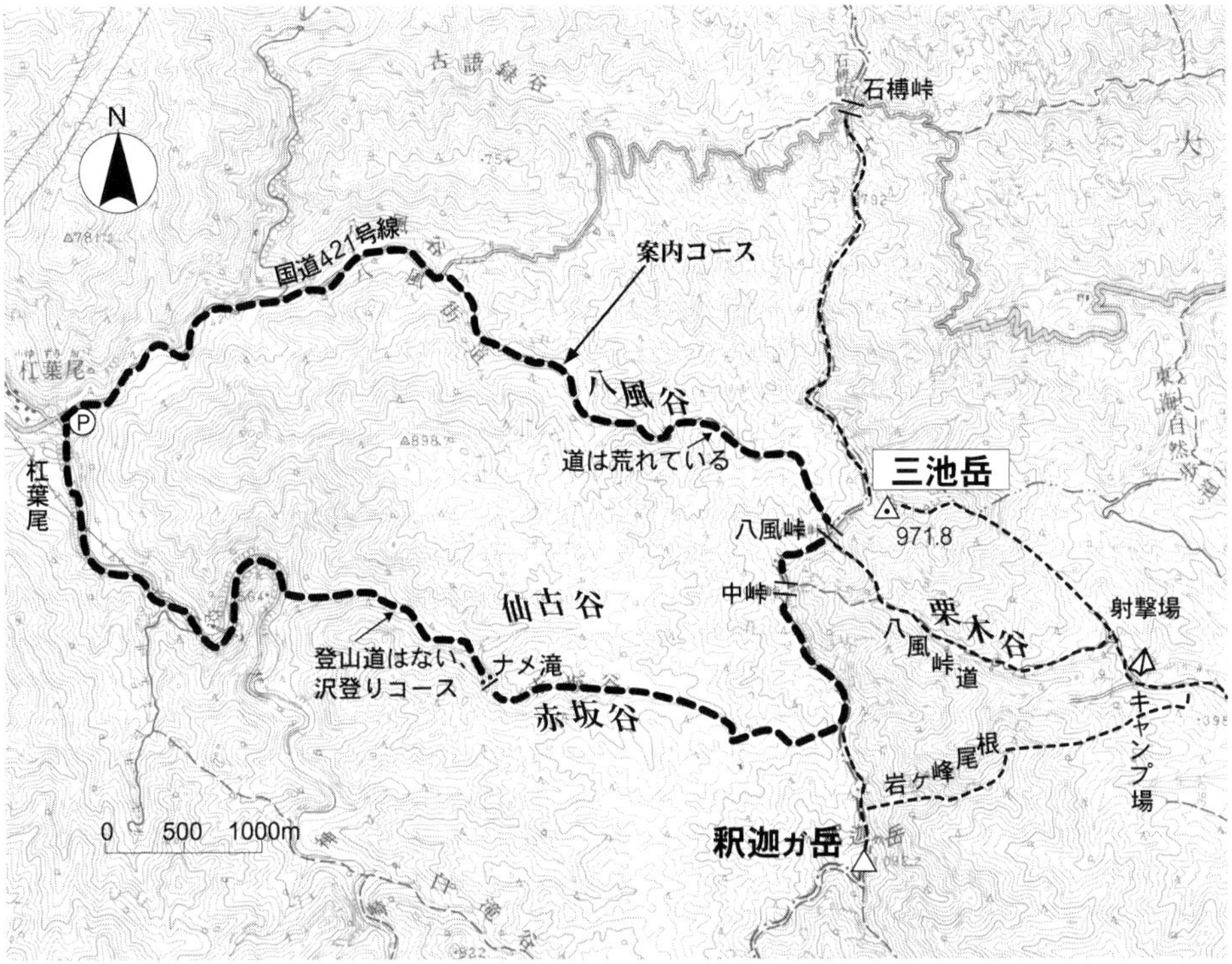

●コース

杠葉尾（50分）→仙古谷出合（1時間30分）→赤坂谷出合（2時間10分）→稜線（1時間）→三池岳（1時間30分）→八風街道（1時間10分）→杠葉尾

●コースメモ

＊案内の沢登りコースは難しいルートではないが、安易な気持ちで取り付かないこと。必ず経験者のリーダーのもとで、完全な装備を整えて登ってほしい。

●問い合わせ先

永源寺町役場　0748—27—1121

湖北

呉《くれ》枯《こ》ノ峰《みね》

▲五三二、五m

〈地形図〉

1/50,000　敦賀

1/25,000　木之本

呉枯ノ峰という名前を掲げているが、正直言って呉枯ノ峰はあまり魅力を感じる山ではない。実質的には菅山寺《かんざんじ》を紹介したいと思う。その理由は登ってみればすぐにわかると思うが、菅山寺周辺の樹林の美しさにある。五〇〇m程度の標高なのに、ブナなどの自然林に覆われた山である。

登山道を登って行くと、菅山寺と呉枯ノ峰の分岐があるが、ここから菅山寺の寺域に踏み込むと、今までとまったく違った雰囲気に包み込まれる。

菅山寺は無住の山寺だが、立派な本堂があり、周辺は素晴らしい自然景観に守られている。しかも車で登ってこられないので、静寂なことこのうえない。

庫裏の前の広場から二本の大ケヤキが峙つ山門をくぐり、坂道をたどって本堂に至り、さらに池を巡って一周するコースは、四季を通じて歩いてみたくなるコースである。

ついでに付け加えると、呉枯ノ峰は菅山寺の分岐から稜線をまっすぐ登ると、広場状になった頂上に着く。展望のきかない植林地の中である。

●案内コース

坂口集落の中に鳥居が立つ菅山寺の登り口がある。北陸自動車道をくぐり、つづら折りの登山道にかかる。アカマツの雑木林の広い道で、道沿いには石仏がところどころに祀《まつ》られている。ゆっくりと登りたくなる緑の美しい道だ。やがて右側が開けた菅山寺への分岐に着く。ここは変則の四差路で、湖北の平野が眺められる。

広い道を下って菅山寺の寺域に入って行くと、素晴らしいブナの林に包まれ、がらりと雰囲気が変わる。大きなケヤキが山門の両側に立ち、その前は今も建物はあるが、宿坊の跡の広い平坦地となっている。それにしてもすごいケヤキで、菅原道真公お手植えのケヤキといわれている。生命力に満ちあふれ、まさに神が降臨して永遠の力を与えられたかのようだ。

登山口・坂口の美しい農家

山門をくぐっていくと本堂があり、正面の道を下って池に出る。庭園のように造作されているようだが、自然のなすがままにおかれている。横には天神《てんじん》社があり、ぐるりを一周して坂道を登ると、もとの分岐に戻る。

呉枯ノ峰に向かう。尾根はアカマツの雑木と植林で、菅山寺の森を歩いてきた目には、味気なく力が抜けたようになる。途中で田上山への道の分岐のある峠から少しの登りで呉枯峰の頂上に着く。一等三角点だがササや樹林に囲まれて、ほとんど展望がきかない。

下山は、マイカーの場合は往路を戻ることになるが、道はそのまま尾根通しに南下し、伊香《いか》高校から木之本地蔵で有名な浄信寺にでる。木之本の商店街を抜けると、ＪＲの木之本駅に着く。

●他のコース

呉枯ノ峰には、私は歩いてみていないが、戦国期に砦があったという田上山からのコースがある。また、菅山寺には高時川の方からも道が上がっている。

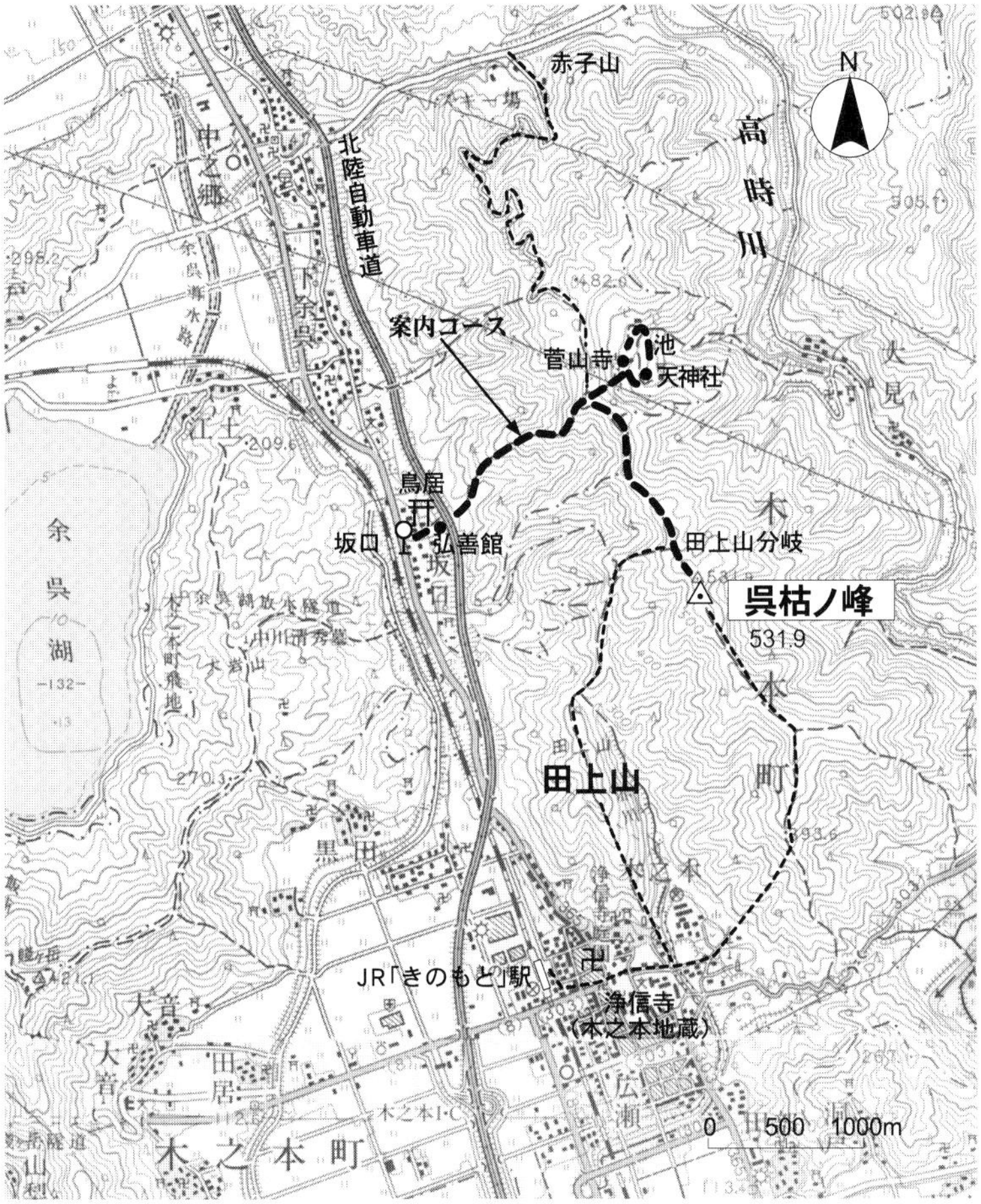

●コース

坂口（１時間）→呉枯ノ峰分岐（10分）→菅山寺（10分）→呉枯ノ峰分岐（35分）→呉枯ノ峰（１時間40分）→ＪＲ木之本駅

●コースメモ

＊菅山寺は自然林が多いのでどの時期も美しい。

●問い合わせ先　木之本町役場　0749―82―4111

鈴鹿

釈《しゃ》迦《か》ガ岳《だけ》

▲一〇九二、二m

〈地形図〉
1/50,000　御在所山
1/25,000　御在所山

豪快に落ちる庵座の滝

釈迦ガ岳は、伊勢の平野から見ると、ガレをあらわにして鋭く切れ落ちたピークをもたげているが、近江側の周辺の山から見ると、ゆったりと広がってしまりがない。三重県側から見た釈迦ガ岳は、どこにいったのかと思うほどだ。この山には朝明《あさけ》を基点として実に多くのコースを延ばしており、山登りとしては三重県側からだけの山という観がある。しかし、鈴鹿の山を歩けば歩くほど、その良さは鋭いアルペン的なものよりも、対極の近江側の雑木林にあることに気づくようになった。ゆるやかに流れる渓谷と底抜けに明るい雑木林は、一見平凡に見えるが、実は近郊の山々に失われた貴重な美しさが残された山だということを、この辺りの山を歩いて見れば思い知らされることだろう。

●案内コース

〈渓流を楽しむ〉

このコースは渓流の美しさを楽しむコースで、かんじんの釈迦ガ岳には登らないので、釈迦へ登るコースと二つ併せて紹介したい。

朝明から稜線近くまで続いている林道からハト峰峠に登り、県境稜線を北へ辿《たど》って、滋賀県側の白滝谷を神崎川に向けて下る。本流に出合ったところで、谷に沿った険しい道を上流に向かうが、この部分が神崎川の核心部で、天狗滝でその渓相はクライマックスに達する。特に紅葉を流れに映す秋は息を飲む美しさだ。滝に下れる道があるので、ぜひその錦秋の渓谷美を堪能してみたい。さらに上流に向けて神崎川を遡ると、左から流れ落ちるヒロ沢と出合う。この出合から渓相は一変し、谷は明るく広がり雑木林の緩やかな道が続く。ここでヒロ沢を登ってもいいし、さらに上流の下水晶谷やタケ谷のどこを登っても朝明に戻れる。時間があればタケ谷出合まで神崎川を歩いてみたい。タケ谷から伊勢谷を下る道は千草越えとして知られた歴史の道だ。

〈釈迦ガ岳に登る〉

このコースは朝明から釈迦ガ岳へのメインコースともいうべき道で、豪快に落ちる庵座《あんざ》の大滝と、大陰と呼ばれる一気に切れ落ちる荒々しいガレ場のアルペン的風貌が見どころである。

朝明のバス停から庵座谷に沿って登って行く。よく踏まれた道で迷うところはないが、滝の高巻きやガレの登りではスリップ、落石には充分に注意したい。松尾尾根に出てからすぐ県境尾根に合流すると、右へ数分で頂上に着く。頂上は狭くて眺望もあまりきかないので、昼食は松尾尾根の大陰辺りのほうが快適だ。下山路の松尾尾根もしっかりと踏まれているが、ガレ場の通過には気を付けたい。

●他のコース

滋賀県側からはコースが長くなるが、瀬戸峠からの白滝谷道や八風谷道などがある。また、沢登りのコースとして赤坂谷、ツメカリ谷、白滝谷などがある。

●コース

〈渓流を楽しむ〉　朝明（1時間）→ハト峰峠（1時間）→神崎川白滝谷出合（20分）→天狗滝（40分）→ヒロ沢出合（1時間10分）→タケ谷出合（30分）→根の平峠（50分）→朝明

〈釈迦ガ岳に登る〉　朝明（1時間50分）→庵座大滝（1時間50分）→釈迦ガ岳（25分）→松尾尾根分岐（1時間10分）→流れ谷バス停

●問い合わせ先　菰野町役場　0593―93―1121

湖西

皆《みな》子《ご》山《やま》

▲九七一、五m

〈地形図〉

1/50,000　北小松

1/25,000　花背

緑豊かなツボクリ谷

皆子山は京都北山らしい山である。さして特徴のない平凡な山だが、いつ訪れても登る人が結構多い。というのも、この山が京都府の最高峰であるということがあるのだろう。

しかし、近頃二度ばかりこの山に登る機会があって歩いて見たが、平凡な中にも味わいのある山だなと思った。歩いたのは足尾《あしび》谷からツボクリ谷を登ったのだが、思っていたよりも自然林が多く、緑が美しかった。それと流れが清冽《せいれつ》で、水と緑のマッチングがすごく良く、歩いていても非常に気持ちが良かった。

寺谷や皆子谷も歩いてみたが、ツボクリ谷がコースに変化があって一番優れていた。やはり樹林と流れの美しさの差だろう。

●案内コース

皆子山への三つのコースのうちでは、無雪期には足尾谷からツボクリ谷を登りのコースにとるのが、一番いいように思う。新緑や紅葉や流れの美しさをゆっくりと楽しみながら登りたい。

足尾谷の谷沿いの林道を登って行く。自然林が多く、林道を歩いていてもあきのこない道だ。林道も寺谷側の安曇《あど》川本流に沿った林道のように広くなく、登山道を歩いているのとあまり変わりがない。

林道から登山道に変わるとすぐ、丸木橋で流れを渡る。左に小屋があるところから高巻き気味となり、再び谷に近づいて丸木橋を渡るところが、ツボクリ谷の出合である。道は自然とツボクリ谷に入るようについている。ツボクリ谷は滝も多く清涼感あふれる変化のある谷だ。滝を高巻くところもあるが、道はしっかりしている。この流れがおだやかになると、巨大なトチの木と出合う。その下は小さな広場となり、良い休憩場所となっている。やがて谷が二つに分かれ、左の小さい谷に入る。傾斜が増し、さらに分かれる谷の右に入るころには、水流はすっかり小さくなっている。流れがなくなると、左の尾根へ移りぐんぐん登ると頂上に着く。最後まで自然林のままで緑陰が続く気持のいい登りである。頂上は東側が伐り開かれ、比良の山々が眺められる。

下りは尾根を南にしばらく下ると分岐があり、右に急な斜面を下ると皆子谷の道だ。どちらを下ってもいいが、平《だいら》に出る場合は、皆子谷を下ると少し距離が長くなる。寺谷コースの方が歩きやすいだろう。安曇川の本流に出て林道を左に下ると平に出る。

●他のコース

寺谷コースが最も楽なコースだが、伐採地があり夏は暑いコースとなるかもしれない。

冬の登山の場合は、取り付きやすい寺谷を往復するか、下りは皆子谷をとるコースがいいだろう。

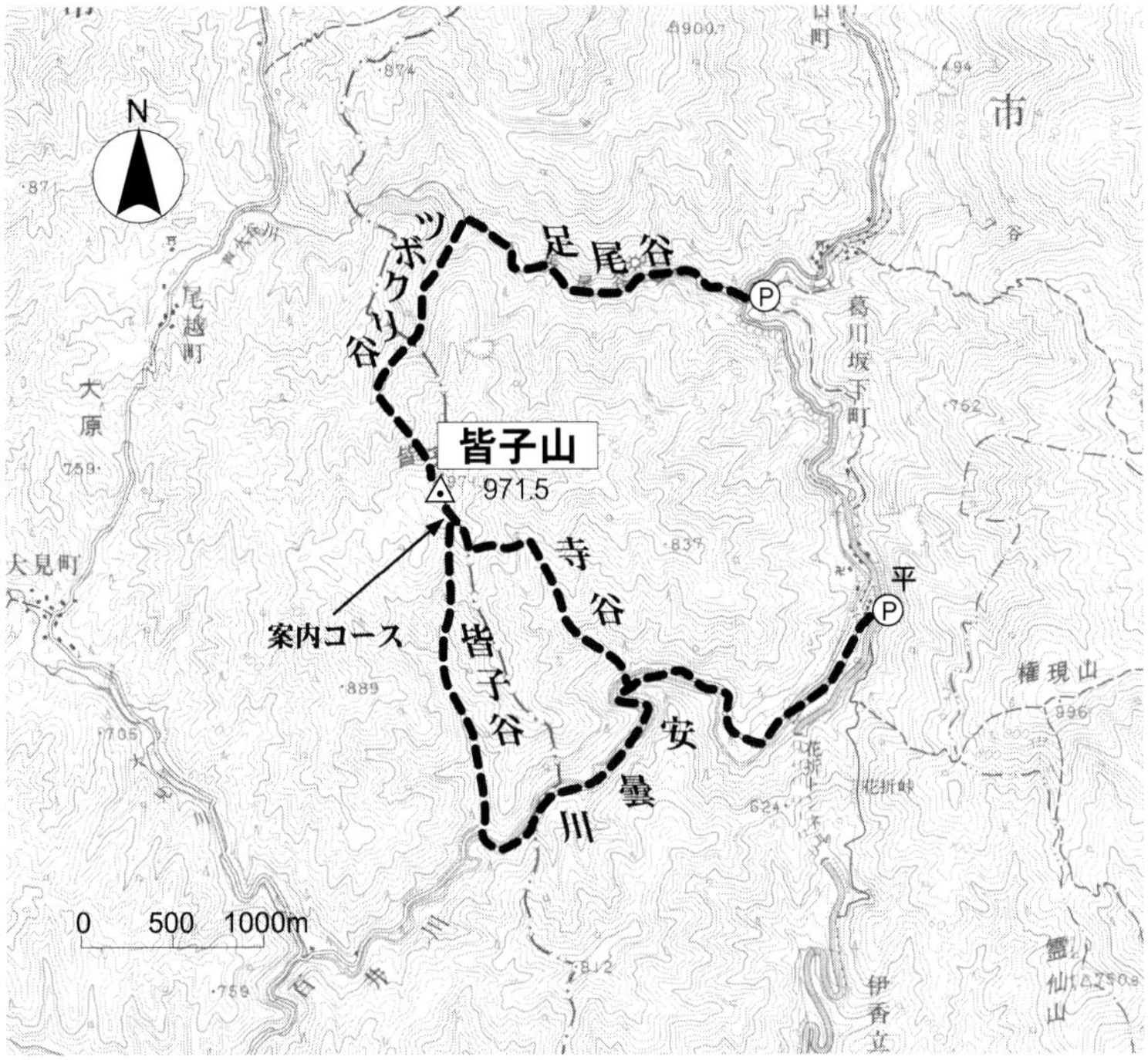

●コース

足尾谷出合（40分）→ツボクリ谷出合（２時間）→皆子山（１時間10分）→安曇川出合（１時間50分）→平

●コースメモ

＊いずれも安全なコースだが、ツボクリ谷は滝の高巻きなどもあるので、注意したい。
＊マイカー登山の場合、足尾谷出合に数台置ける。

●問い合わせ先

大津市観光協会（大津市役所内） 077—523—1234

湖北

七《な》七《な》頭《ず》ガ岳《たけ》

▲六九三、一m

〈地形図〉

1/50,000　敦賀

1/25,000　木之本、中河内

コアジサイの咲く頂上

高時川《たかとき》に沿って進むと、福井、岐阜の県境まで山また山が最奥の三国岳まで続いている。どの山もほとんど登山道といったものもなく、取り付きにくい山ばかりだが、魅力のある山々である。この七七頭ガ岳は、高時川奥山の入口にあたる湖北の入門コースといった山だが、登山道はしっかりとしていて取り付きやすく、奥山の雰囲気が感じられる山である。

七七頭ガ岳は湖北の山里のすぐ上にある山で、バスの便もありアプローチには恵まれている。標高こそ低いものの、深山の香りを手軽に味わえる。それに何よりも麓の高時川のほとりの上丹生《かみにゅう》からの姿がいい。美しいその姿はもちろんのこと、高時川の流れと上丹生の里とが一体になった風景に魅力を感じるのである。

登山道は、上丹生からと菅並からの二コースがある。頂上には西林寺《さいりんじ》というお堂があり、ブナの林もわずかに残されている。山頂直下には、るり池と呼ばれる水が湧き出しているところがある。

●案内コース

上丹生からの同じ道の往復コースとしている。菅並《すがなみ》へと下るコースがあるが、マイカー登山の場合は、車道を上丹生まで歩いて戻らねばならない。

上丹生で道路は高時川を渡っているが、橋を渡らずに高時川の右岸の道を行く。しばらく歩くと林道は終わるが、マイカーの場合はこのあたりに駐車できる。

左からの小さな谷を渡ったところから尾根への登りが始まる。ここにはクマに注意の札がつけられている。急な登りの深く掘り込まれたジグザグ道で、すぐに道が二つに分かれるが、右の尾根道に入る。しばらく急登が続くが、やがて緩やかな尾根となり、左側が伐採された斜面となる。伐採地に出てみると、湖北の山々の眺望が開けている。尾根はもう一度きつい登りと変わっていく。初夏の頃にはササユリの花の続く道である。頂上に近づいてくると、自然林も多くなり、登山道沿いの大きなブナの木と出合うと、しばらくで頂上に着く。頂上は西林寺というお堂が建ち、その前が広場となり、南西側が開けて眺望がきく。頂上から西に少しばかり下ると、るり池がある。池といっても谷の源頭に水が浸みだしているだけで、普通の池の概念とは違っている。

菅並へのコースはお堂の裏手から下っているが、下山は往路を下る。

●他のコース

登山道はこの二コースだが、残雪期に頂上からはさらに北へ、妙理《みようり》山まで足を伸ばして洞寿院《とうじゆいん》に下るのも、良い一日のコースとなるだろう。

無雪期はヤブコギとなるので、雪の残る季節をおすすめする。菅並の奥の洞寿院も静かな山の寺である。

●コースメモ

＊四季を通じて歩けるが、雪深い山里だけに新雪期は避けて、雪が締まる三月以降に訪れたい。六月頃にはササユリが多く咲く。上部は自然林が残っているので、新緑、紅葉も美しい。

＊バス利用の時は必ずダイヤを確認しておきたい。

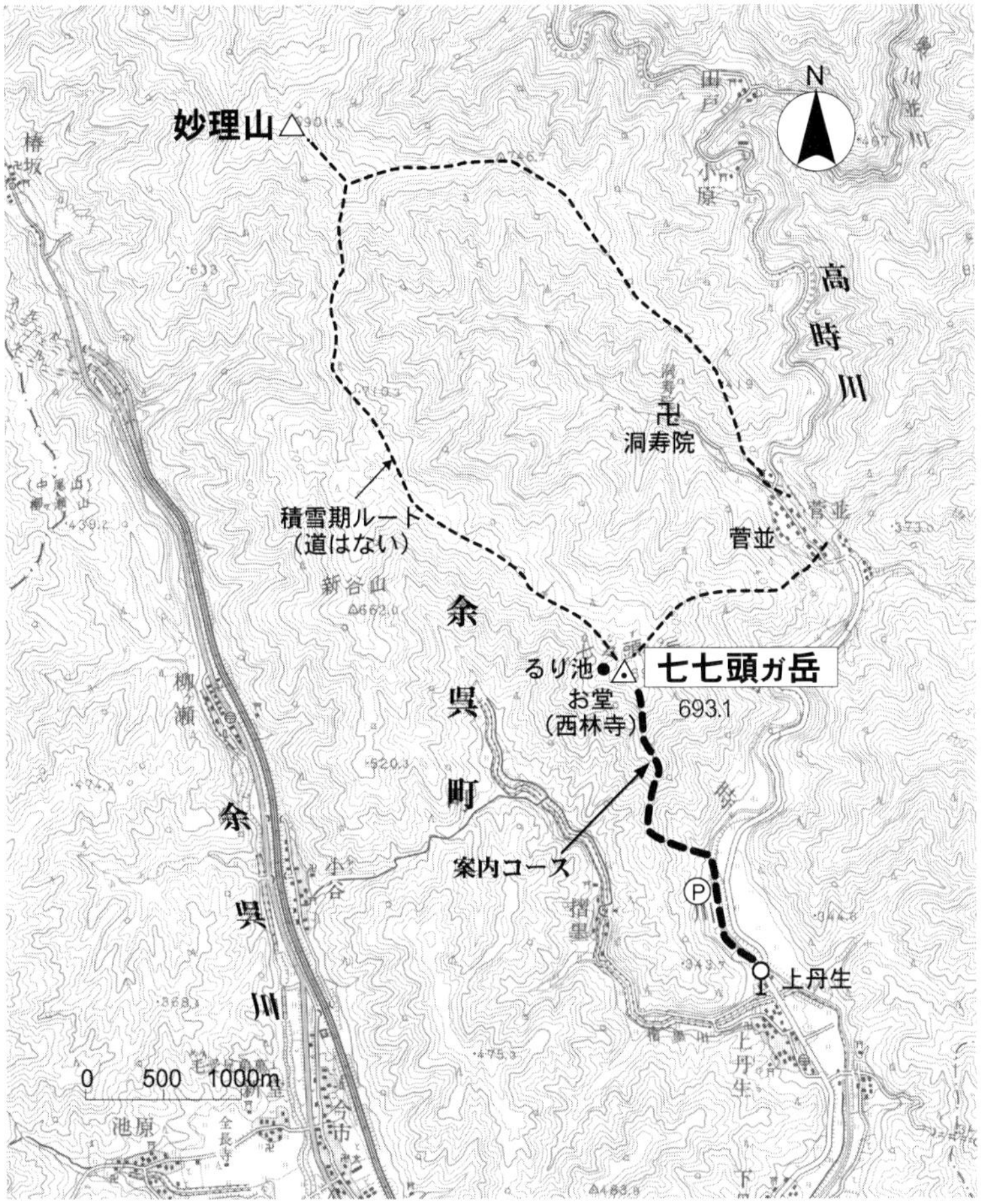

●コース

上丹生（１時間40分）→七七頭ガ岳（１時間10分）→上丹生

●問い合わせ先

余呉町役場　0749—86—3221

鈴鹿

御《ご》在《ざい》所《しょ》山《やま》

▲一二〇九、八m

〈地形図〉

1/50,000　御在所山

1/25,000　御在所山

たかだか一二〇〇m程度の低山で、これほど素晴らしい山があるだろうか。伊勢側から見上げる、鎌ガ岳と肩を並べながら天空に突き上げている御在所の姿は、見る角度によってはほれぼれするような美しさを持っている。もし、ここにロープウェイが架《か》かっていなくて、山上も自然のままだったらどんな姿だったのだろうか。

現実にかえって、現在の御在所山を見つめてみよう。部分的にはまだまだ見るべきところの多い、良い山であることには間違いない。特にアカヤシオやシロヤシオが岩壁を彩る、四～五月が最高の季節だ。

登山コースはいずれも三重県側からで、なかでも中道や一の谷新道は、岩尾根を登るすっきりとした好ルートである。

一方、滋賀県側からみた御在所山は、アプローチも長く、残念ながらなじみの薄い存在である。しかし、杉峠や武平峠から神崎川に下って御在所に登るというコースは、秋のおすすめコースの一つだ。雑木林一色の神崎川源流の美しさが、最も映える時である。

長石尾根から見上げる冬の御在所山

●案内コース

多くのコースがある中で、御在所の良さを一番感じ取れるのは、やっぱり中道だろう。岩稜を駆け上がるこの道は、爽快感あふれるコースである。

湯ノ山のバス停から温泉街を抜け、一の谷茶屋から鈴鹿スカイラインをくぐり中道に取り付く。ロープウェイをくぐり二枚の大岩を立てかけたおばれ石に出ると、ここからは岩尾根が続く。地蔵岩、キレットと、次々と楽しい岩の造形が続き、背後は素晴らしい眺望が広がる。キレットからしばらく樹林の中の登りとなるが、再び岩峰が出てきて右側を巻く。傾斜は一段と強くなり、クサリ場の岩を通過すると、やがて朝陽台という展望台に出て、遊歩道と出合う。ゆるやかな山上公園を歩き頂上に着く。三角点の少し先に神崎川側に突き出した大岩があり、鈴鹿の山々の大きな眺望が広がる。

山上駅の下から縦走路を北へ歩き、国見峠から裏道コースを下る。裏道は歩きやすいコースで、最後は蒼滝から湯ノ山温泉にでる。

●他のコース

三重県側からはほかに表道、一の谷新道がある。それに県境の武平峠から登る県境尾根コースは手軽なコースだ。

また、武平峠から沢谷峠を越えて神崎川源流に下り、黒谷や上水晶谷から登るコースは、三重県側からとはまったく違った御在所山が楽しめる。

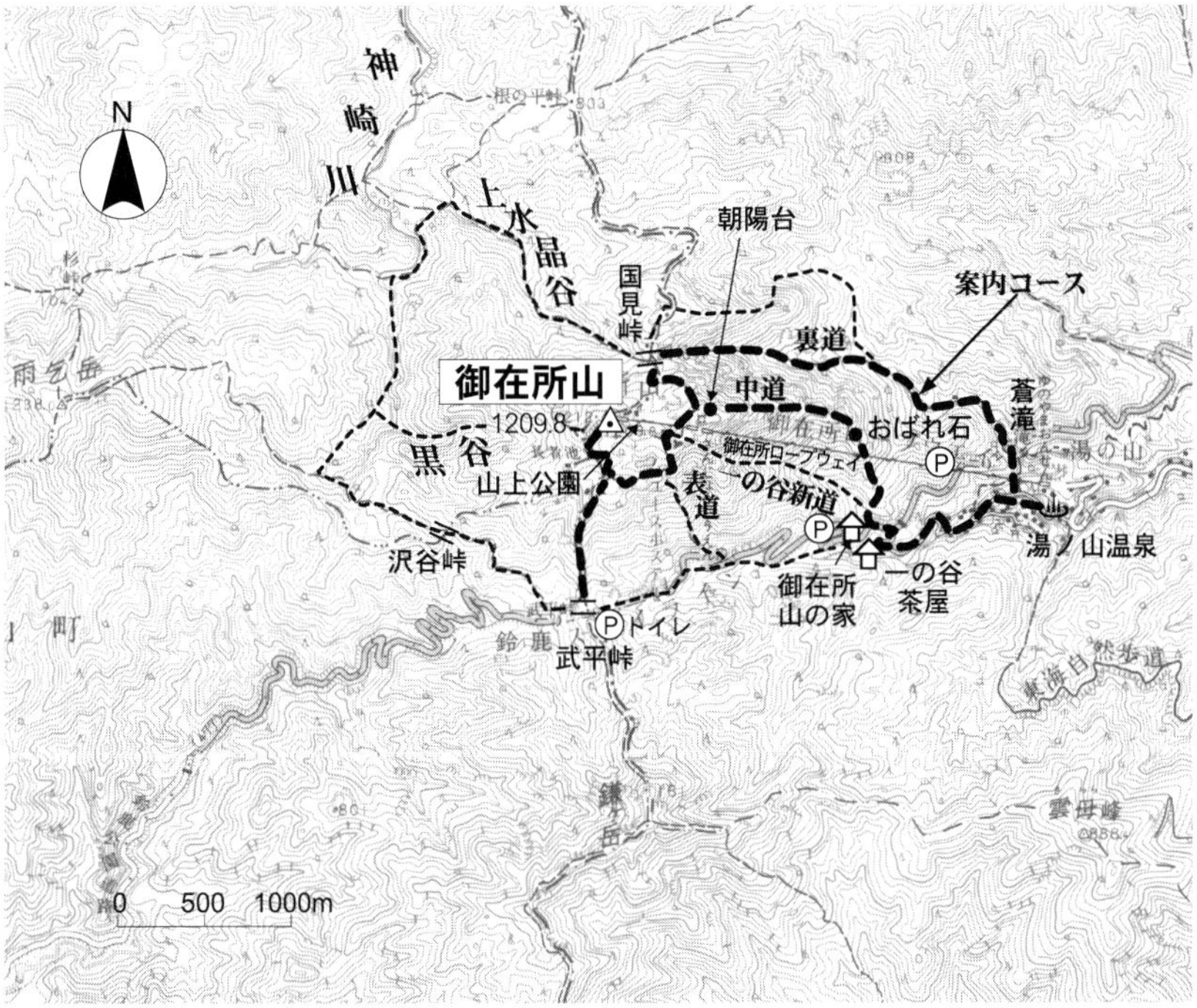

●コース

湯ノ山温泉（50分）→御在所山の家（１時間50分）→御在所山（30分）→国見峠（50分）→藤内小屋（40分）→湯ノ山温泉

●コースメモ

＊中道を始めとした三重県側からのコースは岩場が多いので、慎重に行動したい。子供達と一緒のファミリー登山の場合は、安全で木陰も多い裏道が安心だ。

＊駐車場はスカイライン沿いや湯ノ山に有料駐車場がある。

＊下山後の温泉が大きな楽しみだが、ヘルシーパルを始めとして立ち寄れる温泉が何か所かある。

●問い合わせ先　菰野町役場　0593—93—1121

湖北

伊《い》吹《ぶき》山《やま》

▲一三七七、三m

〈地形図〉

1/50,000　長浜

1/25,000　美束、関ヶ原

初秋の伊吹山

伊吹山は美しい雄大な山である。しかし、斜め上半をかなりの面積で石灰岩採取のため削られており、みるからに痛々しい。様々な角度から眺めているが、やはり南側からの、スキー場のある斜面を見る角度が一番美しいように思う。山東町の三島池からの、池に映る逆さ伊吹が有名だが、少し北に回るために、ケロイドのような石灰岩採掘場が大きく見えるのが残念だ。

関西のスキーの発祥の地でもある伊吹山は、今さまざまなアウトドアスポーツに彩られている。夏には山岳ランニングのかっとびＩＢＵＫＩや、しゅら曳き選手権、マウンテンバイクの競技大会などのイベントが行われている。伊吹山は富士山と同じく、象徴的な山という見方でとらえられ、アウトドア競技のイベント会場としては絶好の場所なのであろう。さながらミニ富士山のような様相であり、おらが富士といったところである。

私たち登山者にとっても、伊吹山はスキー場や夜間登山でのご来迎、山上のお花畑といったイメージが焼き付けられ、ミニ富士山の域を出ていないように思う。実際スキー場からの登山道は単調で、花やご来迎を見るといった目的がなければ、何度も季節を変えて歩いてと見たい思うような山ではない。これも富士山と同じではないだろうか。

とはいうものの、夏の山上の花園は素晴らしく、毎年のように花を眺めに登っている。千m余りの山でこんな山はなかなかないだろう。また、スキー登山の山としてもダイナミックな滑降が楽しめる山で、この点でもこんな低山としては並ぶものがない山である。ただ、近頃の雪不足で、頂上から下まで滑れる機会がめったに訪れることがないのが残念だ。

正面の登山道は私にとってはスキーや花だけのコースだが、北側の国見峠まで続く北尾根道や、岐阜県側の笹又からの笹又道に足を伸ばせば、また違った伊吹の姿が見られて新鮮に映る。どちらも春は花も多く、素晴らしいコースである。ただ、アプローチが長いので、マイカーだったら同じ道の往復になるか、長い距離になるが、車を到着地に回送しておくしかない。公共交通機関での日帰りも不可能ではないが、あまりのんびりと楽しむことができない。

●案内コース

まず、代表的な登山道を歩いてみよう。

登山口の三宮神社からリフトに沿ったジグザグの道が始まるのだが、最近ではほとんどの人がゴンドラで三合目まで上がってしまう。気候がよい時ならいいが、夏の暑いときは迷わずゴンドラで直行することだ。

三合目からは頂上まで一気に伸び上がる草原の斜面がすべて見渡せる。こんな登山道も珍しい。五合目までスキー場のゲレンデを歩くと、石のゴツゴツとした登山道に変わる。登るにつれ視界はぐんぐんと広がり、琵琶湖から鈴鹿の山、湖西、比良の山々までが望める。まったく高木がないの

●コースメモ

＊頂上の花の最盛期は年によって違うが八月の上旬頃。

＊登山道はかなり急なので落石やスリップには注意したい。冬は八合目付近で雪崩ることがあるので要注意である。

＊登山道はまったく樹林帯がなく日差しが強いので、帽子は必ず着用するようにしたい。また、頂上には夏は山小屋が営業しているが、途中には水がないので、飲料水は多い目に持つこと。

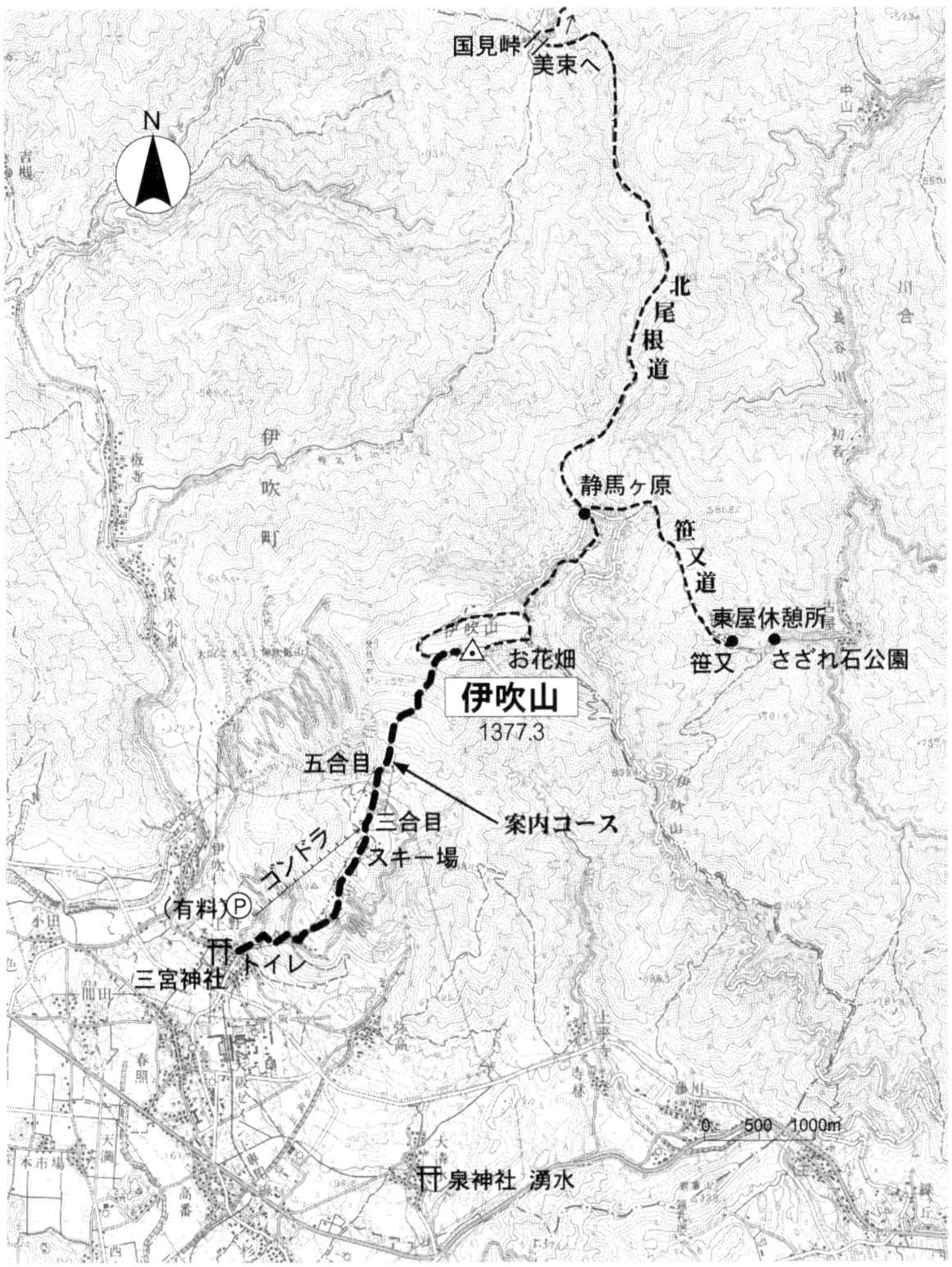

●コース

登山口（1時間20分）→三合目（1時間40分）→伊吹山（1時間）→三合目（40分）→登山口

〈笹又道〉 笹又（2時間20分）→伊吹山（1時間40分）→伊吹山（1時間40分）→登山口

●問い合わせ先　伊吹町役場　0749—58—1121

で、さえぎるもののない眺望だ。おかげで日差しもまともに当たるので、帽子は必需品である。傾斜は強まり八合目あたりが一番急となる。このあたりはスキーで下る場合、転倒すればなかなか止まらないところだ。急登だがジグザグの切り返しが続くので、ゆっくりとさえ登ればそんなにつらくはない。また、夏には道の両側はとりどりの花が咲き乱れ、花にも慰められる。

九合目で頂上台地の一角に登り着く。すっかり緩やかになったお花畑の間の道を辿《たど》ると、祠《ほこら》や山小屋が雑然と散らばる頂上に着く。頂上台地は伸びやかに広がっており、一面の花に埋まっている。ここからの展望は素晴らしく、さざ波のように奥美濃の山々が連なり、その奥に御岳《おんたけ》、乗鞍や北アルプス、白山などの中部山岳の大きな山々が浮かんでいる。直下にはドライブウェイの駐車場があり、山頂とつないで周遊道を巡らしている。お花畑の散策道を楽しんでから下山にかかろう。

〈笹又道〉

笹又のさざれ石公園から登って行くと、階段状の道が続いており、東屋の休憩所がある。辺りは畑や茶畑が広がっている。路傍のお地蔵様と出合い、畑の中を進んでいく。笹又は伊吹の山懐に包まれた、桃源郷のようなところである。やがて草原から雑木林に入り、ぐんぐんと高度を上げて行く。草原状の尾根に出ると、左に伊吹の大きな斜面に向かい、ドライブウェイの走る斜面で道は二つに分かれるて右に入る。ドライブウェイのすぐ下に、平行して登山道が続いている。春は斜面には多くの花が咲き、もしこのドライブウェイがなかったなら、北アルプスのどこかの登山道と勘違いしそうだ。

静馬が原で北尾根道と出合う。ここはドライブウェイのすぐ横だが、なだらかに尾根の広がった気持ちのいい場所である。駐車場に出て周遊道を登ると頂上だ。

●他のコース

他の一般的な登山道は北尾根道がある。下山口の美束《みつか》のバスの時刻が気になるところだが、伊吹の頂上を早い時間に出れば、日帰りも可能だろう。マイカーの場合は面倒だが、一台の車を笹又に回送しておけばよいが、国見峠から笹又まではかなりの距離がある。やはり一泊二日でゆっくりと歩きたいコースである。北尾根道はかなり歩かれるようになりよく踏まれている。春の花が多く、自然林が続いているので、残雪期の三月から新緑の頃までが最もいい季節になるだろう。もちろん自然林が多いので紅葉期も素晴らしい。

登山口となる国見峠は林道が岐阜県側から通じているので、美束から登るのが普通のコースだが、滋賀県側から昔の峠路を探索しながら登るのも楽しいのではないだろうか。峠の下にはお地蔵様がある。

山の池を訪ねる

山上、山中にある池には、自然の不思議を感じる。日照りでも涸《か》れることなく水をたたえる池に、人々が神の存在を信じたのも、わかるような気がする。雨を願うという、生きるための切実な願いが、伝えられてきた池も多いが、今はほとんどが忘れ去られ、ひっそりと静まっている。

　近江の山々にも山上、山中に池のある山が多い。

　湖北では夜叉妹池、湖西では三国峠の長池がある。比良には白滝山の音羽池、長池、杉や池、カシラコ池や、伝説のある有名な小女郎ガ池、そして堂満のノタノホリや、ヤクモガ原の池、スゲ原の湿原と数多い。

　最も多いのは鈴鹿だろうか。北部の石灰岩帯の山にあるものは、ドリーネに水がたまったもので、その池が山名となっているのが、御池岳である。この山上の頂上台地では、二十数個の池が確認されている。この頂上台地にあるお花池と幸助の池には伝説が残され、山麓の甲良町の北落には、お花踊りという雨乞いの祭りが伝えられている。三池岳にある池も御池《みいけ》と呼ばれ、山名として伝わっている。

　雨乞岳の頂上には大峠の澤と呼ばれる池があり、雨乞いが行われていて、山名もそれに由来している。

　最北の霊仙山のおとらが池は、今も麓の下丹生の人々によって祭祀が行われている。

　ほかには静ガ岳のセキオノコバの小さな池、竜ガ岳の太尾の長池、銚子ガ口西方の水舟の池、御在所の長者ガ池、鎌ガ岳長石尾根の池、など鈴鹿の山全体に散らばっている。

　いずれの池を訪れてみても、池のほとりは一種特有の雰囲気に包まれているが、地形の違いや、池の成因の違いもあり、それぞれに味があるものである。

　わたしには昔、水舟の池の横で一夜を過ごしたことが、強烈な印象として残っている。シカがなき狂うように辺りを跳ね回ったその夜のことは、今では夢物語のような感覚になってしまった。

御池岳・幸助の池

霊仙山・おとらが池

比良山地

蛇《じゃ》谷《だに》ガ峰

▲九〇一、七m

〈地形図〉

1/50,000　北小松、熊川

1/25,000　北小松、饗庭野

広々とした頂上

蛇谷ガ峰は、独立峰のようなスケールの大きさを感じさせ、比良にはない個性を持っている山のように思う。

以前は東側の畑からボボフダ峠という奇妙な名前の峠に登って、主稜線を辿《たど》るというコースぐらいだったと記憶している。現在は北側の朽木《くつき》スキー場から、朽木グリーンパーク想い出の森から、桑野橋からと、コースもバリエーションに富んでいる。中高年には蛇谷ガ峰に登って、「朽木温泉てんくう」で一風呂浴びて帰るというパターンが定着しているようだ。私はそれに永昌庵での蕎麦《そば》の仕上げがプラスされる。交通面からいっても梅の木までの京都バスが、朽木まで延長されたということが、この周辺の登山を活発にしている。

いくつかのコースの中で最も好きなコースといえば、桑野橋からのコースである。このコースは静かな道だし、天狗の森という林がいい。冬も独立峰的景観なので、登りごたえのある山として人気があるようだ。スキーでの登山も向いているが、近頃の雪不足が残念だ。

●案内コース

桑野橋からはコンクリートで舗装されたかなり急な林道が登っている。地道に変わったところに、登山者カードのポストがあり、林道が終わると尾根道となる。猪《しし》の馬場付近はアカマツとコナラの典型的な雑木林で気持の良いコースである。無線中継所の建物があり、やがて傾斜の強い登りが何度か繰り返される。鬱蒼とした林で天狗森と呼ばれているところである。

反射板のある西峰に登ると、ササと小灌木となるが、再び樹林帯となっていったん下り、登り返すと頂上に出る。頂上からは雄大な展望が広がっている。

主稜線を南下する。広く伐《か》り払われた歩きやすい快適な道だ。ボボフダ峠は十字路となり、横谷の流れも近く、水音がすぐそこに聞こえている。峠から大きなアップダウンがあって、次の横谷峠に着く。そしてぐんぐん登り地蔵峠と出合ってすぐ地蔵山の頂上だ。いくつもの横断路があり、いつでもどちらにでも下れる便利なコースである。

地蔵山は東側が伐り開かれて、展望が得られる。さらに南下してササ峠からコメカイ道に入る。この道は山腹のトラバースが続く道で、足許が少し悪いが、平坦で楽な道である。やがてササ峠の南から延びている尾根道と合流して栃生《とちう》に下りる。

●他のコース

最近よく登られているのは、北面の朽木のスキー場や、グリーンパーク想い出の森、いきもののふれあいの里からの各コースである。いずれもよく整備されている。あと古くから親しまれている高島の畑からのコースがある。よく踏まれた道だ。

●コースメモ

＊グリーンパーク想い出の森には、朽木温泉てんくうがある。

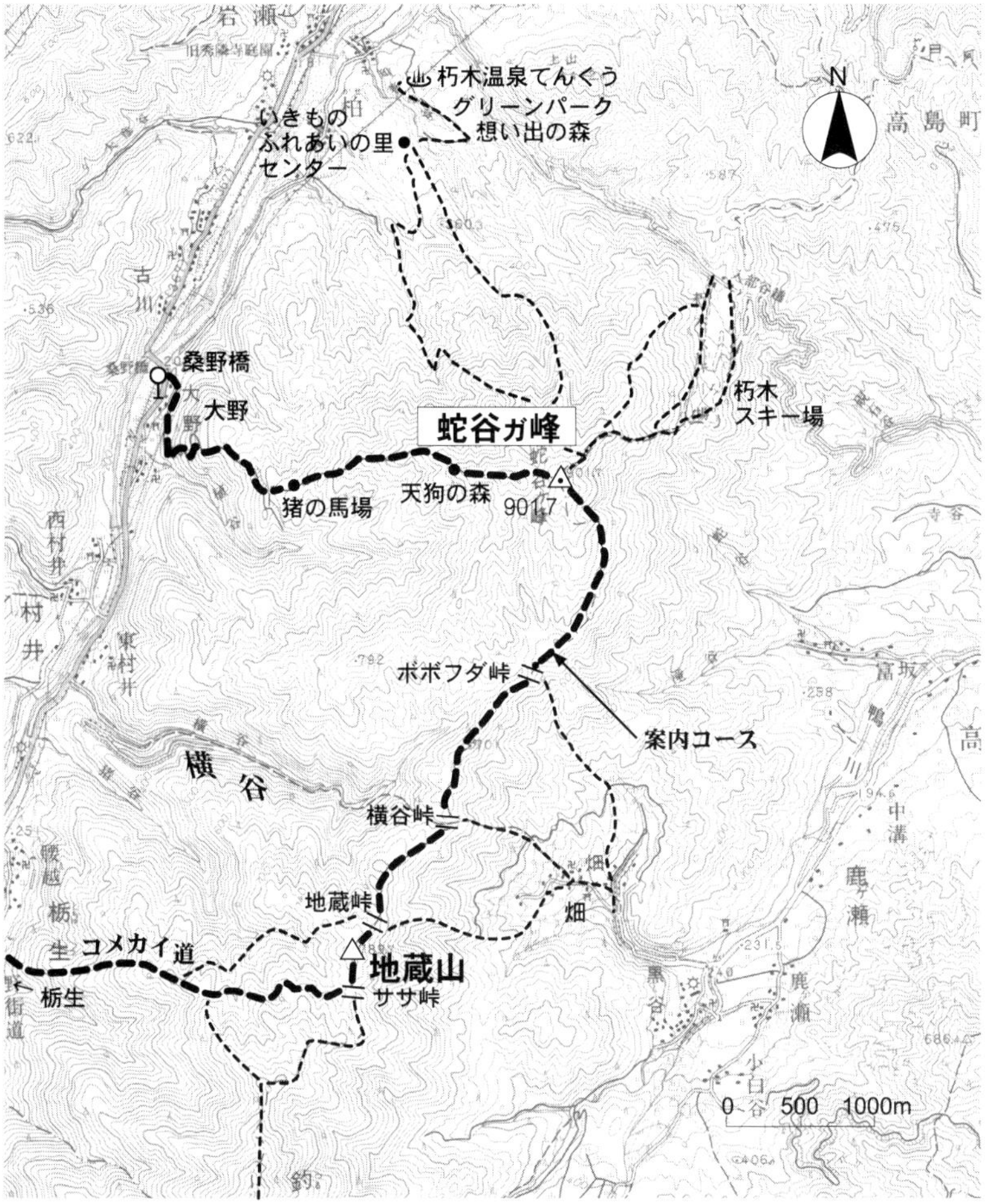

●コース

桑野橋（１時間）→猪の馬場（１時間15分）→蛇谷ガ峰（１時間）→ボボフダ峠（１時間10分）→地蔵山（10分）→ササ峠（１時間40分）→栃生

●問い合わせ先　朽木村観光協会　0740—38—2398／高島町役場　0740-36-1121

横《よこ》高《だか》山《やま》・水《みず》井《い》山《やま》

七六五m　▲七九四、一m

大比叡岳から北の山稜に二つのこぶが見えるのが、横高山と水井山である。植林地のピークで、この二つの山自体の魅力は乏しいように思うが、比叡山の神山である八王子山から、三石《みついし》岳、横川に登り、この二山から仰木《おうぎ》峠をへて歩けば、非常に変化のある楽しいコースとなるだろう。

〈地形図〉

1/50,000　京都東北部

1/25,000　京都東北部、大原、堅田

元三大師道の石標が建つ仰木峠

●案内コース

日吉《ひえ》大社境内の東本宮から坂道を登る。境内地のちりひとつない清浄な道を登り詰めたところに、日吉大社の根元となる神体山の八王子山がある。社殿にはさまれたご神体の大岩があり、その裏山が八王子山の山頂だが、社殿手前から左に細い道が分かれており、これに入る。鞍部《あんぶ》の鉄塔をくぐり、杉の植林がされた笹の斜面を登って行くと、眼下には琵琶湖が大きく広がってくる。

山道はやがて林道に出て、この林道を登ると三差路に出合う。ここから左に切り返すように林道を辿《たど》り、高みに登った辺りを少しすぎたところで、左の尾根の上に出ると、笹を分ける道があり、三石岳の頂上に着く。植林地だが琵琶湖側はまだ幼木のため眺望がきく。

林道の三差路に戻り、まっすぐ進むと堂塔伽藍《がらん》が並ぶ横川《よかわ》に着く。駐車場に出てドライブウェイに沿った道を登り、稜線に出たところが、せりあい地蔵でお地蔵様が祀《まつ》られている。ここは十字路となっており、京都側からも道が登ってきている。

杉林の暗い稜線を北へ急な坂を登ると、横高山の頂上に着く。そしてもう一度アップダウンがあって水井山である。どちらも植林の中の頂上で眺望もきかず、頂上らしさのないところである。

頂上から下ると、東海自然歩道と合流して仰木峠に着く。すぐ近くには車の騒音がたえず響いているが、幾多の歴史と信仰の重さに踏み固められてきたこの峠には、そんな気配にも動じないような深さが感じられる。峠から少し下ると林道に出る。下っていくと棚田の広がる上仰木に着く。

●他のコース

横川へは比叡山の項にもあるとおり、大宮谷、飯室《いむろ》坂、大比叡からの峰道などがあり、一方、京都側からも八瀬《やせ》、大原などから道が登ってきており、これらを組み合わせていくつものバリエーションを楽しむことができる。紅葉の季節には大原や八瀬から登って坂本に下ると、往き帰りに紅葉を味わう豪華な山行となる。また、田植えや稲刈りの頃の仰木の棚田も、心安らぐ風景の一つである。健脚の方には、大原や滋賀県側の南庄から大尾山に登り、そこから南へ峰道を縦走して、京都側の曼珠院《まんしゅいん》か、滋賀県側の滋賀里《しがさと》へ下りるという大縦走も日帰りで十分に可能だ。

●コースメモ

＊京都側の大原を始点、終点とする場合、時によっては渋滞のおそれがあるので、大原出発として早朝の紅葉を楽しんで、滋賀県側に下る方が無難だ。

＊冬でもそう雪も積もることはないので、日溜まりハイキングにも最適だ。

●コース

日吉大社（30分）→八王子山（1時間20分）→三石岳（40分）→横川（30分）→横高山（20分）→水井山（30分）→仰木峠（1時間）→上仰木バス停

●問い合わせ先

坂本観光協会　077—578—0015

鈴鹿

日本《にほん》コバ

▲九三四、二m

〈地形図〉
1/50,000　御在所山
1/25,000　百済寺、日野東部

奇人の窟

「コバ」という地名は、休み場とか、山仕事の荷物などの集積場所、中継場所といった意味だと思うが、そのコバを山名にあて、しかも頭に日本というおおげさな地名を冠している。スケールの大きい、少し変わった山名を持っているわりには平凡な山であるが、何度歩いても飽きのこない、何かキラリと光るものを持っている山のように感じる。それは藤川谷の流れやその源流の湿地帯や雑木林などが作り出す、この山の雰囲気のせいなのだろう。近頃はいつ歩いても誰かと必ず出会うほどの人気のある山となっているが、日本コバという奇妙なこの山名も一役かっているのではないだろうか

●案内コース

登り口は藤川谷にかかる橋の少し手前にある。杉林の中を歩いていくと、右に祠《ほこら》が祀《まつ》られてあり、この先で藤川谷の流れを渡る。渡った側は伐採地で、山腹をからんでいくと植林地の中に入る。流れを左に右にと渡ってすすんでいく間に、明るい雑木林に変わっていく。やがて再び流れを渡ってから左谷の山腹道は次第に傾斜が強くなり、谷が険しくなってくると、岩にふさがれる。ここが「奇人の窟《いわや》」と呼ばれる洞窟のあるところで、道は岩の右側の急斜面を登って巻いている。岩屋はこの高巻きの途中の左側にあり、狭い入口から入ってみると、かなり広い空間になっている。時間があればのぞいてみるといい。

登山道に戻り少し登ると政所《まんどころ》道との分岐になる。分岐を左に入ると、藤川谷の源流の集まる湿地帯に下っていく。小さな流れをいくつか横切ると、広々とした雑木林となり、再び登りにかかる。この辺りは、木々が色づく頃は美しくゆっくりと歩きたくなるところだ。樹林の中を登ると、アカ松が生える頂上に着く。西南側の眺望が開け愛知《えち》川の貫く田園が広がっている。

先ほどの分岐まで戻り、左の政所道に入る。この道は入山者も少なく、藤川谷道ほど道や道標も

しっかりとしていなくて、少しわかりにくいところもあるが、踏み跡をしっかりと追っていけば問題はない。愛知川と犬上川を分ける尾根から、政所へと下る支尾根に入って山腹道となる。この道が尾根に戻ったところが峠状となっており、ここを左に下って、山腹をトラバースしていくと、尾根に乗ってどんどん下っていく。やがて眼下に御池《おいけ》川が、そして政所の茅葺《かやぶき》屋根が見えてきて、一日の山旅を終える。

●他のコース

一般的なコースは案内のコースだけで、ほかに踏み跡程度のルートがいくつかあるが、あまりすすめられるコースではない。

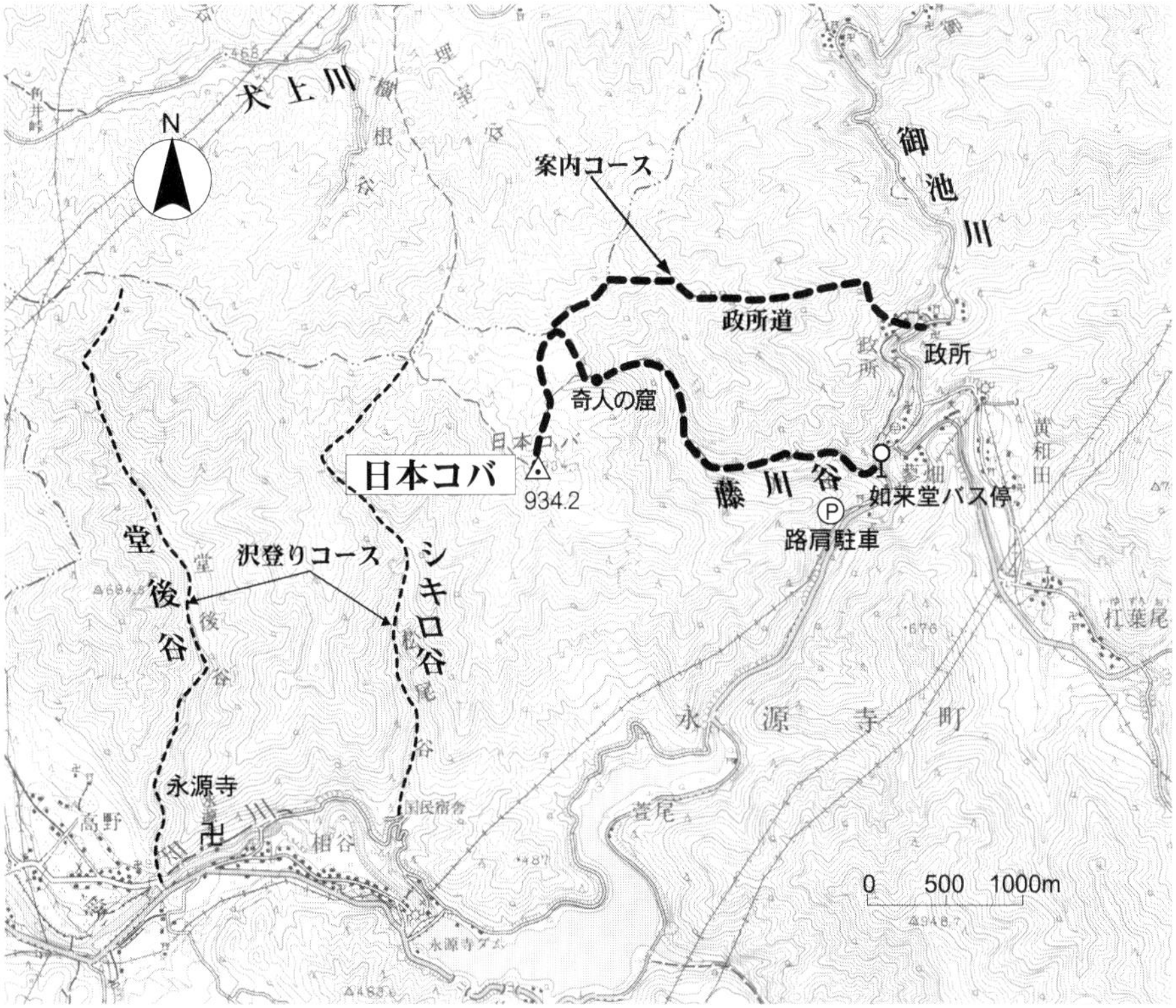

●コース

如来堂バス停藤川谷登山口（1時間55分）→日本コバ（20分）→政所道分岐（1時間10分）→政所

●コースメモ

＊藤川谷道は暖かい季節にはヒルがでるので注意。

＊沢登りのコースとしても藤川谷は良いルートである。小さなナメ滝が多いので初心者向けのコースとしてはうってつけ。他にもその横に2本並んでいるシキロ谷、堂後谷も美しい谷だ。

●問い合わせ先　永源寺町役場　0748—27—1121

湖北

七《なな》尾《お》山《やま》

▲六九〇、七m

〈地形図〉

1/50,000　長浜

1/25,000　虎御前山、長浜

七尾山頂上山稜から見上げる伊吹山

七尾山は、湖北の平野を流れる姉川と平行して、長く山稜を延ばしている。姉川畔からはその全容が見渡せ、姉川に向かって幾筋もの尾根を落とす姿を見ると、その山名もうなずける。

この七尾山はあまりアピールするものもない地味な山だが、間近に伊吹山を仰ぐ頂上からの眺めが印象的だ。

登山道は、南池からの尾根道と、その道と平行した南側の尾根にもう一つ道があるくらいで、登山者も少ない静かな山である。マツタケ山なので秋は入山が規制されるが、自然林も多く紅葉の頃から落葉期の十一月の山が一番いいように思う。

ほかに私が出合ってみたいのは、今荘《いまじょう》桜《ざくら》として有名な天津《あまつ》神社参道に、桜が咲き競う麓からの姿と、頂上から間近に仰ぐ、白雪輝く伊吹山の眺めである。

●案内コース

七尾山へはいくつか道があるようだが、定着しているのが、この南池からのコースである。取り付きがわかりにくいが、山裾《すそ》を走る農道に今荘ぶどう園があり、そのもう少し北へ進んだところに、右へ山に入る道がある。

登り始めは車が入るだけの幅のある荒れた林道だが、やがて尾根に登る山道となる。雑木林の山で掘り込まれた道は、昔は多くの人が入ったと思われるが、今は登山者か、きのこ採りの人達ぐらいだろう。稜線に登り切ると、急登も一段落する。登るにつれてアカマツの雑木林から、落ち着いた自然林へと変化していく。尾根はゆったりとした登りとなり、紅葉の頃は鮮やかな彩りとなる。尾根のやせたところがあり、これを通過してしばらく登ると頂上に着く。頂上稜線は樹林に囲まれているが、木の間越しに、目の前に高く大きく伊吹山がふさがっている。草野川を挟んで向かい合うだけに、上から睨みつけられているようだ。ここから見る伊吹は、石灰岩採取の跡が大きく剝き出し、あの優美な姿はなく、とても荒々しく感じる。

稜線に切り開きがあって、北へ七廻《ななまわ》り峠あたりまで歩ければ、伊吹連峰と琵琶湖を眺めながらの素晴らしいコースとなると思うのだが、残念ながら薮に閉ざされている。南には薄い踏み跡があるので、それを辿《たど》りながら次のピークまで歩き、ここから登ってきた尾根と平行して延びている、一本隣の尾根を下る。この尾根にも踏み跡があるので、しっかりと確認していけば間違えることはない。途中ところどころで眼下の眺めが広がり、湖北の平野と横山丘陵が開ける。最後は右側の谷に下り、天津神社に出る。神社の参道が一直線に、今荘の集落まで延び、途中を車道が分断している。両側は桜並木で、今荘桜として有名な桜だ。農道を北に行くと南池の登り口に戻る。

●他のコース

登山コースとして登られているのは、前記の2コースだけのようだ。頂上から北の稜線は積雪期には素晴らしいコースとなるだろう。

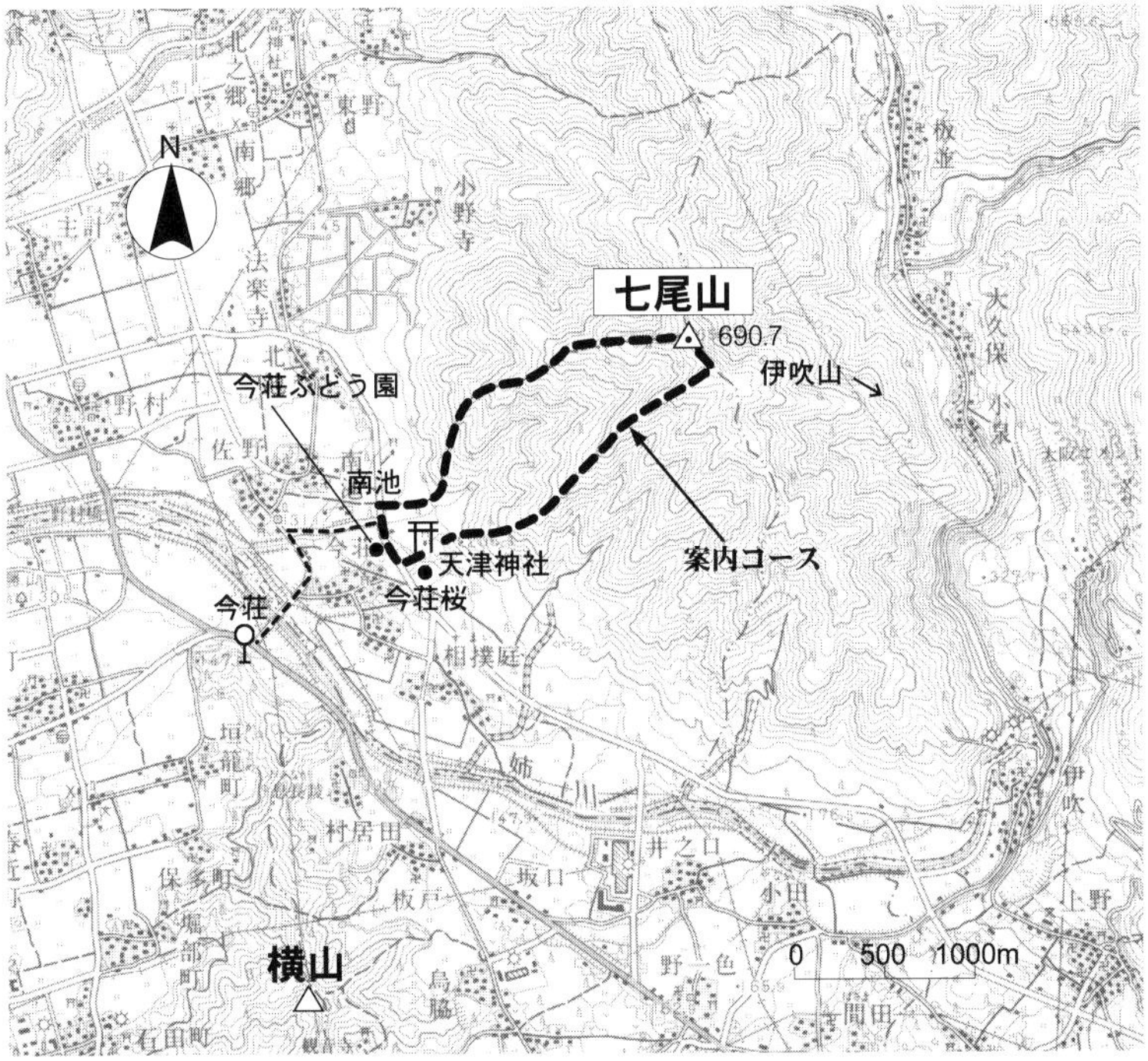

●コース

南池（2時間）→七尾山（1時間10分）→今荘

●コースメモ

＊七尾山はマツタケ山となっているようなので、シーズン中は入山禁止となるので事前に確認しておきたい。
＊登山口がわかりにくいので注意。

●問い合わせ先

浅井町役場　0749—74—3020

鈴鹿

岳《だけ》・旭《あさひ》山《やま》・ヒキノ

▲七八一、三m・▲七五五、六m・▲八四三、九m

〈地形図〉

1/50,000　御在所山

1/25,000　竜ヶ岳、百済寺

地図を見てもわかるとおり、旭山を中心として等高線は緩やかに広がっている。旭山を歩いていても、道ばたにぽつりとある三角点を見て初めて、ここが頂上だったのかとわかるようなところである。鈴鹿にお決まりの雑木林が続いている中のただの一地点で、三角点がなければ頂上とは気づかずに通り過ぎてしまうだろう。本当に主張のない山だ。

岳から旭山、ヒキノ、土倉岳と、植林地と雑木林が入り交じる標高八〇〇m前後の小さな山の連なりだが、この尾根には所々で送電線が横断しており、その鉄塔の下に出ると県境尾根の眺望が開ける。少し見上げるようなこの角度からの眺望は一級品である。また、秋から初冬にかけての雑木林の落ち葉の道は、澄み切った光にあふれ、谷間からは鹿の鳴く声が響きわたる。何となく安らぎを覚えるようなやさしさを感じる山々である。

山の神峠路を下る

●案内コース

黄和田の日枝神社から岳に向けてあぜ道を抜けて林の中に入ると、大杉に囲まれた小さな祠《ほこら》に出合う。ここが岳の登り口で送電線の巡視路となっている。左に谷を見る山腹道を稜線まで登ると、巡視路は左へ稜線を進んでいる。岳の頂上は右で、道はないので藪こぎとなるがぜひ登っておきたい。頂上付近は野性の匂いが漂う林が広がっている。分岐から山の神峠までは巡視路で、小さなアップダウンを繰り返す快適な道だ。山の神峠は三重県の石榑《いしぐれ》と政所《まんどころ》をつなぐ道の峠の一つだったが、今はもう廃道寸前となっている。ここには鉄塔が建ち昔の面影はもうない。この峠路を政所に下るので、旭山までここから往復することになる。雑木林と植林地が入り交じるゆるやかな道が続く。シカなどの野生動物と出会うことも多い静かな道で、旭山に近づくと林には大きな樅《もみ》の木が目につく。旭山は三角点の標石があるだけで、頂上らしさはまったくない。

山の神峠に戻り右に政所への道を下る。峠のすぐ下にはお地蔵様が祀《まつ》られ、峠路らしい雰囲気を持っているが、谷に沿うようになると荒れて道はわかりにくくなる。やがて林道に出て15分ほどで政所に着く。

●他のコース

茶屋川から山の神峠路を登って、旭山からヒキノ、ノタノ坂を巡るというのはいいコースだが、山の神峠の道が荒廃しているのと、茶屋川の林道歩きが長くなるという問題がある。また、ヒキノへは御池川の君ヶ畑から巡視路を辿って登るコースもある。ヒキノも地味な山だが、雑木林が美しい。

ほかには政所から宮ノ谷右岸尾根に東山への道があるので、東山から旭山、山の神峠、政所という周遊コースがつくれる。それと、茶屋川から旭山、ヒキノ辺りに登っている谷は、小粒ながら滝も多く、沢登りが楽しめる。

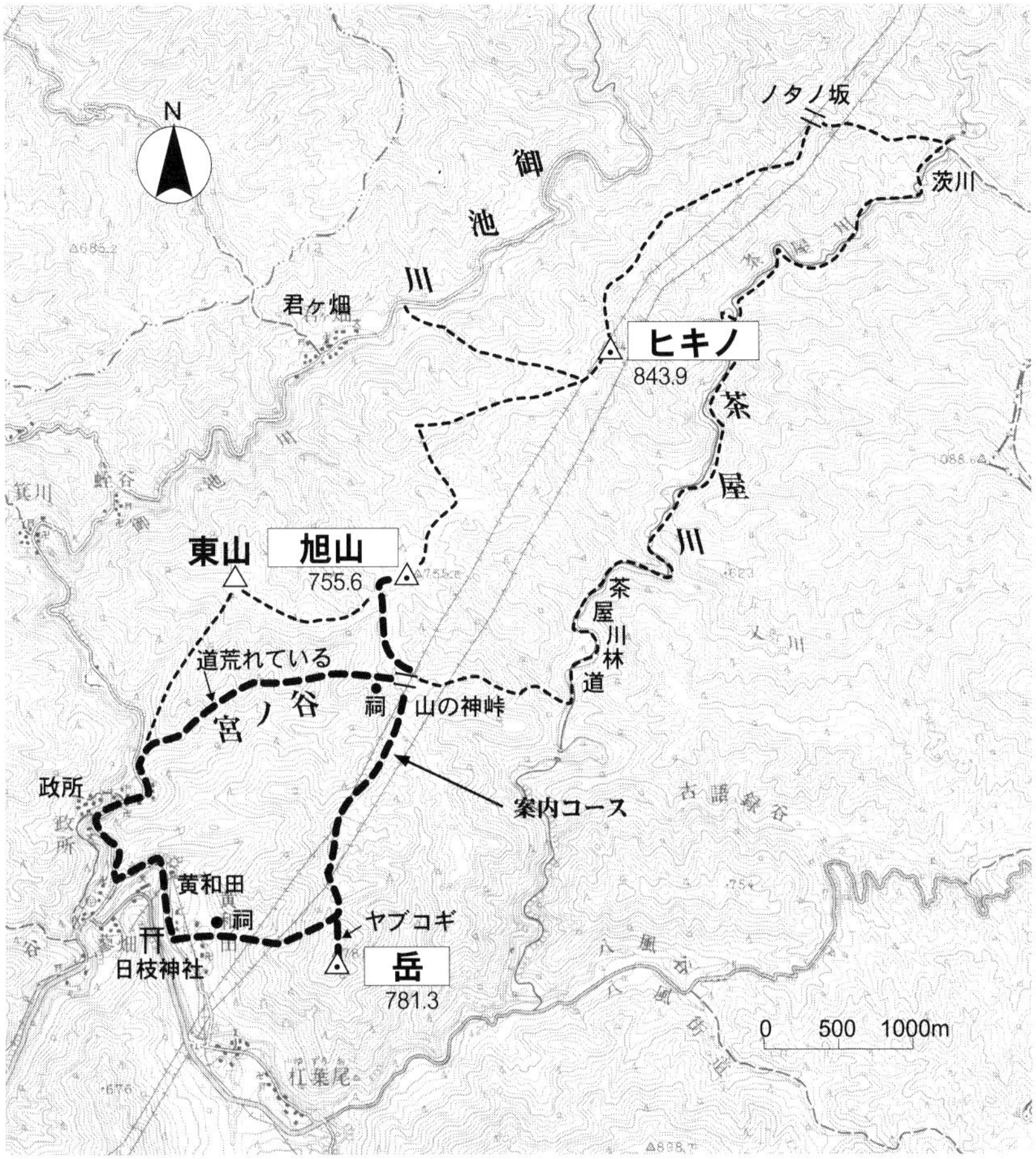

●コース

黄和田(1時間20分)→岳(50分)→山の神峠(30分)→旭山(1時間20分)→政所

●コースメモ

＊この辺りの山は登山者が少なく道標も完備していないので、しっかりとした読図力が必要になる。

●問い合わせ先　永源寺町役場　0748—27—1121

比良山地

蓬《ほう》萊《らい》山《さん》

▲一一七四、三m

〈地形図〉

1/50,000　北小松

1/25,000　比良山、花背

秋色に染る小女郎ヶ池

ガイドブックには、登山コースとしての蓬萊山はあまり掲載されなくなった。もう登山の対象ではなくなったということだろう。たしかに蓬萊山はスキー場が拓《ひら》かれ、山上にはホテルがあり、付近は遊園地のようになっている。これは比良だけが例外ではなく、北アルプスにも立山《たてやま》があるし、中央アルプスにも木曽駒《きそこま》、宝剣《ほうけん》がある。ある程度致し方ないことだろう。でも、問われるのは今ある施設の管理や運営であろう。そのやり方によって必要なものか、そうでないものかが区別できるのではないだろうか。

さて、蓬萊山へのコースだが、メインコースはキタダカ谷道である。キタダカ谷道は谷と名が付いているが、ほとんどが尾根道である。比良らしい道で気持のいい美しい道だ。威風堂々とした天狗杉、琵琶湖の眺望の素晴らしいクロトノハゲ、静かな山稜の交差点の木戸峠、ひっそりとたたずむ小女郎《こじょろ》ヶ池など、山を楽しむパーツが揃っている。そして蓬萊山からも様々にコースがとれる広がりのある山である。

●案内コース

ＪＲ湖西線の志賀《しが》駅から国道を渡り、木戸の集落を抜けて山手にむかう。棚田の道を登って振り返ると、琵琶湖が広がっている。

湖西道路をくぐると、左にびわこバレイへの道が分かれるが、右に向かう。杉林の林道を進み大きな堰堤《えんてい》を越え、しばらくで谷を離れて、右の山腹道となって尾根へと登って行く。ジグザグの古い峠道は登るにつれ、植林帯から自然林への道となる。立派な天狗杉があり、尾根道を登るとクロトノハゲに着く。ガレた岩場からは素晴らしい眺望が見渡せる。ここで道は二つに分かれ、右に進むと木戸峠に出て、北へと主稜の縦走路が続く。左に入り、展望のよい尾根を乗り越えて、左へ山腹道となって、打見と蓬萊のコルに登って行く。ゴンドラをくぐり打見道場を過ぎるとコルに登り着く。

ここはスキー場で、左に蓬萊山の大斜面が伸び上がっている。蓬萊山の頂上はリフトが登ってきて目障りだが、三六〇度の大展望が広がっている。

頂上からササの斜面を下ると小女郎峠だ。峠から五分程で小女郎ヶ池があるので往復してみよう。池付近は美しい凹地で、春や秋が素晴らしい。

峠から琵琶湖に向けて下る。下り始めは道が悪いが、次第に良くなり小女郎谷に沿って下って行く。堰堤を下ると林道に出て、ＪＲ蓬萊駅まで車道歩きとなる。

●他のコース

打見山、蓬萊山からは東西南北に登山道がある。南北に主稜の縦走路があり、西にはシル谷から白滝山のコースのほかに、小女郎ヶ池からサカ谷道がある。琵琶湖側はキタダカ谷道と平行して金ピラ峠道がある。

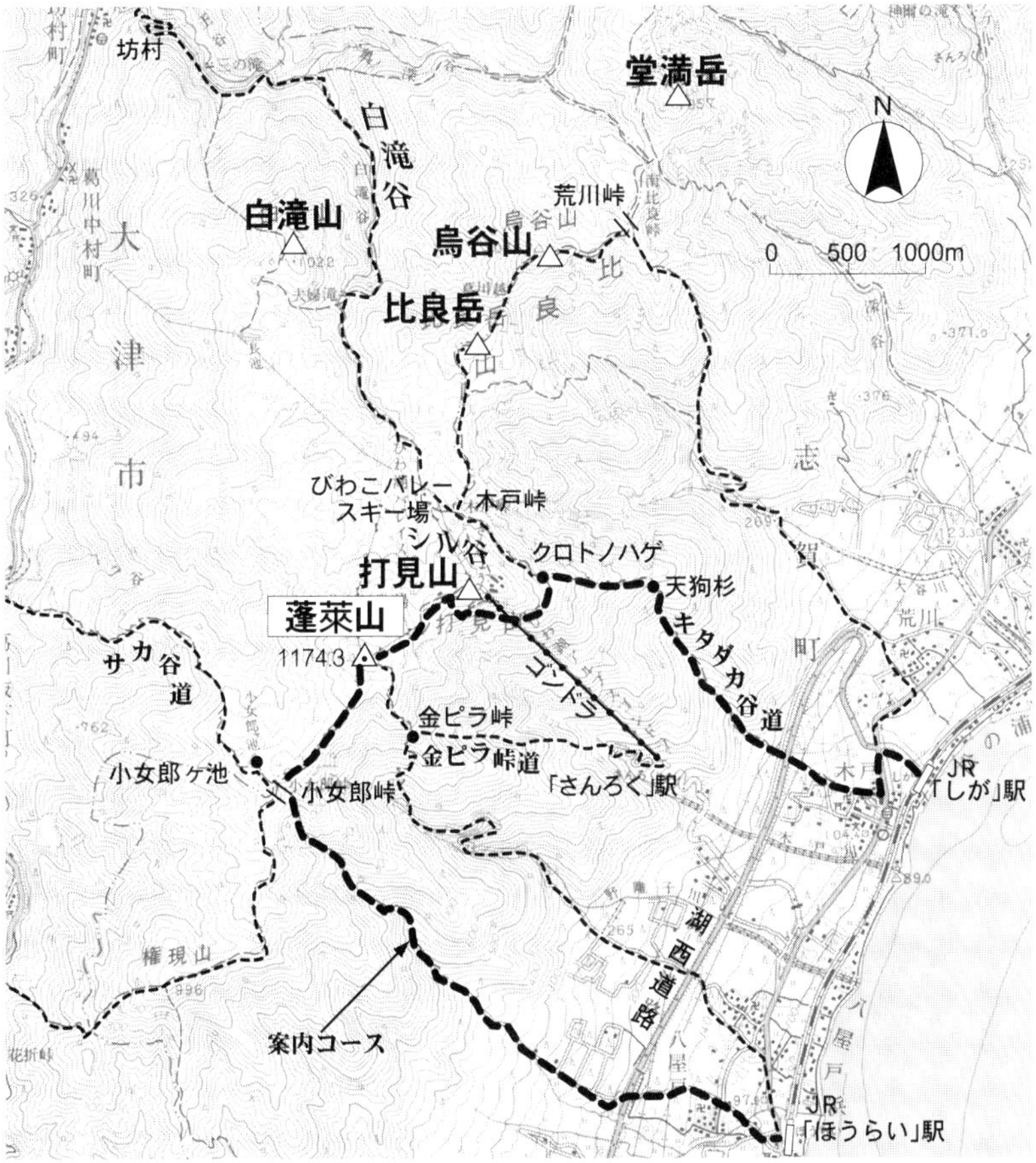

●コース

ＪＲ湖西線志賀駅（２時間）→天狗杉（40分）→クロトノハゲ（１時間）→蓬萊山（20分）→小女郎峠（２時間）→湖西線蓬萊駅

●コースメモ

＊マイカーでは湖西側は駐車場もあまりなく、動きがとりにくいので、電車やバスを利用する方が快適だ。

●問い合わせ先　志賀町役場　077―592―1121

鈴鹿

土倉岳
つちくらだけ

▲一〇四九、五m

〈地形図〉
1/50,000　彦根東部、御在所山
1/25,000　竜ガ岳、篠立

御池岳の長く伸びた頂稜台地南側の末端から、御池川と茶屋川を分ける尾根が始まっているが、その台地からストンと落ちて、尾根が枝分かれを始めたところに、土倉岳がある。ほんの小さなこぶで、とても独立した山とは言い難いようなピークである。それでも初めてこの山頂に立った時はうれしかった。目の前の御池岳の急崖が大きく広がり、迫力満点の眺めだった。昔あった河倉峠路は廃道になってしまったが、すぐ近くまで登って来ている送電線の巡視路から、簡単に登れるようになって、魅力も少し減ったが、ゴロ谷や小又谷などを遡行して登れば、まだまだ登りごたえのあるものになるだろう。

また、残雪期のコースとしても魅力のある山だ。

●案内コース

茨川（いばらかわ）からノタノ坂を登る。意外とこのノタノ坂の登り口がわからないらしく、迷う人を見かける。しっかりとした道標がないのが原因らしい。ノタノ坂は落ち着きのある峠路だ。支尾根を使ってうまく道がつけられている。峠から右に辿る稜線は、この辺りにずっと続いている送電線の巡視路で、しっかりと踏み込まれた道なので迷うことはない。植林地と雑木林の混じる道で、御池岳のどっしりとかまえる巨大な塊に向けてゆっくりと登っていく。

この巡視路は、茶屋川の土倉谷出合から登ってきた道と合流したところまでで、そこから先は踏み跡はあるものの、少したよりない道となる。しかし、この辺りからは自然林の中に入るので、本当の良さが味わえるのはここからである。

春になると、明るい林床には、ピンクの大振りのイワウチワの花で埋まる。土倉岳まで登ると、目の前にボタンブチなどの岩場をまじえた、壁のような御池岳の山稜がたちはだかっている。御池へ続く尾根は、笹原のコルから御池の急斜面の中に消えてしまう。土倉岳の頂上は、どこが一番高

秋の三筋の滝

いところかわからないような林の中である。

帰路は土倉谷に下る巡視路を辿る。自然林に包まれた静かな道で、歩いているといつも、シカやリスなどの野生動物を見かけるところだ。茶屋川に出ると、茨川まで流れに沿って下っていくが、しっかりとした道はないので、歩きやすいところ選んで歩く。三筋の滝の右側を巻くところが急なので気をつけたい。

●他のコース
バリエーションルートとして、小又谷やゴロ谷の沢歩きのコースが考えられる。

また、残雪期には君ヶ畑の奥まで車で入って、小又谷出合からノタノ坂、土倉岳、そして御池岳まで足を伸ばして往復することも、日帰りで可能だ。

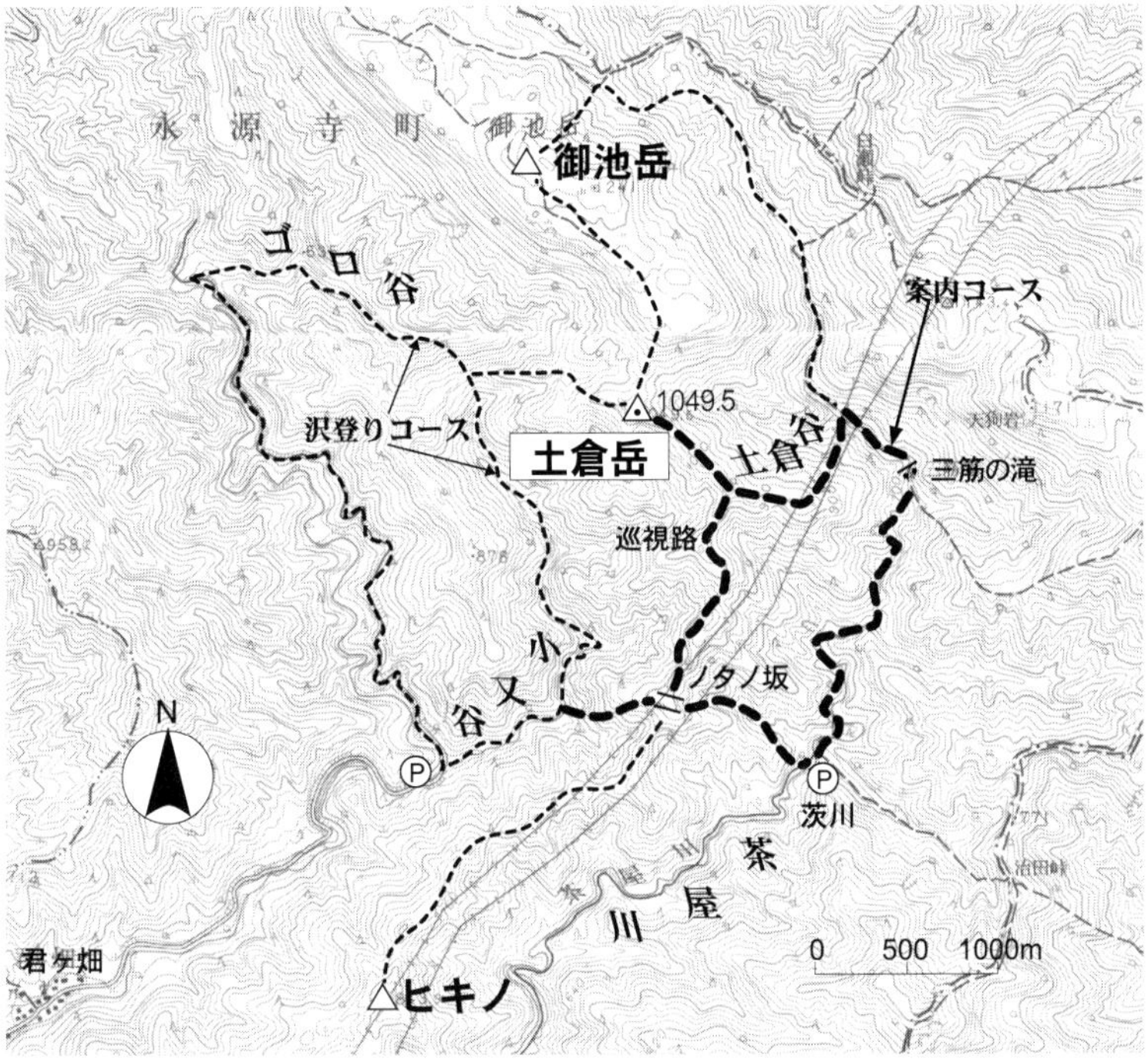

●コース
茨川（30分）→ノタノ坂（１時間40分）→土倉岳（１時間）→茶屋川土倉谷出合（１時間40分）→茨川

●コースメモ
＊茶屋川の下りは山に慣れていない人には時間がかかるかもしれないので、余裕をもって行動したい。時間的に心配なら登った道を往復すれば安心だ。
＊季節は春、秋がベスト。

●問い合わせ先　永源寺町役場　0748—27—1121

湖北

賤《しず》ガ岳《だけ》

▲四二一、九m

〈地形図〉

1/50,000　敦賀、竹生島

1/25,000　木之本、竹生島

賤ガ岳は、豊臣秀吉の天下取りに大きく傾いた合戦の場としてよく知られている。琵琶湖の北端にある静かな余呉《よご》湖を、山稜が馬蹄形に囲んでいる。その南端にある一番高いピークが賤ガ岳であり、この山稜によって琵琶湖と余呉湖がへだてられている。山頂からは両湖が眺められ、「賤ガ岳の大観」と呼ばれる、雄大なスケールの風景が広がっている。

登山道は、その馬蹄形の山稜の底辺にある、アチラ坂という峠から東側のみに通じている。通常よく使われるのは、余呉駅のある北から取り付いて賤ガ岳に登り、アチラ坂から余呉湖に下って湖辺を半周して余呉駅に戻るというコースである。

山稜はごく低い丘陵状の山並みだが、その地形の妙から、類をみない素晴らしい景観が得られる。合戦では、付近の山野が血に染まったという歴史が語り継がれているが、今は山も野も里もすべて静寂の中にある美しい地である。

賤ガ岳山頂からの余呉湖

●案内コース

ＪＲ北陸線余呉駅から左に出て、江土《えど》の集落の観音堂の横から登り始める。最初のピークは大岩山で、ここには賤ガ岳の合戦で戦死した武将、中川清秀のお墓がある。歩きやすい道が続き、山稜には首洗いの池や猿が馬場といった伝説が残っている。植林地と雑木林が混じっているが、紅葉の時の雑木林の中は明るく光りが差し込み、サクサクと落ち葉を踏みながら歩く感触は気持が良い。

やがて、左右に眺望が開け、湖北の山々や、湖岸にある美しい山本山が見えてくる。賤ガ岳への最後の登りになって、右下に余呉湖の湖面も見えてくる。

頂上は長い広場となって、先端に展望所がある。言うまでもなく琵琶湖と余呉湖の素晴らしい展望が広がっている。南へ尾根を少し下ったところがリフト乗り場だ。

下りは、北へ急な道を下っていくと、切り通しとなったアチラ坂に着く。峠付近は自然林に包まれ、お地蔵様が祀られている。左に下ると琵琶湖の飯ノ浦で、ここは右に下る。杉木立の中を下ると、国民宿舎のある、余呉湖畔に降り立つ。右でも左でもどちらからまわっても、JR余呉駅に着く。

●他のコース

賤ガ岳には黒田からも道が登っているし、大音からリフトが山頂まで通じている。

また、賤ガ岳からさらに南に山本山まで丘陵状の山稜が続き、常に琵琶湖を眺めながらの湖の辺の道として近年整備された。余呉駅から山本山まで日帰りコースとしてトレースすることも可能で、このコースはハイキングコースのスーパーコースとして絶賛しておきたいほどの道である。

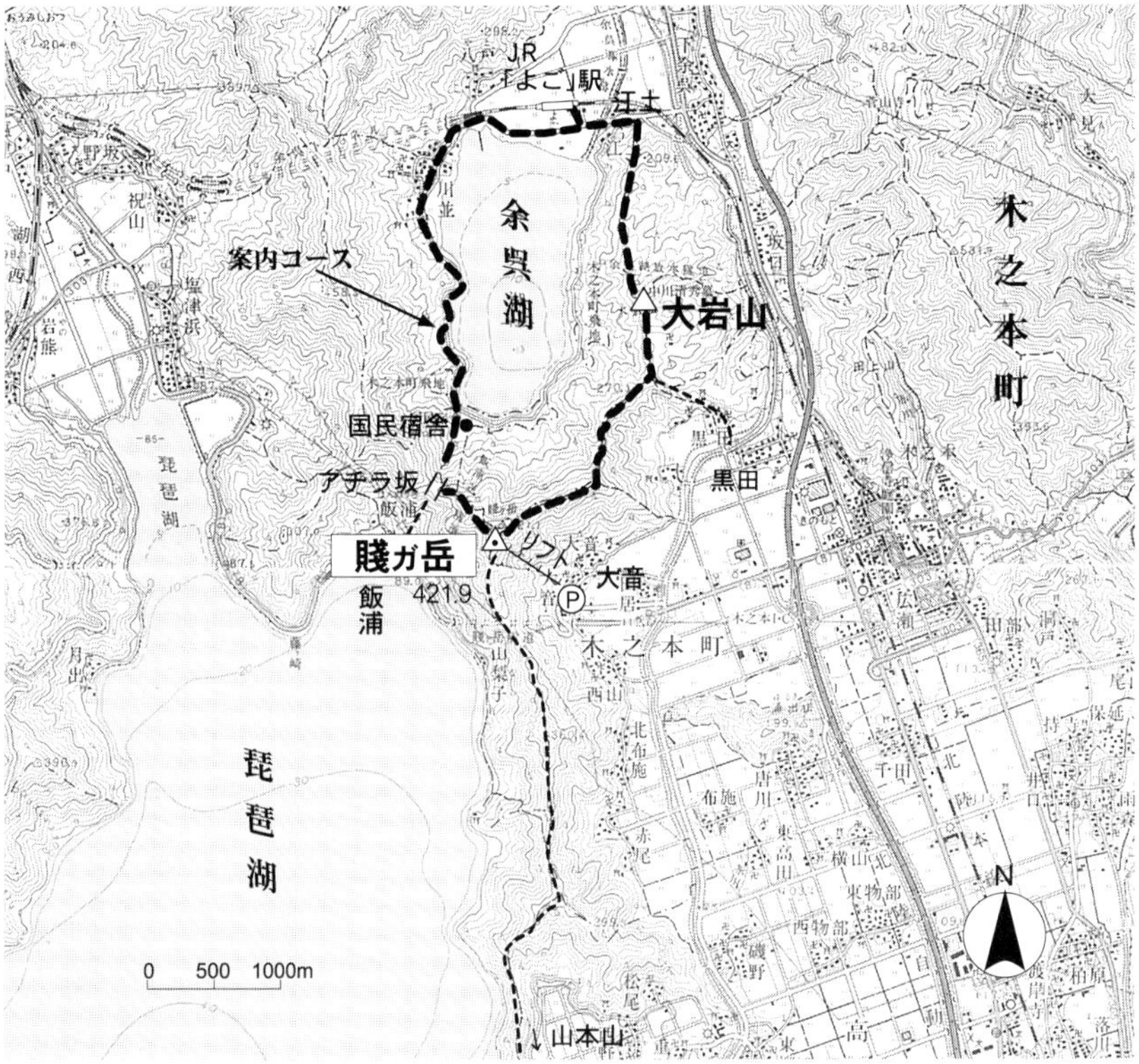

●コース

ＪＲ北陸線余呉駅（30分）→大岩山（１時間15分）→賤ガ岳（10分）→アチラ坂（１時間）→余呉駅

●コースメモ

＊ベストのシーズンは紅葉の時や桜の頃。桜で有名な黒田や梅津大崎の開花時に合わせて計画すれば楽しみが増す。車の場合は渋滞も予想されるので、余裕をもって計画したい。

＊山本山までの縦走の場合、高月までのバスの時刻を確認しておくこと。

●問い合わせ先　木之本町役場　0749—82—4111／余呉町役場　0749-86-3221

比《ひ》叡《えい》山《ざん》

▲八四八、三m

〈地形図〉

1/50,000　京都東北部

1/25,000　京都東北部、大原

暮れゆく、比叡の山並み

比叡の山は大きい。山系としては、北は比良山系が切れた国道三六七号線の途中から始まり、南は逢坂《おうさか》山の峠まで延々と続いている。その中の主峰が大比叡岳で、頂上は四明ガ岳の駐車場すぐ裏手の高みにあり、いつ行ってもひっそりとしている。比叡山に登ったといっても、三角点まで登っている人は少ないようだ。

この山は山上に延暦《えんりやく》寺、山麓には日吉《ひえ》大社や、西経寺《さいきようじ》や、延暦寺の数多くの子院が散らばっている。門前町の坂本から歩いて登り、また、坂本に下ってくれば、山頂から山麓まで一体となった巨大なこの山の姿が見えてくる。いろいろな道を歩くうちに、天台の教えである「山川草木《さんせんそうもく》悉《しつ》有《う》仏《ぶつ》性《しよう》」という自然と一体となった感覚を、少しでも感じられるような気持ちになってきて、比叡山の雰囲気に引きずり込まれてしまうことだろう。

比叡山への道は、坂本からの本坂を始めとして多くの道がある。滋賀県側からが本坂、飯室《いむろ》坂、無動寺道、八王寺山から横川《よかわ》への道、大宮谷の林道から横川への道、穴太《あのお》からの道、滋賀里《しがさと》からの道、仰木峠の道などがある。

一方、京都側からは、曼殊院《まんしゆいん》からの北白川道、修学院離宮からの雲母《きらら》坂、八瀬《やせ》から黒谷へ登る走《はせ》出《だし》道、野村分かれから仰木峠へ登る元三《がんざん》大師道など、数え上げればきりがないほどである。

山上をドライブウェイが走り、ケーブル、ロープウェイが架かって、観光客が列をなすこの山を、登山の対象として見ていない人が多いと思うが、いくつもあるそれぞれのコースから歩いてみれば、大きくて深いこの山の魅力がきっと解ることだろう。とにかくまず案内コースの無動寺谷から登って、三塔を巡って横川から坂本まで歩いてみてほしい。

●案内コース

京阪電車石坂線の松の馬場の駅から、山に向かって街並みの中の坂道を登って行く。街角では石碑や、小さなお堂、石の仏様などと次々と出会うが、こうした風景との出会いがごく自然なように思えてくる街である。浜大津へ抜ける幹線道路を横断すると山へとかかる。この道路からは眼下に琵琶湖がべったりと横たわり、すぐ目の前の家並みの間には田んぼが残されて、ちょっぴりほっとさせるような風景が広がっている。

墓地の横から林道が山に向かっている。この林道が終わり、細い山道の登りにかかるところに、お地蔵様があり、前に細流が流れている。ここが相応水《そうおうみず》である。ここから石や木で階段状に作られた道が続く。不動道と呼ばれ所々に石の仏様が祀《まつ》られている。伐採、植林されているところが多いが、比叡の深い歴史を感じさせる道である。杉林の中に入り、二つの石仏の祀られた無動寺の宿を

●コースメモ

＊比叡山は市街地に近いので、公共交通機関を利用して歩く方が、断然自由がきいて思いどおりの登山ができる。

＊山麓は観光地で桜や紅葉の名所も多く、これらと組み合わせて計画すれば楽しい登山となるだろう。

＊山上までバスやケーブルなどがあるので、これらを利用すると時間や体力にも余裕がでるので、組み合わせての計画も立てられる。

●コース

京阪松の馬場駅（２時間10分）→無動寺谷明王堂（40分）→釈迦堂（１時間10分）→横川（１時間10分）→飯室坂を下って坂本

●問い合わせ先

坂本観光協会　077—578—0015

過ぎると、山腹道が続いて紀貫之《きのつらゆき》の墓への道を分ける。道はやがて下りとなり、谷を渡って再び登って行く。竹林が出てきて出合うお寺が玉照院《ぎょくしょういん》で、ここから石垣が積まれた広い美しい道となって、寺院が続く。やがて右に長い急な階段があり、これを登ったところが明王堂である。琵琶湖を望む高台の明るい境内だが、凛《りん》とした雰囲気が漂っている。

広い道となりケーブルの駅を通り、根本《こんぽん》中堂へと進む。途中に拝観の窓口があり、普通は拝観料がいるのだが、自然歩道を歩いていると言えば通してくれる。ぞろぞろと連なる観光客に混じって根本中堂から東塔の釈迦堂まで歩くことになるが、深い杉木立の厳粛な道で気持ちがいい。時間があれば大比叡岳の三角点に立ち寄ったり、西塔、東塔の各お堂を拝観してみたい。

釈迦堂をすぎると、ドライブウェイをくぐり、峰道と呼ばれる山道となる。途中の玉体杉では、行者さんが御所を遥拝して祈禱を行う場所となっており、京都市街の風景が広がっている。せりあい地蔵で尾根道をはずれ、右へ横川への道に入る。トンネルをくぐってドライブウェイに沿うように道は続いており、駐車場に出てくる。横川には横川中堂や元三大師堂があり、堂塔の間を抜けて林道から飯室谷への道を下る。この道も行者さんの道だが、歩く人の少ない静かな道である。急坂を一気に下ると松禅院《しょうぜんいん》に出る。ここも無動寺と並ぶ千日回峰行の本拠地だ。車道を下れば坂本の西経寺に出るが、左に小さな尾根を乗り越したところに安楽律院《あんらくりついん》があるので、ぜひ訪ねて見たい。紅葉の美しいところだ。

車道を下り暗い林を抜けると、ぱっと棚田の風景が広がってくる。もうあまり見られなくなった懐かしいような眺めで、一面に水が張られた早苗の頃や、黄金色に輝く稲穂揺れる季節の夕景の美しさが、目に浮かんでくる。車道をそのまま進むと西経寺に着き、坂本の街並みに入る。

●他のコース

比叡山のメインコースといえば坂本からの本坂だが、ウォーキングコースとすれば、一本調子で余り変化のないコースである。私は下りに使うことの方が多い。坂本のすぐ上まで下りてくると琵琶湖が明るく開けるのが印象的だ。

他にもコースが多くてすべてを取り上げられないが、歩きごたえがあるのが、東海自然歩道になっている、無動寺から桜茶屋、夢見が丘から壺笠山、穴太への道、または崇福寺《そうふくじ》跡、滋賀里へと下る、夢見が丘から分岐する二つのコースである。仰木峠から歩くと、比叡山系の中枢部を縦走する長大なルートとなる。アップダウンの多いハードな道である。

一方の京都側のメインコースは、修学院からの雲母坂で一番よく歩かれている道である。一般に京都側は植林地が多く、地形も単調なので、登山としてのコースは滋賀県側の方が優れているように思う。何といっても比叡山は、坂本という街の存在と切り離して考えることができない山であろう。

山に遊ぶ

　山に登ることが重なるにつれて、ただ単に歩いて頂上に登るだけではあきたらなくなる。岩を攀じたり、沢を登り藪をこぎ、雪山からさらに山スキーやアイスクライミングと、山は次々と楽しい遊びを提供してくれる。

　そのどれもが体力や技術を要求され、装備もそれ専用のものが必要となり、出費もかさむが、新しいものに向かうことによって、パワーが湧いてくるのである。

　なかでも、私は沢登りと山スキーを、細々ながらも今だに続けている。この二つは登山の方法としてはまったく違ったものだが、遊びという意識の中では、非常に似通ったものを持っているように思う。

水に遊ぶ

　谷を遡り、流れの最初の一滴まで辿って頂上に登る。登山道によらず、地形の弱点をつかみながら登るというのは、登山の基本といえるだろう。水流渦巻く激流の渡渉、滝の直登、プールのような青々とした淵のへつりなど、次々と現れる障害を突破して一日を終え、星空の下でビバークするというのは、最高の気分である。

　そんな大きな谷でなくとも、日帰りでも楽しい谷がいっぱいあるので、存分に水と遊んで見たいものである。

　近江の山で二、三推薦コースを挙げてみると、鈴鹿では神崎川の本流とそのいくつかの支流、元越谷など。比良ではヘク谷、奥の深谷、八淵の滝、猪谷などが代表的だ。ほかに、湖北の起し又谷、湖西三重岳の一の谷、湖南では小さいが金勝の谷などが挙げられるが、これらはほんのごく一部で、まだまだ美しい谷が無数にある。

雪を滑る

　ゲレンデスキーしか知らない人に、山スキーの良さを語ろうとしても、伝える言葉が出てこない。ただ言えることは、素晴らしい雪質と、美しい自然とに恵まれた時には、最高の喜びを得ることができる。しかし、ひとたび自然の怒りに出会えば、なすすべもなくなる。まさに自然との一体感を、体いっぱいに感じとるところが魅力であろう。

　近江の山でも数多くの山をスキーで歩いてきたが、近頃雪が降らなくなったのが残念だ。湖北の上谷山や金糞岳などでは、良い思い出が残っている。

　年齢を重ねるにつれて体力的にもきつくなってきたが、シールをきかして雪稜を登り、ひざまでもぐる雪を分けて滑り下る滑降の魅力に、まだ引き下がれないでいる。

滝をよじる（若狭・今古川）

ブンゲンの雪稜を行く

比叡山地

大《だい》尾《び》山《ざん》（童《どう》髯《ぜん》山《ざん》）

▲六八一、四ｍ

〈地形図〉
1/50,000　京都東北部
1/25,000　大原、堅田、京都東北部

湖西の栗原、伊香立《いかだち》から仰木にかけての比良、比叡の山麓は棚田が広がっている。近頃、里山、雑木林、棚田といった言葉がすっかりメジャーになって定着してしまった。

人と自然が通いあった風景というものに注目されるようになってきたが、それには、仰木に拠点を構えて里山の自然を撮り続けている、写真家の今森光彦さんの作品が与えた影響というのが非常に大きいと思う。私自身も二〇年以上前、比叡山麓の南庄から大尾山に登った時に出合った棚田の風景に、すごく心魅かれるものがあった。

最近になっても大原から大尾山に登って南庄に下ってみたが、有名な観光地の大原の三千院と、同じ山寺でありながら、全くといっていいほど人と出会わない滝寺との対照が、面白く映った。どちらももみじの紅葉が素晴らしく、風景の美しさに無限の広がりを感じた。

大尾山は登山者も少なく穴場的な山といってよい。伐採、植林もされているが、南庄側は雑木林も多く、紅葉の頃は美しい。棚田の景観はもちろんのこと、滝寺も私には忘れられないお寺である。

●案内コース

みやげ物店の並ぶ参道を抜け、三千院から流れに沿った道を登っていく。紅葉のシーズンでも早朝ならもみじもゆっくりと楽しめる。滑るように静かに落ちる音無滝を左側からまくと、その上も小さな滝が続いている。植林地の暗い林の中の登りで、途中で分岐する道を右に入る。次第に流れが小さくなってくると、道は急斜面の尾根を登って行く。登り切ったところを右に進むと、大尾山の頂上だ。

京都側は樹林にふさがれているが、滋賀県側は伐り払われて琵琶湖が眺められる。頂上から稜線を少し南へ下ったところに、左に入る細い道があり、これを下る。雑木林の中のあまりしっかりとはしていない道だが、やがて杉林に入って谷に出合うとすぐ林道に出る。林道からは眼下が開け、

琵琶湖側が開ける大尾山頂上

琵琶湖まで見えている。下って行くと道は分かれ、左の道に入ってすすんで行くと、また左に入る道があるのでこれをとると、南庄から登ってきた道と合流する。この道を登り返すと滝寺の参道となり、正面の階段の上に滝寺が見える。参道には大きな楓《かえで》の木があり、紅葉すれば見事だが、ほとんど人に出会うこともない静かなお寺である。石段を登った本堂の前からは琵琶湖も望める。

参道を下って行くと、道は二つに分かれるが、どちらを下っても南庄《みなみしょう》に出られる。南庄までは棚田の続く田園風景が広がっている。南庄からは堅田までバスが出ている。

●他のコース

滝寺への道は、ほかには大尾山から稜線を北に進んでから右に下る道がある。

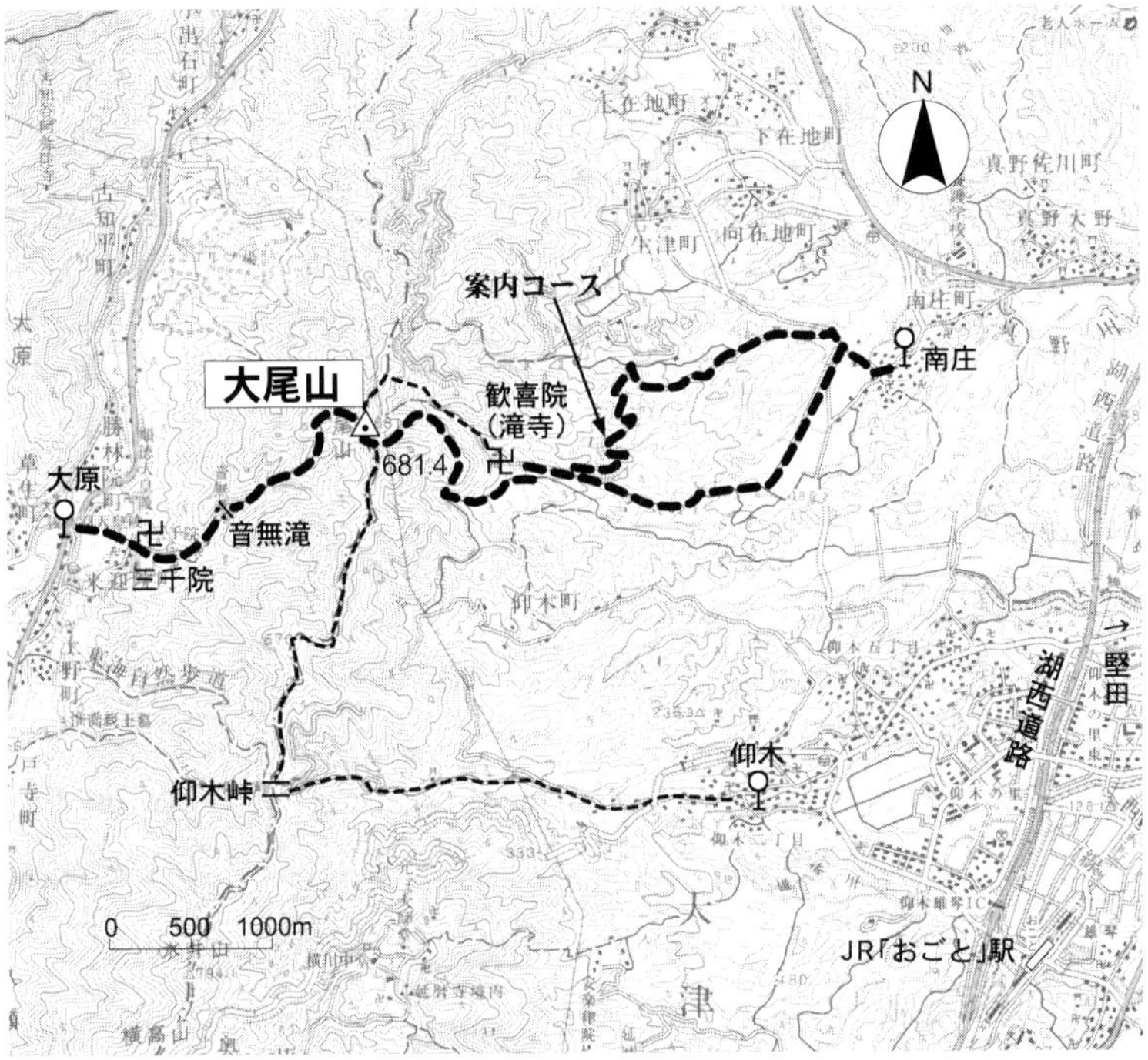

●コース

大原（30分）→音無滝（１時間）→大尾山（45分）→滝寺（１時間10分）→南庄

●コースメモ

＊南庄からのバスの時刻は確認しておいた方がよい。

＊大尾山からの下りは少しわかりにくいので注意。

●問い合わせ先

大津市観光協会（大津市役所内） 077—523—1234

鈴鹿

雨《あま》乞《ごい》岳《だけ》

▲一二三八m

〈地形図〉
1/50,000　御在所山
1/25,000　御在所山、日野東部、伊船、土山

残雪の南尾根からの雨乞岳

雨乞岳は、向かい合う御在所や鎌ガ岳とは対照的に、大きな長い尾根を四方に伸ばして、量感あふれる山体をどっしりと横たえている。釈迦ガ岳から南の県境尾根の山々は東側に鋭く切れ込み、北アルプスの後立山《うしろたてやま》の山稜を見るようだが、それに対して滋賀県側の山々は、重量感のある南アルプスの山を想い起させる。雨乞岳はそれらの山々の盟主で、鈴鹿第二の高峰である。

頂上にはその山名の由来となる雨乞いの行われた大峠の澤があり、どんな日照りでも水をたたえている。

人気のある山だけに方々から登山コースがあるが、一番よく登られているのが、武平《ぶへい》峠から神崎川源流のクラ谷をへて登るコースで、登り詰めた前衛峰の東雨乞岳からは、大きな展望が広がっている。ここは笹原の広々とした山頂で、本峰よりも頂上らしい。一方、頂上は笹の伐り開きも小さく、片側の眺望もふさがれてあまり落ち着かない。

ここでは案内コースとして、甲津畑《こうづはた》からの静かな道を紹介したい。

●案内コース

登り口となる藤切谷は、新しい林道が伸びているが、右岸へ渡る手前から分かれている旧林道に入る。しばらく車の走れる道が続くが、桜地蔵尊を過ぎた先で橋を渡り山道に変わる。左から落ちるいくつかの支流を横切ると、右にツルベ谷に入る道と出合う。藤切谷を渡ってツルベ谷に入るが、増水期には注意したい。ツルベ谷は踏み跡があまりはっきりとしていないので、左に大峠に登る支流を見逃さないよう踏み跡を追って行く。

大峠からは左に進む。ガレてスッパリと切れ落ちた急斜面を登るとヤセ尾根となり、ゴツゴツとした尾根がしばらく続くが、やがて広くゆるやかな尾根に変わる。ブナやミズナラの残る林を登ると植林帯となり、そしてカヤトの原から笹原に変わって清水の頭の頂上に着く。眼前の雨乞岳から、

向かい側には県境の山々の並ぶ大きな展望が広がっている。ここからは笹をくぐる道が雨乞の頂上まで続いている。

雨乞岳の頂上は、半分は笹にふさがれ南側が開けていて、すぐ背後の笹の中には大峠の澤という池がある。

下りは北へ杉峠まで急斜面を一気に下る。杉峠には地名の由来となる杉がぽつんと立ち、美しい峠路が登ってきている。この峠路は戦国の世、信長が杉谷善住坊によって狙撃されたことで知られている歴史の道で、ミズナラの巨木の並ぶ美しい峠路を下ると往路の林道に出る。

●他のコース

一般的な武平峠道や神崎川から杉峠への道、稲ヶ谷道などがある。残雪期は御在所からの往復や野洲川の深山橋からの南尾根がルートとなる。

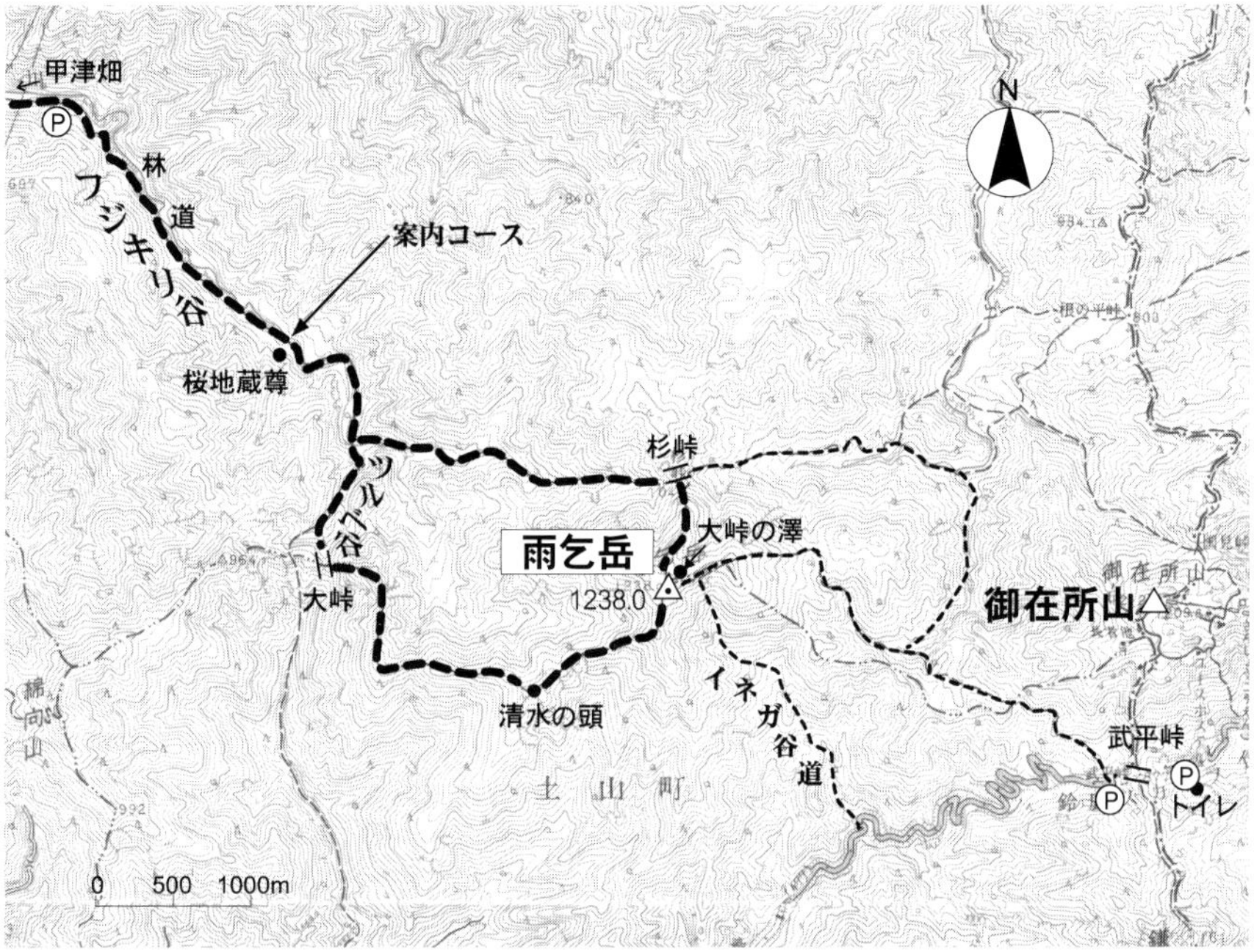

●コース

甲津畑林道（1時間10分）→ツルベ谷出合（40分）→大峠（1時間20分）→清水の頭（50分）→雨乞岳（25分）→杉峠（2時間）→甲津畑林道

●コースメモ

＊藤切谷や神崎川源流の雑木林の紅葉は素晴らしい。また、春の頂上付近にはハルリンドウが可憐な花をつける。

●問い合わせ先

永源寺町役場　0748―27―1121／菰野町役場　0593-93-1121

鈴鹿

御《お》池《いけ》岳《だけ》

一二四七ｍ（丸山）

〈地形図〉

1/50,000　彦根東部、御在所山

1/25,000　篠立、高宮、竜ガ岳

頂上台地南端の老樹

御池岳は、石灰岩の山の例のとおり、頂稜部はなだらかにゆったりと広がり、ぐるりを取り囲む斜面は急崖をなして一気に落ち込んでいる。広やかな頂稜部は鈴北《すずきた》岳の西斜面辺りから、南東に向かって細長く伸び、千ｍあまりの山としては雄大なスケールを持つ山である。遠望するとさながら航空母艦のように見え、誰しもあの平らな山稜を自由に歩いて見たいという思いにかられることだろう。その広大で平らな山稜には、カレンフェルトが突き出し、ドリーネが点在している。ドリーネには水をたたえたものも多く、御池岳という山名の由来ともなっている。

この緑の中をさまよっていると、原始の森の趣を感じるが、ここには炭焼きの窯跡があり、池には人の名前が付けられて伝説も伝えられている。こんなに深く広い山中でも、実は人との交流が濃密だったということに驚かされるが、このことによって、昔の人達と山との関わりをかいま見ることができる。

鈴鹿の秘峰とされてきた御池岳だが、休日は随分と騒がしくなった。それも一般登山道だけでなく、広い頂上台地の藪の中や、どっぷりと雪に埋まる季節でさえも、よく歩かれるようになっている。藪に埋もれているように見える頂上台地も、実際に歩いて見ると結構歩けるものである。すごい笹のかぶさるところもあるが、樹林帯をつないで歩けば、頂上台地を一周するのもそうやっかいなことではない。

登山道は、国道三〇六号線を基点として何本か延びているが、コグルミ谷道が一番人気のあるコースとなっている。広大な山域を持つこの山はどこをいつ歩いても、私たちに素晴らしい一日を与えてくれる。

●案内コース

いくつかあるコースのうち、滋賀県側から登る道を選んでみた。

国道三〇六号線の鞍掛橋《くらかけ》から旧林道に入ってしばらくで御池谷出合に着く。出合では水は流れて

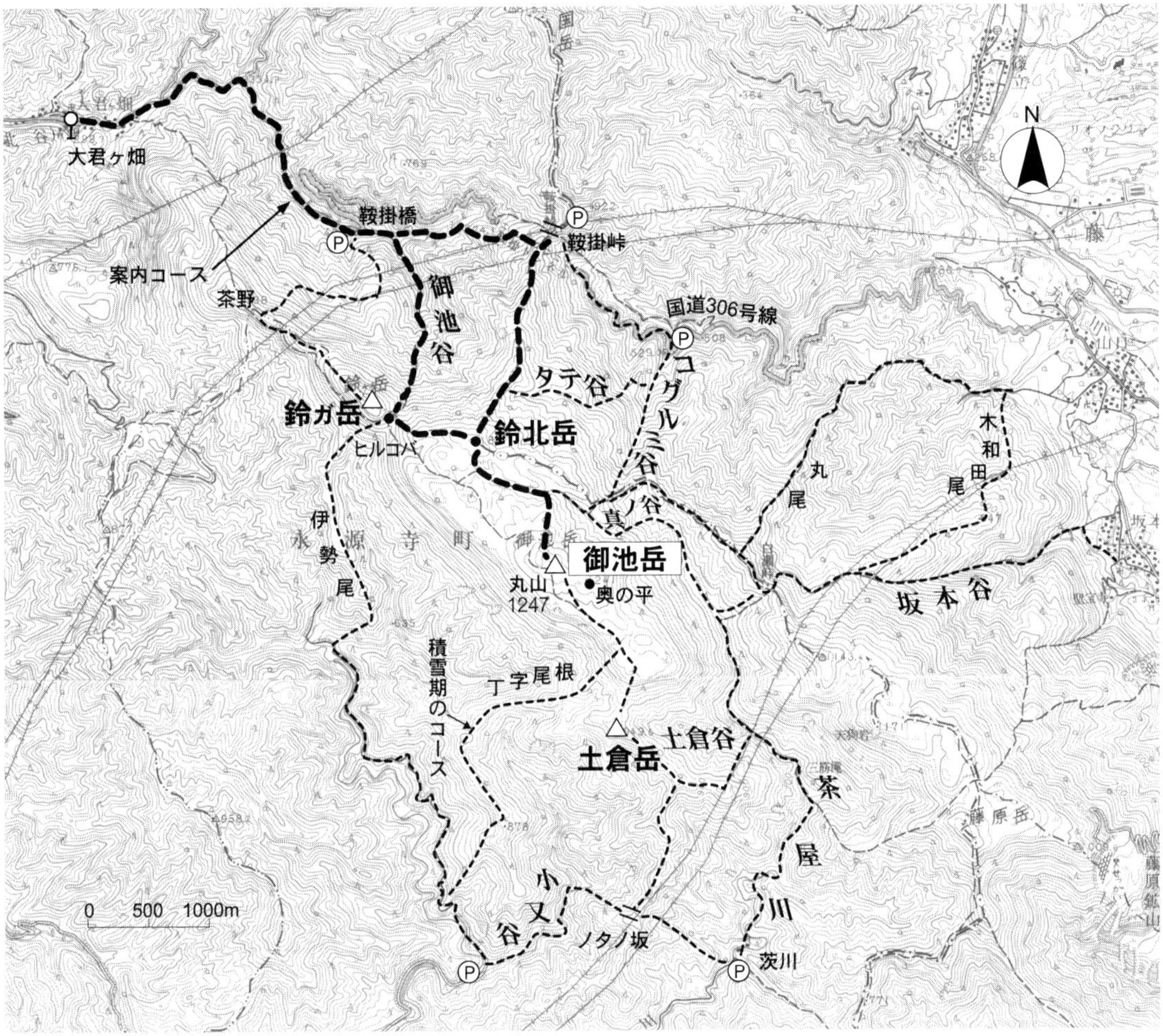

●コース

大君ヶ畑（45分）→御池谷出合（１時間５分）→ヒルコバ（25分）→鈴北岳（50分）→御池岳（40分）→鈴北岳（35分）→鞍掛峠（１時間15分）→大君ヶ畑

●問い合わせ先　多賀町役場　0749—48—8111／藤原町役場　0594-46-3311

●コースメモ

＊国道三〇六号線の滋賀県側は通行止めとなっていることが多いので必ず確認しておきたい。駐車場所は道沿いの所々に路肩が広くなっているところがある。

＊ベストシーズンは花の多い四月・五月と紅葉期。特に丸山周辺のオオイタヤメイゲツの純林は有名。

＊周辺は暖かい季節にはヒルが多いので要注意。

＊頂上台地のゆるやかに広がる笹原では、地形が非常につかみにくい。天気の悪い時は要注意である。踏み跡が交錯しているところも多いので間違いに気づいたら深入りしないで必ず戻ること。読図に自信のある人以外は安易に藪の中につっこむことは避けたい。

いるが、すぐ伏流するので水はここで補給しておく。登り始めは植林帯で途中から自然林に変わるが、ヒルコバに登り着くまで終始急な道が続く。ヒルコバから左へ鈴北岳への登りは、灌木帯から稜線にでて笹に変わる道で滑りやすい。笹のトンネルをくぐっていくと次第に背丈が低くなり、両側に大きな眺望が広がってくる。笹が広く伐《か》り開かれた鈴北岳の頂上は、素晴らしい展望台だ。

伸びやかに波打つ笹やススキの頂上台地を進んでいく。晴れていれば気持ちのいいところだが、ガスの日はコースをしっかりと見極めて歩きたい。浅く広い真ノ谷源流を下って行き、真ノ池を右に見て少し進むと、右に樹林の中を登る丸山への分岐に出合う。オオイタヤメイゲツを中心とした林は下生えも少なく気持ちのいい登りだ。二〇分程で御池岳の最高峰の丸山に着く。カレンフェルトを中心に伐り開かれているが、展望もない平凡な頂上である。

下山路は鈴北岳まで戻り、北へ県境尾根を下る。まっすぐに鞍掛峠に下る道で、広く伐り払われている。峠の少し手前の送電線鉄塔のところから、巡視路を滋賀県側に下っていくと、旧林道に出て鞍掛橋に戻る。

●他のコース

他の一般コースを挙げてみると、三重県側からのコグルミ谷、坂本谷、木和田尾、コグルミ谷の途中から分かれるタテ谷道、滋賀県側からの鞍掛橋から巡視路を登って鈴ガ岳を経る道、茶屋川を詰めて真ノ谷から登る道など、数多くある。

これらのコースの中では、何といってもコグルミ谷道が圧倒的に歩く人が多い。マイカー登山の場合一番便利だし、頂上への最短コースでもある。春の花が多くて新緑が美しい谷で愉しみの多い道である。また、タテ谷道は登る人が少なく静かなので、私のお気に入りの道になっている。特に早春の頃の雑木林は美しい。茶屋川からのコースは紅葉の季節が素晴らしい。土倉谷出合から上流では、少々の藪をいとわなければどこから取り付いても、頂上台地まで素晴らしい林が続いている。

雪の季節でも随分と人が多くなった。雪の季節の素晴らしさは、あの頂上台地が自由に歩き回れることである。土倉岳から雪の御池岳の頂上台地へ初めて登った時には、その美しさに感激した。雪が締まってくる三月の晴れた日の真っ白な雪原は、本当に雪山の楽しさをしみじみと感じる。

こんな雪の季節の入山は、ほとんどがコグルミ谷からである。だから国道三〇六号線のコグルミ谷の出合まで車が入れない時だけは、ほとんど登山者がいなくなる。コグルミ谷からが一番手軽なルートだが、ほとんど登る人のいない滋賀県側から登ることをぜひおすすめしたい。雪さえ締まっていれば、意外と短い時間で登れるものである。自分だけの足跡を印して、頂上台地を見上げながら近づいて行く気分は最高だ。

その一つは大君ヶ畑から茶野、鈴ガ岳をへて登るコース。かなり長くなるが登りごたえのあるコースである。一度スキーで挑戦したが、途中で諦めている。ポピュラーコースといえるのが、夏道のあるノタノ坂から土倉岳を経て登る尾根。少々雪が少なくても藪にわずらわされることもない。御池川林道の小又谷近くまで車で入れれば、ゆっくりと日帰りできる。

　また、小又谷の北側のT字尾根も、御池岳の頂上台地に一気に突き上げる魅力的なコースである。いずれのコースも人と出合うことのない静かで素晴らしいコースだ。

山の色を楽しむ

　山に行くとき、いつもカメラを手にするようになって、色彩や光と影がいっそう気になるようになってきた。

　日本の自然は豊かな色に彩られており、四つの季節の大きな流れに乗って、ゆったりと動いている。

　人々は、季節の訪れを五官で感じ取って、その変化を楽しんでいるが、われわれ山を歩く者は、季節の移ろいをいち早く敏感に感じ取ることができる。とくに、山の移りゆく自然の色づかいには、目を見張るものがある。

　わたしは印刷という仕事柄、色には一層敏感になっているのかもしれない。刷色を指定するのに、カラーチップという色見本を使うが、その一つのシリーズに、日本の伝統色というガイドチップがある。そこには三〇〇色が納まっており、すべてに和名がつけられている。

　浅葱《あさぎ》だとか群青色《ぐんじょういろ》、緑青《ろくしょう》などと、聞き覚えのある色もある。世界の民族の中で、日本語は色名の語彙が豊富なのかどうかは知らないが、その名称は、自然の中で微妙に変化していく、無限の色彩を表現している。

　太陽が沈むところを眺めていると、刻々と空の色は変化していくし、その一瞬の間だけでも、太陽を中心とした光のグラデーションは、明から暗へ無数の階調を持っている。しかも、その色相が間をおくことなしに動いていくのである。色の変化だけを眺めていても、あきることがない。

　わたしは山では、春の山が一番好きだ。山の斜面をかけあがる、柔らかなみどりの色を見ているだけで、清々しい気分になれる。

　紅葉の鮮やかさもいいが、やはり、休眠中の生命が再生される、春の中に身を置いている時が、最も幸せな気分になれる。

ブンゲン、紅葉の山稜

鈴鹿

竜《りゅう》ガ岳《たけ》

▲一〇九九、六m

鈴鹿の真ん中に座る竜ガ岳は、何をとっても優れた山である。どっしりとした山容は均整のとれた形をしているし、笹におおわれた緑の頂稜は美しく、樹林がないだけに展望も素晴らしいものがある。それに伊勢側の宇賀渓《うがけい》と呼ばれている谷々は美しい滝を連ね、沢登りのコースとしても人気がある。

また、一般登山道もバリエーションにとんだコースが揃っている。しかし、あまりに決まりすぎて八方美人で面白味に欠けると思うのは贅沢だろうか。

そこでいくつか新しいルートを探ってみたが、こうしたルートを歩いてみれば、竜ガ岳も案外味のある山だと知った。三重県側からすれば、残雪期の遠足尾根はスケールの大きな気持のいい尾根だし、滋賀県側を見れば、古語録谷や又川《またがわ》谷は幽遂《ゆうすい》の味わいがあり、案内コースとして紹介する太尾は、雑木林の美しい尾根である。こうしてみると意外と個性的で楽しみの多い山といえるだろう。

〈地形図〉

1/50,000　御在所山

1/25,000　竜ガ岳

太尾の細長い池

●案内コース

茨川《いばらかわ》林道を焼野《やけの》まで歩く。折戸トンネルの手前の伐採地から太尾《ふとお》に取り付くと、尾根に出たところで道に出合う。この道は古語録谷に下りているが、これが石榑《いしぐれ》峠の昔の道で、山の神峠から政所《まんどころ》への道だろう。尾根は春、秋なら薮も気にならない程度の踏み跡が白谷越まで続き、中程には細長い池がある。辺りは雑木林が美しく、シカとの出合いも多い素晴らしいところだ。

白谷越が近づくと、やがて伐採地のススキの原から植林地となり、やせ尾根を下ると白谷越に着く。峠は掘り込まれた道が登ってきている、雰囲気の良い峠である。竜へと続く尾根の左側に白谷の名の由来となるガレが白い砂を露出している。途中から踏み跡はほとんどなくなり、尾根の形状もなくなって、竜の大斜面に吸い込まれるが、明るい下生えのない雑木林はどこでも歩ける。頂上に近くなると、笹と小灌木帯となり、薮がわずらわしくなってくれば、右の石榑峠からの登山道に逃げれば良い。広場状の竜ガ岳の頂上からの展望は素晴らしい。
下山は国道四二一号線のうんざりするほどの長い車道歩きとなる。

●他のコース

ポピュラーコースは宇賀渓からの三つのコースで、どこもよく踏まれた良いコースである。また、宇賀渓の蛇谷《じゃだに》やホタガ谷は沢登りコースとしても楽しいところだ。

他のコースとして前記の遠足尾根は、一度歩いてみたい尾根である。下部は踏み跡があるが、頂稜に近づくと笹におおわれので、残雪期が歩きやすい。

滋賀県側の又川谷はクライミングを楽しむ谷ではないが、谷の雰囲気は素晴らしいものがある。

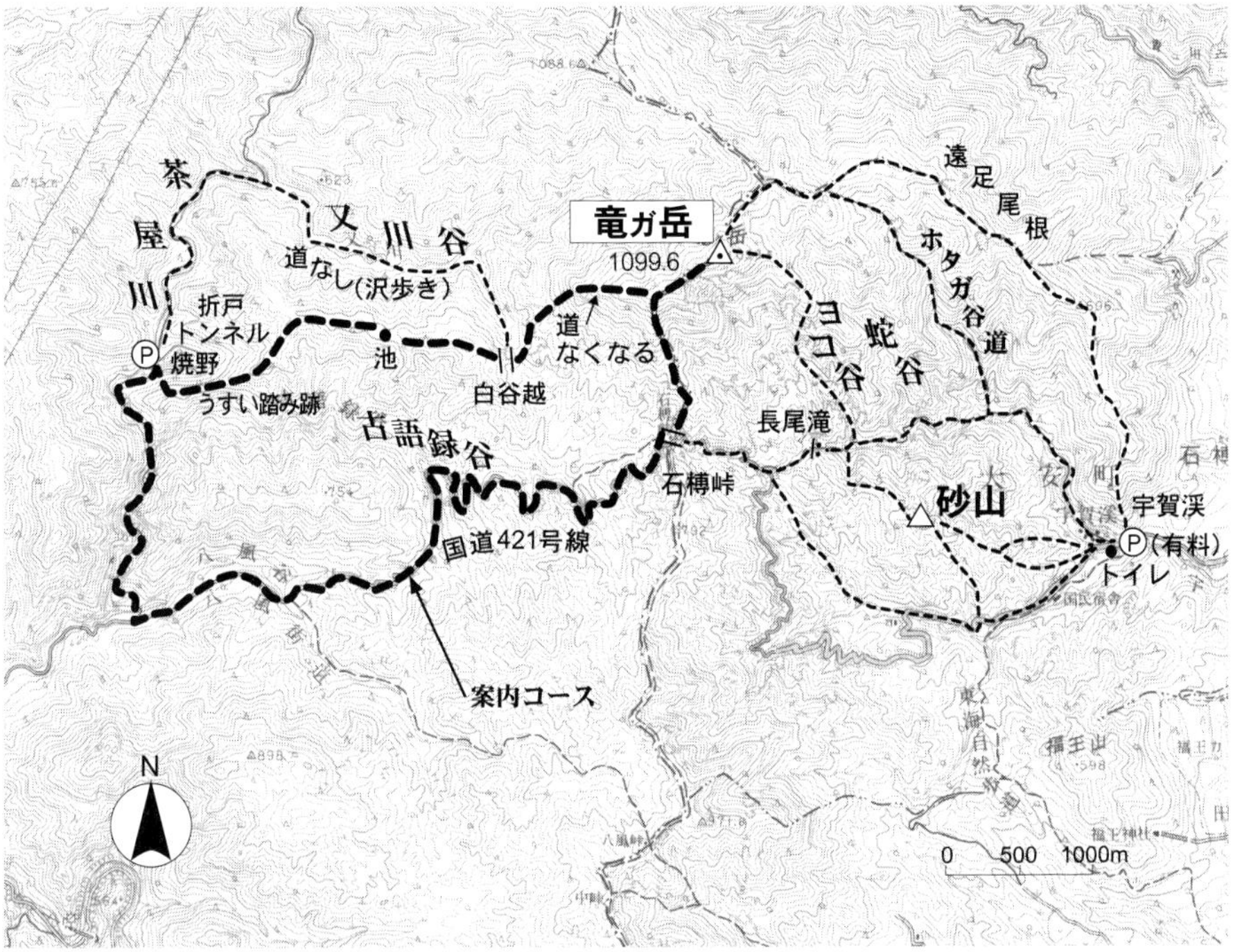

●コース

茶屋川林道（40分）→焼野（２時間）→白谷越（１時間30分）→竜ガ岳（２時間）→茶屋川林道

●コースメモ

＊石榑峠を車で通過するときは、峠の三重県側直下の道幅が狭くて離合が困難なので注意。特に夏のキャンプシーズンや紅葉シーズンは車の通行が多い。

●問い合わせ先

永源寺町役場　0748—27—1121／大安町役場　0594-78-3501

鈴鹿

ヨコネ

▲七五九、九m

〈地形図〉

1/50,000　彦根東部

1/25,000　篠立、高宮

落葉に埋まる峠の石仏

鈴鹿北部、岐阜県の牧田川《まきた》源流の山々の中では、烏帽子岳《えぼし》や三国岳はよく登られているが、ソノド、ヨコネといった山は訪れる人も少ない。この流域はまだ炭焼き窯が現役で活動していたり、谷川ではワサビが栽培されていたりと、山と人との交流が続いている。それだけに雑木林がまだまだ残されていて、野性動物達と出合う機会も多い。

三国岳から五僧峠までの県境尾根は、細々ながらも踏み跡が続いており、静かな山歩きが楽しめる。途中にある東ヨコネのピークから西に尾根が派生して、三つのピークを連ねているが、その中央ピークに三角点があり、西側のピークが最高点となっている。材木谷から見上げるヨコネのピークは、岩がゴツゴツと張り付き険しい表情をしている。滋賀県側からは林道が間近に迫り、車を使えば簡単に登れるが、ぜひ牧田川の時山から歩いてみてほしい。雑木林の山の良さが存分に味わえるはずである。

●案内コース

三国岳の登山道である阿蘇谷から登り始める。県境のコルまで登ったところで北に向かう。すぐ八〇三mの登りにかかるが、所々で藪がかぶってあまり道はよくない。八〇三mからは大きな霊《りょう》仙《ぜん》山系の山々が広がっている。この先、だいたい右の岐阜県側が雑木林、左の滋賀県側が植林帯となっているが、岩がゴツゴツとして、おまけに右に左にと尾根が振っているので、よく確認しながら歩くようにしたい。東ヨコネのピーク手前のコルまで下ると、東ヨコネへの急登と変わる。頂上に登ったところで、ヨコネの三角点ピークへと往復する。ブナの自然林の中を下り、伐採地と雑木林の間を登り返すとヨコネの頂上だ。特徴のない平凡なピークである。

東ヨコネに戻りさらに北上する。いったん東に下り谷を回り込むようにして尾根に乗って北上するが、ここは要注意箇所だ。しかし、この先は尾根も単純になり道もよくなる。小さなピークをいくつか越えていくと五僧峠に出る。ススキの広がる峠には歴史を記した案内板が建ち、集落跡は近江側に少し下ったところにある。二軒は往時と変わらない姿で残っているものの、次第に草に埋もれていくことだろう。

峠から時山に向かう。谷道を下っていくとやがて林道と出合う。時山の集落に出るまでに、炭焼き窯が煙を上げているが、こんな風景も珍しくなってしまった。

●他のコース

以前に材木谷の林道から前谷を詰めてヨコネに登り、北へ谷を下ったことがある。このルートは短時間で登れて難しいところはないが、道はないので山慣れた人向きである。

ほかにも林道歩きさえいとわなければ、栗栖《くるす》から杉、保月、五僧といった廃村を巡り、ヨコネに登って大君ヶ畑に下るというコースも面白いと思う。

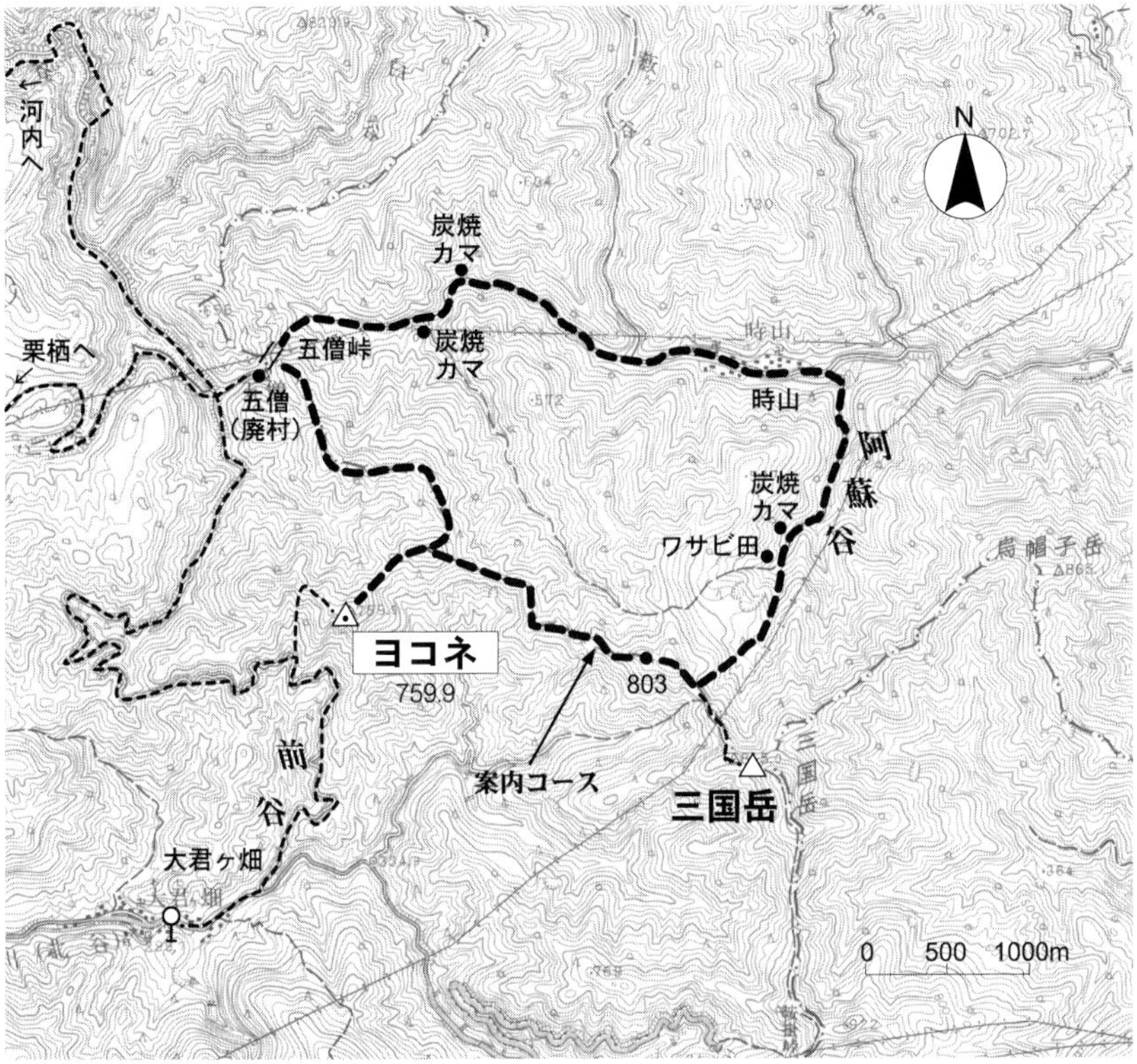

●コース

時山（1時間50分）→三国岳のコル（2時間）→ヨコネ三角点（1時間40分）→五僧峠（1時間10分）→時山

●コースメモ

＊道がしっかりとしていないだけに、落葉期が望ましい。

●問い合わせ先

上石津町役場　0584—45—3111／多賀町役場　0749-48-8111

鈴鹿

松《まつ》尾《お》寺《じ》山《さん》

▲五〇三、六m

〈地形図〉

1/50,000　彦根東部

1/25,000　彦根東部、高宮

松尾寺は霊仙《りょうぜん》七箇寺の一つで、つい近年まであった山上の寺院も寺跡を残すのみとなってしまっている。ハイキングコースとして登山道が整備されているが、目の前に霊仙山があるために、歩く人は少ないようである。

醒井《さめがい》養鱒場から登る道がメインだが、歴史のあるお寺だっただけに、山麓の各地から参道が登ってきている。

松尾寺山だけなら半日程度のコースなので、南の尾根続きの向山《むかいやま》、男鬼山《おうりやま》、比婆《ひば》山あたりまで足をのばせば、一日たっぷりと楽しめる。

西坂の峠の石仏

●案内コース

下丹生《しもにゅう》の頭上をまたぐ送電線が目標となる。松尾寺山の頂上のすぐ横に鉄塔が建っており、このハイキングコースは送電線の巡視路と重なっている。

集落の家並みが尽きたところから林道に入ると、左に松尾寺山への道がある。古い標識があるがわかりにくいので注意したい。雑木林の中の掘り込まれた道を登っていくと、信仰の山らしく、何丁目と印された標石に出合う。まだお寺がある頃は、多くの人に登られていた道だったのだろう。六体のお地蔵様が並ぶ六地蔵に出ると、左に松尾寺跡への道が分かれるが、右の道に入り尾根通しに登って行く。少し荒れてはいるがトチの木が植樹され、公園のように整備されている。松尾寺はかなり大きなお寺だったらしく、山中には寺院の遺跡が残されている。斜面の方々には、石灰岩の山らしく、白いカレンフェルトが突き出している。

鉄塔に出ると、すぐ右に三角点のある頂上に着く。雑木林の中で展望はきかない。頂上から尾根を北へも踏み跡があるようだが、南西に延びる尾根を地蔵峠に向かう。尾根にはしっかりとした広い巡視路が続いている。道沿いにはアジサイが植えられており、夏ならばブルーの花々がたまらない暑さを少しでも和らげてくれる。

この快適なハイキングコースを下っていくとやがて地蔵峠に着く。峠には大杉の下に大日如来《にょらい》の石仏があり、雑木林の広やかなたわみからは大きな霊仙山を見上げられる。十字路となる峠からは、左に醒井の養鱒場へのよく踏まれた道が下っている。右の西坂への道を下ると二か所に石仏が祀《まつ》られているが、中でも頭部の欠けた石仏は印象的だった。展望のよい鉄塔を過ぎると西坂の登山口に下り着く。ここにも多くの石仏が祀られている。

●他のコース

松尾寺山への一番整備されているコースは、養鱒場からの道で、マイカーでの登山であれば、元に戻るこの醒井へのコースの方が、便利である。

ほかにも歩いてはいないが、北側の三吉からも道があるようだ。ロングコースとなる男鬼山・比婆山方面へ足を伸ばすコースは、春や秋には素晴らしいコースだが、登山道といったものではないので、読図力が必要となる。

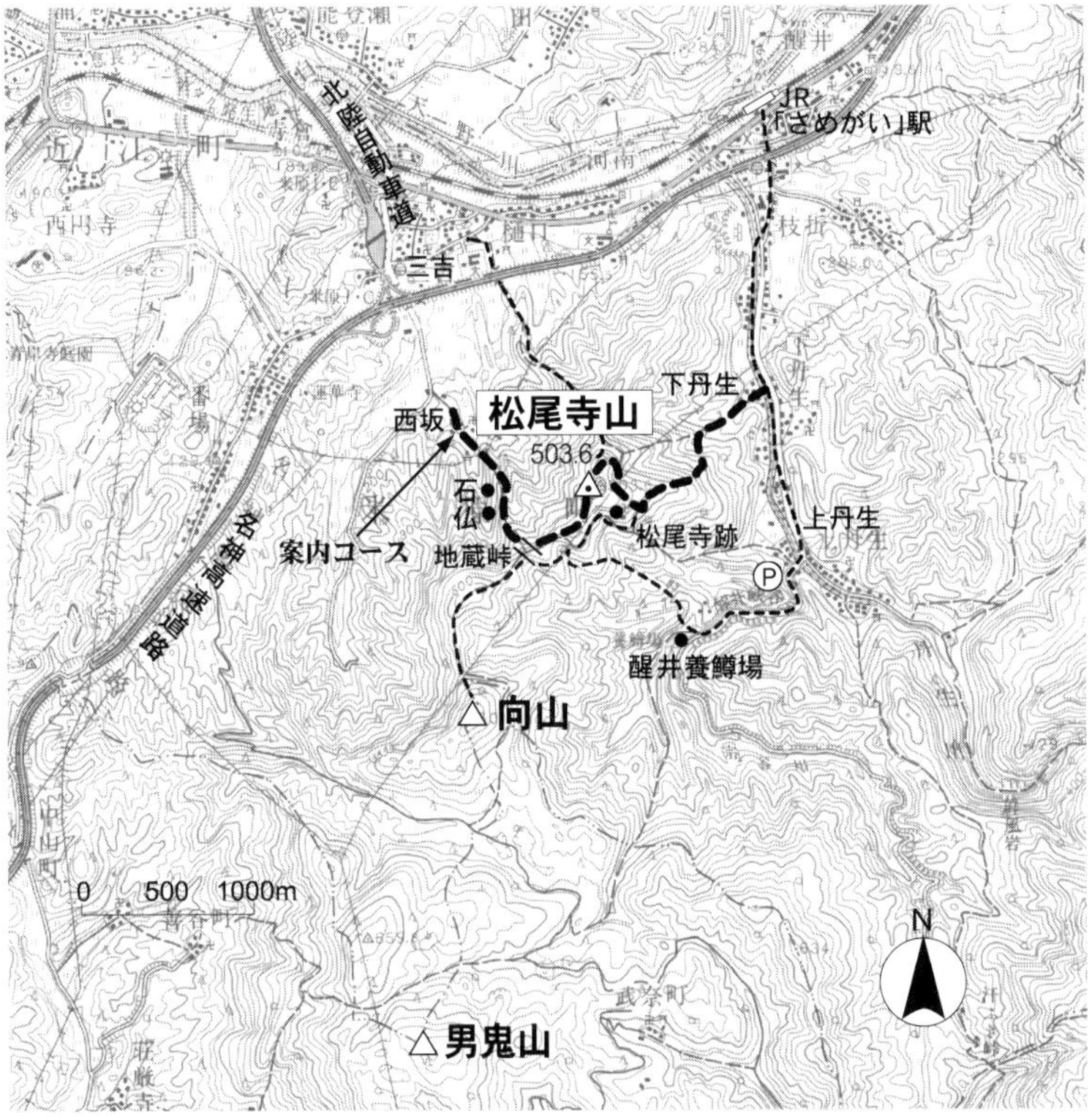

●コース

下丹生（45分）→松尾寺山（30分）→地蔵峠（30分）→西坂

●コースメモ

＊低い山だけに暑い時期は避けたほうが無難だ。醒井渓谷の桜や紅葉と併せて山歩きを楽しんでみては。

●問い合わせ先

米原町役場　0749—52—1551

あとがき

山に行った日付と、登った山名を記しただけのノートがある。それには初めての山から、今に至るまでのトータルナンバーが付けてあるが、今年それが八〇〇という数字を超えた。二〇歳の頃から山に登り始めてから三十年余りになるのに、よく続いたなあと思う。しかし、それが一〇〇〇、一五〇〇という数字に達したところで、大した感慨も浮かんでこないだろう。

山に行った回数など、自慢にもならないし何のたしにもならない。かといって、あてのない浪費だったかと思うと、断じてそんなこともなく、私にとっての山は、自分自身の人生に影響を与え続けてきたし、今も大きな部分を占めている。

昔は、質の高い内容のある山登りがしたい、などと考えていたようだが、今は何度も行った山をくり返して歩いているだけで、大した内容も目的も考えていない。ただ、できるだけ山とつき合っていきたいと、思っているだけである。どんなに好きなことでも、永年つき合っているとあきがくるので、手を変え品を変え、連れ添っていくように努力している。

そんなひとつが写真で、近頃はカメラをぶら下げては山を歩き回っている。

私のウラヤマである近江の山々で撮った写真で、私製のカレンダーを作って遊んでいたのがきっかけとなって、この本が生まれることになった。季節を追った体裁になっているのはそのためで、ガイドとしては使いづらいかもしれないが、近江の山の雰囲気をより感じることができるものと思っています。

こうした私自身の思い入れを、本という形にすることについて、友人の竹内康之氏に相談に乗っていただき、多くのヒントを得ることができました。そして、出版のチャンスを与えていただいたナカニシヤ出版中西健夫社長には、適切な助言をはじめとして大変お世話になりました。ありがとうございました。

草川　啓三

二〇〇〇年春

◎著者略歴
草川　啓三（くさがわ　けいぞう）

1948年　京都市に生まれる
1968年　山登りを始める
1975年　京都山の会に入会

20歳の時、鈴鹿・霊仙山へ登ったのがきっかけで、登山を始める。以後、滋賀県内、京都の山々を中心に歩き続ける。

著書『近江の山』（京都山の会出版局）、
『山と高原地図㊻／霊仙・伊吹・藤原』（昭文社）
『山と高原地図㊼／御在所・鎌ケ岳』（昭文社）
ほか共著多数

現住所　〒525-0066　滋賀県草津市矢橋町1475

近江の山を歩く

二〇〇〇年七月二五日　初版第一刷発行
定価　カバーに表示してあります

発行者　中西健夫
発行所　株式会社　ナカニシヤ出版
〒606-8316　京都市左京区吉田二本松町二
電　話（〇七五）七五一—一二一一
FAX（〇七五）七五一—二六六五

印刷　創栄図書印刷
製本　兼文堂
装丁・地図　竹内康之

ISBN4-8848-581-X C0025

©Kusagawa Keizou, 2000 Printed in Japan

好評発売中

近江百山　近江百山之会編　2500円

琵琶湖の周囲は山また山。東の県境をなす鈴鹿山系、広葉樹林の美しい湖北・湖西の山、宗教や歴史のからむ湖東・湖南の山より百山を選定、地図と共に紹介。

近江　湖北の山　山本武人著　2000円

伊吹山・金糞岳・賤ヶ岳・小谷山・三国ヶ岳・七七頭ヶ岳・横山岳など伊吹山以北の湖北32の山々。渓、峠を訪ね歩いたグラフィックガイド。

近江　朽木《くつき》の山　山本武人著　1942円

琵琶湖の西北、安曇川の上流に朽木村がある。美しい樹林と渓谷をもつ山々の中から約20山を選び、その登山コースをガイドする。地図・写真多数。

鈴鹿の山と谷（全6巻）　西尾寿一著　3107〜3800円

二次林に覆われた静かな山道、佇しき山村、清冽な谷、忘れられた峠、そして清々しい山頂。著者が長年にわたり歩いて調査した鈴鹿山系の詳細な山岳研究の大書。

京都滋賀南部の山　内田嘉弘著　2000円

木津川と野洲川に囲まれた山城・湖南・信楽の67山は、寺社や史跡も多く、歴史に想いをはせながら登る中高年の山行に絶好のフィールド。

大和まほろばの山旅
——奈良県北・中部の山——
内田嘉弘著　2000円

山の辺、大和高原、宇陀、室生、初瀬、飛鳥、金剛、生駒計56山を登山地図、山姿のスケッチ、コラムと共に紹介。歴史あり、伝説ありの日帰り登山ガイド。

京都丹波の山　(上)山陰道に沿って　(下)丹波高原　内田嘉弘著　上・1942円　下・2000円

上巻は亀岡市、八木町、園部町、丹波町、瑞穂町、三和町、夜久野町、福知山市。下巻は京北町、美山町、日吉町、和知町、綾部市の、あわせて130山をガイド。

兵庫丹波の山　(上)氷上郡の山　(下)篠山市の山　慶佐次盛一著　上・2000円　下・1942円

真髄はその縦走にある。低山だが人跡少ない稜線は新鮮、ときおり広がる山と里の展望は、日本の山村の原風景のようで心がなごむ。

ナカニシヤ出版

表示の価格は消費税を含みません